박현우 지음

만들면서 배우는

워드프레스 분야 베스트셀러
전면 개정판

웹사이트 제작부터 AI 활용

구글 애드센스로 수익 창출

워드프레스

IB 한빛미디어
Hanbit Media, Inc.

지은이 **박현우** jetshuman@gmail.com

삼성SDS에서 컨설턴트와 프로그래머로 10여 년간 근무하면서 삼성그룹과 정부기관의 수많은 IT 시스템 프로젝트를 수행했다. 훌륭한 CMS 도구인 워드프레스와의 만남을 통해서 사람들에게 쉽게 IT 지식을 전한다는 사명을 품고 일반인을 대상으로 강의와 컨설팅을 진행했다.

국제공인 정보시스템 감사사, 국제공인 프로젝트관리 전문가, 국제공인 IT서비스관리 전문가, 국제공인 자바프로그래머 등 유수의 국제 자격증을 보유한 IT 시스템 전문가이며 엑스컴퍼니 대표를 역임하였다.

현재는 미래 자녀교육은 가정에 있다는 기치 아래 어린 자녀들을 위한 대안적 홈스쿨링과 아빠 학교에 전념하고 있다.

세트슈만의 워드프레스와 미래공작소 http://shuman.tistory.com
워드프레스엑스(X) http://wordpressx.kr

웹사이트 제작부터 AI 활용, 구글 애드센스로 수익 창출까지

만들면서 배우는 워드프레스(전면 개정판)

초판 1쇄 발행 2024년 3월 5일

지은이 박현우 / **펴낸이** 전태호
펴낸곳 한빛미디어(주) / **주소** 서울시 서대문구 연희로2길 62 한빛미디어(주) IT출판1부
전화 02-325-5544 / **팩스** 02-336-7124
등록 1999년 6월 24일 제25100-2017-000058호 / **ISBN** 979-11-6921-207-6 13000

총괄 배윤미 / **책임편집** 장용희 / **기획** 윤신원 / **교정** 박서연
디자인 윤혜원 / **전산편집** 오정화
영업 김형진, 장경환, 조유미 / **마케팅** 박상용, 한종진, 이행은, 김선아, 고광일, 성화정, 김한솔 / **제작** 박성우, 김정우

이 책에 대한 의견이나 오탈자 및 잘못된 내용에 대한 수정 정보는 한빛미디어(주)의 홈페이지나 아래 이메일로 알려주십시오.
잘못된 책은 구입하신 서점에서 교환해 드립니다. 책값은 뒤표지에 표시되어 있습니다.
한빛미디어 홈페이지 www.hanbit.co.kr / **이메일** ask@hanbit.co.kr / **자료실** www.hanbit.co.kr/src/11207

지금 하지 않으면 할 수 없는 일이 있습니다.
책으로 펴내고 싶은 아이디어나 원고를 메일(**writer@hanbit.co.kr**)로 보내주세요.
한빛미디어(주)는 여러분의 소중한 경험과 지식을 기다리고 있습니다.

" 내가 시도하지 않으면
내가 무슨 일을 할 수 있는지 알 수 없고,
내가 도전하지 않으면
내가 어떤 일에 소명을 받았는지 알 수 없습니다. "

— 길을 찾는 사람(조정민) 中에서 —

미래는 급변하고 있습니다. 신문에선 늘 '한국 경제는 위기'라는 기사를 보도하고 있습니다. 청년 세대의 구직난은 IMF 외환 위기 때보다 더 심각합니다. 바야흐로 다가오는 고령화 사회에서 중년층 역시 과거와 달리 미래가 보장되지 않습니다. 앞으로는 지금보다 더욱 빠른 속도로 산업의 판도가 변화할 것입니다.

우리는 불확실한 미래를 바라보면서 가만히 있을 수는 없습니다. 자신에게 질문해보세요. '나는 미래를 위해서 무엇을 준비해야 하는가? 나를 보호하던 조직의 보호막이 사라졌을 때 나는 무엇을 할 수 있는가?' 이 질문이 미래의 나를 만들어가는 단초가 됩니다. 저는 워드프레스에서 개인의 미래 생존 가능성을 봤습니다.

저는 삼성그룹에서 10여 년간 IT 시스템 개발 및 컨설팅 업무를 수행했습니다. 이른바 IT 시스템 개발로 밥을 먹고 살았던 사람이지요. 일반적으로 한국의 대기업은 기업 구조상 여러 이유로 그룹 차원에서 IT 시스템 업무를 전담하는 회사를 거느리고 있습니다. 요즈음에는 이런 회사들을 ICT(Information and Communication Technology) 회사라고 부르기도 합니다. 삼성SDS, LG CNS, SK C&C, 포스코 ICT 등이 한국을 대표하는 ICT 회사들입니다.

ICT 회사에서 IT 시스템의 소프트웨어를 개발하는 직원들은 수많은 IT 시스템을 접하면서 새로 만들어내고 업그레이드하거나 수정하는 일을 합니다. 그런데 IT 시스템의 개발 비용은 결코 만만치 않습니다. 보통 새로운 IT 시스템을 구축할 때는 프로젝트 단위로 진행하는데, 개발 비용이 적은 규모의 프로젝트는 몇 천만 원이고 큰 규모의 프로젝트는 몇 십억 원에서 몇 백억 원이 넘어가기도 합니다. 물론 이렇게 구축하는 IT 시스템에는 수많은 개별 시스템이 존재하고 개발 과정의 업무 난이도도 상당히 높습니다. 게다가 인터넷과 모바일의 확산으로 수많은 회사 내부 시스템이 외부에서 사용할 수 있는 웹시스템(웹사이트나 홈페이지)과 모바일 앱 형태로 IT 시스템의 영역을 넓히는 상황입니다.

필자가 구구절절 ICT 회사에 대해 이야기한 까닭은 '워드프레스의 가치'를 알려주기 위해서입니다. 과거에는 대기업뿐 아니라 중소 웹 에이전시에서도 단일 웹사이트나 홈페이지를 구축하려면 규모와 난이도에 따라서 비용이 몇 백만 원에서 몇 천만 원까지 책정되며 여러 명의 개발자와 디자이너가 일정 기간 함께 작업해야 했습니다. 그런데 워드프레스의 등장과 확산으로 수많은 사람이 밤을 새고 공을 들여 만들 수 있는 웹사이트를 단지 몇 분 만에 뚝딱 설치하고 몇 시간만 작업해도 괜찮은 웹사이트를 만들어낼 수 있는 시대가 왔습니다.

이런 일이 가능해진 이유는 워드프레스가 CMS 기반의 솔루션이기 때문입니다. 워드프레스 외에도 줌라, 드루팔, XE를 비롯하여 수많은 CMS가 있지만 전 세계에서 워드프레스의 시장 점유율은 2024년 1월 기준 62.8%로 압도적인 1위를 기록하고 있습니다.

워드프레스는 반응형 웹에 동작하도록 설계되어 있으므로 스마트폰 사용자를 위한 별도의 모바일용 웹사이트를 만들 필요가 없습니다. 기기와 상관없이 스마트폰의 작은 화면이나 데스크톱 화면에서도 스스로 화면 크기에 맞게 웹사이트가 최적의 화면을 만들어냅니다. 더욱 놀라운 사실은 이렇게 여러 가지 훌륭한 기능을 갖춘 워드프레스가 무료라는 점입니다.

워드프레스를 잘 활용할 수 있는 사람은 미래 생존을 위한 무기 하나를 지닌 셈입니다. 개인이 독립해서 어떤 일을 할 때 자신의 업(業)에 대한 지식과 실력이 '칼'이라면 워드프레스는 일을 도와주는 든든한 '방패' 역할을 할 수 있습니다. 가령 사업을 하는 사람이라면 회사 웹사이트를 구축하여 자신의 비즈니스를 홍보하고 고객과 교류하는 창구로 삼을 수 있으며, 인터넷으로 물건을 판매하고자 하는 사람이라면 쇼핑몰 웹사이트를 만들 수도 있습니다. 인터넷에서 자신의 콘텐츠를 널리 퍼뜨리고 싶은 1인 혹은 소규모 미디어 크리에이터는 블로그 웹진을 만들면 되고, 학생이나 디자이너, 아티스트는 포트폴리오 웹사이트로 자신의 작품이나 역량을 어필할 수 있습니다. 미래를 위해 자신만의 '칼과 방패'를 준비해놓는다면 변혁의 시대에 자신만의 플랫폼에서 판을 펼치는 강력한 개인으로 거듭날 것입니다.

이 책은 워드프레스를 처음 접하는 입문자도 쉽게 이해할 수 있도록 책을 구성했습니다. 더 나아가 입문자뿐만 아니라 중급 이상의 사용자도 실무에서 활용할 수 있는 블로그 웹진 사이트를 제작할 수 있습니다.

워드프레스에 AI 기능을 탑재하여 활용하는 방법과 워드프레스 수익화 모델, 애드센스 수익 창출과 최적화 기법에 대해서도 자세히 설명하겠습니다.

부디 이 책이 여러분의 행복한 미래를 만드는 데 마중물 역할을 하길 기대합니다. 감사합니다.

2024년 2월

박현우

핵심 기능

워드프레스로 웹사이트를 만들기 위한 핵심 기능을 실제 웹사이트를 제작하는 순서대로 학습합니다.

예제 파일&플러그인

실습할 때 필요한 예제 파일과 외부 프로그램, 워드프레스 플러그인의 수동 설치 파일 등을 제공합니다.

SECTION 02 보안 지킴이 iThemes Security 플러그인

iThemes Security는 이미 90만 개 이상의 웹사이트에서 사용하고 있을 정도로 신뢰할 수 있는 대표적인 보안 플러그인입니다. 실제 웹사이트를 운영하다 보면 한 달에 한두 번 정도는 해커나 해킹용 프로그램의 공격을 받기도 합니다. iThemes Security 플러그인이 설치되어 있다면 해킹 공격을 효율적으로 차단하고 해킹 시도 내역을 이메일로 알리기 때문에 안심할 수 있습니다. iThemes Security 플러그인의 몇 가지 보안 설정만으로도 워드프레스 웹사이트는 전보다 훨씬 안전한 웹사이트가 될 것입니다.

만들면서 배우기 보안 설정 활성화하기

01 ❶ 관리자 메뉴에서 [플러그인]-[새로 추가]를 클릭합니다. ❷ 검색창에 ithemes security를 입력해 플러그인을 검색합니다. ❸ [iThemes 시큐리티]의 [지금 설치]를 클릭해 플러그인을 설치한 후 활성화합니다.

예제 파일 활용 테마와 플러그인/better-wp-security.8.1.8.zip

웹 전문가의 Q&A

Q 네이버 블로그나 티스토리도 워드프레스 같은 CMS인가요?

A 네이버 블로그나 카카오의 티스토리 등은 우리가 일상에서 자주 접하는 가입형 블로그 서비스로, 넓은 의미에서는 CMS입니다. 네이버 블로그는 일반인이 회원 가입을 하면 개인에게 블로그 공간을 제공하는 구조입니다. 네이버에서도 각 네이버 블로그들을 전체적으로 관리하는 그들만의 CMS를 가지고 있습니다. 블로그에 로그인해서 관리자 메뉴에 들어가면 글이나 그림을 게재하는 콘텐츠 관리 메뉴가 나오는데 이 또한 CMS입니다. 그러나 가입형 블로그는 블로그 형태를 벗어나 자신이 원하는 개인 홈페이지나 회사 웹사이트, 쇼핑몰 등을 만들기 어렵습니다. 워드프레스가 세계적인 인기를 끌면서 CMS라는 용어를 워드프레스나 XE, 줌라 등 설치형 CMS에 국한해서 사용하기도 합니다.

▲ 네이버 블로그 관리 메뉴   ▲ 티스토리 관리 메뉴

풍부한 테마와 플러그인

워드프레스의 세계적 성장에 기여한 두 가지 중요한 요소는 바로 풍부한 테마와 플러그인입니다. 워드프레스는 2023년 하반기 기준으로 무료 테마를 약 10,976개를 제공하고 있습니다. 이 말은 사용자가 웹사이트를 디자인할 때 10,976개의 테마 중 하나를 고를 수 있을 정도로 디자인 선택의 폭이 넓다는 뜻입니다. 게다가 워드프레스 공식 웹사이트(wordpress.org)에서는 기본적으로 테마를 무료로 제공하고 있습니다. 정리하면, 워드프레스는 과거 디자이너에게 맡겨야 했던 웹사이트 디자인을 무료로 10,976가지나 선택해서 사용할 수 있는 놀라운 웹사이트 제작 도구라는 것입니다. 워드프레스에서는 비용을 지불하고 구매해서 사용하는 유료 테마도 활용할 수 있습니다. 비용을 지불하는 만큼 무료 테마보다 화려한 디자인을 갖추고 있으며 손쉽게 사용 가능한 더미 데이터가 제공됩니다.

TIP 더미 데이터(Dummy Data)란 테마의 특성에 맞게 가공된 가상의 글과 이미지 샘플 콘텐츠를 말합니다. 테마와 함께 제공되는 더미 데이터를 불러와서 용도에 맞게 수정하면 손쉽게 웹사이트를 구성할 수 있습니다.

웹 전문가의 Q&A

웹사이트를 제작할 때 궁금한 점을 속 시원하게 해결합니다.

TIP

실습 중 헷갈리기 쉬운 내용이나 추가 설명이 필요한 내용을 친절하게 알려줍니다.

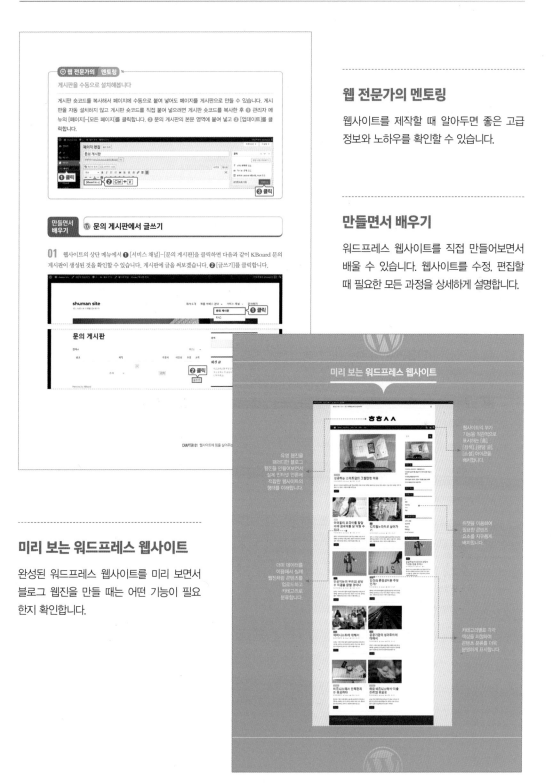

웹 전문가의 멘토링

웹사이트를 제작할 때 알아두면 좋은 고급 정보와 노하우를 확인할 수 있습니다.

만들면서 배우기

워드프레스 웹사이트를 직접 만들어보면서 배울 수 있습니다. 웹사이트를 수정, 편집할 때 필요한 모든 과정을 상세하게 설명합니다.

미리 보는 워드프레스 웹사이트

완성된 워드프레스 웹사이트를 미리 보면서 블로그 웹진을 만들 때는 어떤 기능이 필요한지 확인합니다.

예제 파일 다운로드

이 책에 사용된 모든 예제 및 플러그인 파일은 한빛출판네트워크 홈페이지에서 다운로드할 수 있습니다. 한빛출판네트워크 홈페이지는 검색 사이트에서 '한빛출판네트워크'로 검색하거나 www.hanbit.co.kr로 접속합니다.

01 한빛출판네트워크 홈페이지에 접속합니다. 오른쪽 아래에 있는 [자료실]을 클릭합니다.

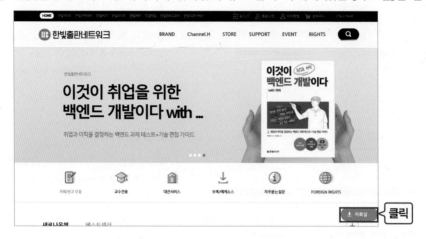

02 ❶ 검색란에 **만들면서 배우는 워드프레스(전면 개정판)**을 입력하고 ❷ [검색]을 클릭합니다. ❸ 《만들면서 배우는 워드프레스(전면 개정판)》이 나타나면 [예제소스]를 클릭합니다.

예제 파일 단축 주소 www.hanbit.co.kr/src/11207로 접속해도 다운로드 페이지로 이동할 수 있습니다.

이 책을 보는 방법

워드프레스와 웹사이트의 기초를 익히고 다양한 테마, 위젯, 플러그인을 사용해봅니다. 실무 프로젝트를 통해 블로그 웹진을 만들어보고, 워드프레스와 AI, 워드프레스의 수익화에 대해서도 학습합니다.

PART 01

워드프레스의 기초를 익히고 호스팅과 도메인을 설정한 후 워드프레스를 설치합니다.

PART 02

관리자 화면에서 글을 쓰고 테마, 위젯, 메뉴 등 웹사이트의 기본 골격을 구성합니다.

PART 03

다양한 기능을 지닌 필수 플러그인을 추가해서 사용하고 웹사이트를 디자인합니다.

PART 04

직접 블로그 웹진을 만들어보고 워드프레스에 AI를 활용하는 사례와 수익화 방법에 대해 배웁니다.

이 책에서 사용하는 프로그램 미리 보기

워드프레스와 궁합이 좋은 다양한 프로그램의 활용 방법을 소개합니다. 파일 전송을 위한 FTP 프로그램부터 그래픽 프로그램 사용법까지 함께 배우면서 워드프레스를 자유자재로 다뤄보세요.

파일질라 | 웹사이트에서 사용할 대용량 파일을 호스팅 서버로 전송하는 FTP 프로그램 **P 67**

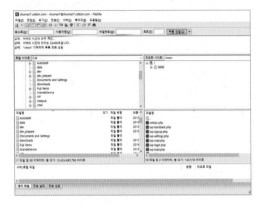

서브라임텍스트 | 소스코드를 색상별로 구분할 수 있는 전문 텍스트 편집기 **P 75**

XMind 2023 | 사이트맵이나 메뉴 구조도를 간단하게 그리는 마인드맵 프로그램 **P 155**

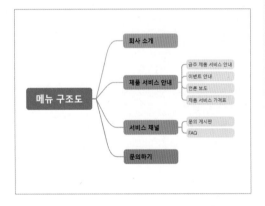

포토스케이프 | 이미지를 그리거나 편집할 수 있는 가벼운 그래픽 프로그램 **P 260**

컬러피커 | 웹사이트 화면에 보일 색상을 정확하게 지정하기 위한 색상코드 추출 프로그램 **P 299**

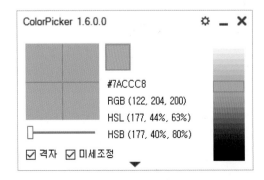

이 책에서 사용하는 워드프레스 테마 미리 보기

워드프레스의 가장 인기 있는 테마를 만나보세요. 무료로 사용 가능한 테마를 활용하여 더 멋진 웹사이트를 만들어봅니다.
무료 테마만 활용해도 전문가처럼 웹사이트를 디자인할 수 있습니다.

Twenty Sixteen | 학습에 유용한 워드프레스 공식 테마　　　🅟 136

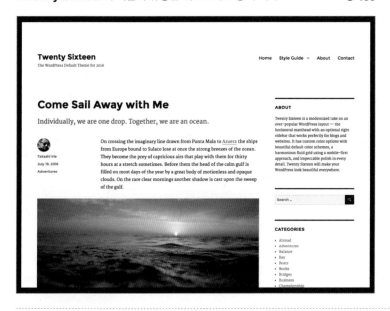

ColorMag | 기사 콘텐츠를 깔끔하게 정리된 형태로 표현하는 웹진 테마 🅟 278

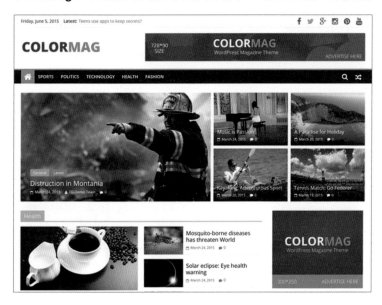

이 책에서 사용하는 워드프레스 플러그인 미리 보기

HTML? CSS? 프로그래밍은 몰라도 됩니다. 워드프레스의 기능을 더욱 강력하게 만드는 다양한 플러그인으로 워드프레스를 업그레이드할 수 있습니다.

Contact Form 7 플러그인　　℗ 176
방문자가 관리자에게 문의 사항을 쉽게 전송할 수 있는 플러그인

Shortcodes Ultimate 플러그인　　℗ 189
디자인이나 HTML을 몰라도 글의 구성 요소를 간편하게 구현하는 플러그인

Pricing Table
– Easy Pricing Tables 플러그인　　℗ 201
제품이나 서비스의 특징과 가격을 일목요연하게 보여주는 가격표 플러그인

KBoard 플러그인　　℗ 207
한국인에게 딱 맞는 게시판을 구현하는 소통 플러그인

Korea SNS 플러그인　　℗ 216
국내외 SNS의 콘텐츠 공유 기능이 웹사이트와 연동되는 소셜 플러그인

Yoast SEO 플러그인　　℗ 223
콘텐츠가 검색 상위에 노출될 수 있도록 신호등 모양의 콘텐츠 작성 가이드를 제시하는 검색 엔진 최적화 플러그인

WP 콘텐츠 복사 방지 및 우클릭 방지 플러그인 ⓟ 230

웹사이트 콘텐츠를 드래그하거나 마우스 오른쪽 버튼으로 클릭할 수 없게 막는 불법 복사 방지 플러그인

iThemes Security 플러그인 ⓟ 232

외부의 해킹 공격을 효과적으로 차단하는 보안 플러그인

BackWPup 플러그인 ⓟ 242

예기치 못한 에러에 대처하기 위해 시스템을 백업하는 플러그인

AI Power 플러그인 ⓟ 326

OpenAI의 API Key를 활용하여 자동으로 글을 써주는 플러그인

AI Engine ChatBot 플러그인 ⓟ 343

웹사이트에 채팅 기능을 구현하여 상담사 역할을 할 수 있는 인공지능 챗봇 플러그인

목차

PART 01 최강의 오픈소스 콘텐츠 관리 시스템, 워드프레스

PART 02 워드프레스 기본기 다지기

PART 03 워드프레스에 날개를 달아주는 기술

PART

01

최강의 오픈소스
콘텐츠 관리 시스템,
워드프레스

오픈소스 기반의 워드프레스가 등장하면서 웹사이트 제작 시간이 현저히 줄어들고 생산성은 올랐습니다. 이로 인해 전 세계 웹사이트 시장의 지형이 급속도로 바뀌었고, 이제 시장에서 콘텐츠 관리 시스템(CMS)은 곧 워드프레스라는 공식을 깨기가 어렵게 되었습니다. PART 01에서는 워드프레스가 어떤 도구인지 살펴보고 왜 필요한지 알아봅니다. 본격적으로 워드프레스 웹사이트를 만들기 전에 먼저 워드프레스를 구동할 환경을 구성합니다. 그런 다음 도메인을 만들고 호스팅을 설정합니다. 일련의 과정을 통해 여러분이 만든 워드프레스 웹사이트가 본격적으로 인터넷 공간에 진출할 것입니다. 우리는 지금 미래를 위한 중요한 일을 시작하고 있습니다. 바로 워드프레스로 웹사이트를 제작하는 일입니다.

CHAPTER 01

처음 만나는
워드프레스

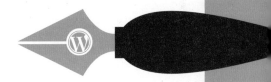

흔히 워드프레스를 단순히 개인 홈페이지를 만드는 도구 정도로 이해합니다. 그러나 워드프레스는 여러 형태의 웹사이트를 자유롭게 만들 수 있는 다양한 기능을 보유하고 있습니다. 워드프레스는 현 시대에 가장 적합한 콘텐츠 관리 시스템입니다. 워드프레스와 함께 우리의 미래를 준비하는 여행을 떠나보겠습니다.

SECTION 01

무료 웹사이트 소프트웨어 워드프레스 만나기

워드프레스란 누구나 손쉽게 블로그, 웹사이트, 쇼핑몰 등을 구축하는 웹사이트 저작 도구입니다. 워드프레스 공식 웹사이트(wordpress.org)에서는 워드프레스를 '아름다운 웹사이트, 블로그, 앱을 만들 수 있는 오픈소스 소프트웨어(Open Source Software)'라고 소개합니다. 과거에는 워드프레스를 '아름다움, 웹 표준, 사용성에 중점을 둔 최신 기술의 시맨틱 개인 출판 플랫폼'이라고 표현했습니다. 워드프레스의 출발점이 블로그였기 때문이지만 웹사이트, 쇼핑몰, 앱 등 범용 웹사이트 저작 도구로 사용 범위가 더욱 확장되면서 이제는 옛 표현이 되었습니다. 워드프레스를 이용하면 전문적인 시스템 개발자나 디자이너의 도움을 받지 않아도 훌륭한 웹사이트를 제작할 수 있습니다.

TIP 시맨틱(Semantic)은 '의미의', '의미론적인'이라는 뜻입니다. 시맨틱 태그는 구글이나 네이버 등의 검색 엔진에 태그가 붙은 콘텐츠가 어떤 의미를 갖는지 알려줍니다.

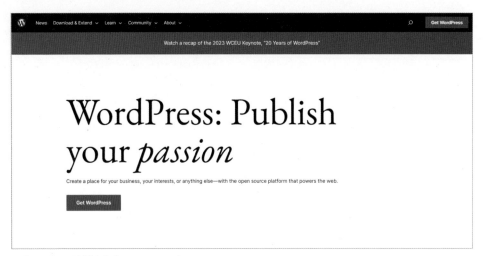

▲ 워드프레스 공식 웹사이트(wordpress.org)

전 세계 대표 CMS, 워드프레스

워드프레스는 세계에서 가장 유명한 CMS입니다. CMS란 Content Management System의 약자로 콘텐츠(저작물)를 등록·수정·삭제할 수 있는 시스템입니다. 웹사이트나 기업 시스템에 CMS를 이용하면 시스템 운영자가 새 콘텐츠를 등록하거나 수정하는 등 콘텐츠를 관리하기가 매우 편리합니다. 만약 일반적인 웹사이트나 기업 시스템에 CMS가 없다면 수작업으로 콘텐츠를 등록·수정해야 하며 경우에 따라서는 프로그램 소스까지 수정해야 하는 불편함을 겪을 수 있습니다.

일반적으로 워드프레스는 설치형 CMS 서비스라고 불립니다. 설치형 CMS란 사용자가 웹호스팅 서버에 워드프레스를 설치해서 웹사이트를 제작하는 방식을 말합니다. 워드프레스와 같은 설치형 CMS를 이용하면 클릭 몇 번과 내용 입력만으로 웹사이트를 만들 수 있고, 테마와 플러그인을 설치하여 손쉽게 디자인을 바꾸거나 여러 기능을 추가할 수 있습니다.

워드프레스로 웹사이트를 만드는 방법이 하나 더 있습니다. 워드프레스의 제작사인 오토매틱(Automatic)에서 만든 가입형 서비스를 이용하는 것입니다. 가입형 워드프레스는 워드프레스닷컴 웹사이트(wordpress.com/ko)에 가입하여 워드프레스를 바로 사용할 수 있는 서비스입니다. 가입형 워드프레스는 사용하기에 간편하지만 다음 표와 같이 무료로 이용할 수 있는 기능이 제한되며 기능별로 유료 요금 구간을 설정해서 서비스하고 있습니다. 따라서 워드프레스를 배우면서 모든 기능을 이용하고자 한다면 자유도가 높은 설치형을 사용하는 것이 좋습니다.

▲ 워드프레스닷컴(wordpress.com/ko)의 가입형 서비스 요금제

Q 네이버 블로그나 티스토리도 워드프레스 같은 CMS인가요?

A 네이버 블로그나 카카오의 티스토리 등은 우리가 일상에서 자주 접하는 가입형 블로그 서비스로, 넓은 의미에서는 CMS입니다. 네이버 블로그는 일반인이 회원 가입을 하면 개인에게 블로그 공간을 제공하는 구조입니다. 네이버에서도 각 네이버 블로그들을 전체적으로 관리하는 그들만의 CMS를 가지고 있습니다. 블로그에 로그인해서 관리자 메뉴에 들어가면 글이나 그림을 게재하는 콘텐츠 관리 메뉴가 나오는데 이 또한 CMS입니다. 그러나 가입형 블로그는 블로그 형태를 벗어나 자신이 원하는 개인 홈페이지나 회사 웹사이트, 쇼핑몰 등을 만들기가 어렵습니다. 워드프레스가 세계적인 인기를 끌면서 CMS라는 용어를 워드프레스나 XE, 줌라 등 설치형 CMS에 국한해서 사용하기도 합니다.

▲ 네이버 블로그 관리자 메뉴

▲ 티스토리 관리자 메뉴

풍부한 테마와 플러그인

워드프레스의 세계적 성장에 기여한 두 가지 중요한 요소는 바로 풍부한 테마와 플러그인입니다. 워드프레스는 2023년 하반기 기준으로 무료 테마를 약 10,976개를 제공하고 있습니다. 이 말은 사용자가 웹사이트를 디자인할 때 10,976개의 테마 중 하나를 고를 수 있을 정도로 디자인 선택의 폭이 넓다는 뜻입니다. 게다가 워드프레스 공식 웹사이트(wordpress.org)에서는 기본적으로 테마를 무료로 제공하고 있습니다. 정리하면, 워드프레스는 과거 디자이너에게 맡겨야 했던 웹사이트 디자인을 무료로 10,976가지나 선택해서 사용할 수 있는 놀라운 웹사이트 제작 도구라는 것입니다. 워드프레스에서는 비용을 지불하고 구매해서 사용하는 유료 테마도 활용할 수 있습니다. 비용을 지불하는 만큼 무료 테마보다 화려한 디자인을 갖추고 있으며 손쉽게 사용 가능한 더미 데이터가 제공됩니다.

TIP 더미 데이터(Dummy Data)란 테마의 특성에 맞게 가공된 가상의 글과 이미지 샘플 콘텐츠를 말합니다. 테마와 함께 제공되는 더미 데이터를 불러와서 용도에 맞게 수정하면 손쉽게 웹사이트를 구성할 수 있습니다.

플러그인은 시스템이 지닌 본래의 기본 기능이나 프로그램 위에 추가된(add-on), 일종의 기능 확장 프로그램입니다. 플러그인도 테마와 마찬가지로 워드프레스 공식 웹사이트(wordpress.org)에서 무료로 제공합니다. 워드프레스에서 제공하는 플러그인은 2023년 하반기 기준 약 60,611개로 규모가 방대하고 다양합니다. 워드프레스의 풍부한 테마와 플러그인은 웹프로그래밍을 모르는 일반인도 자유자재로 활용할 수 있는 막강한 도구입니다. 사용자는 필요한 테마와 플러그인을 골라 쓰면 됩니다.

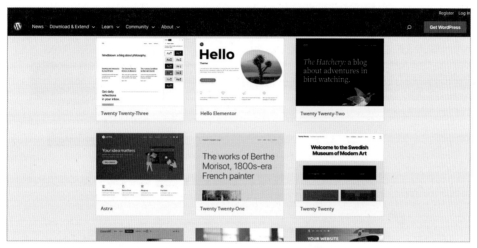

▲ 워드프레스 테마 목록

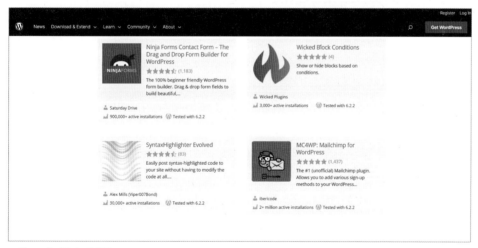

▲ 워드프레스 플러그인 목록

⊕ 웹 전문가의 Q&A

Q 유료 테마는 어디서 찾을 수 있나요?

A 워드프레스 유료 테마 웹사이트 가운데 가장 대표적인 곳은 테마포레스트(themeforest.net)입니다. 이곳에 등록되어 판매되는 유료 테마 개수는 2023년 하반기 기준 만 개가 훌쩍 넘습니다. 워드프레스 공식 웹사이트에 등록된 무료 테마의 보유 개수를 훨씬 뛰어넘습니다. 유료 테마의 가격은 테마마다 다르나 테마포레스트에서 판매하는 유료 테마는 대개 60달러 정도의 가격으로 구입하며, 평생 사용할 수 있습니다.

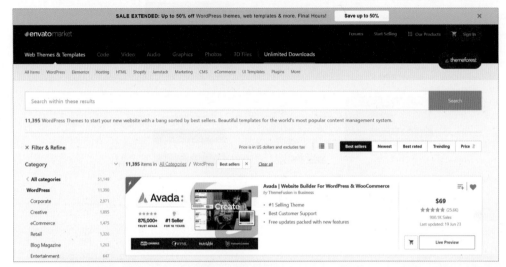

▲ 테마포레스트의 유료 테마 목록

▲ 부동의 1위 유료 테마 아바다(Avada)

SECTION 02

웹사이트 시장의 판도를 바꾼 워드프레스

처음 워드프레스를 만든 사람은 미셸 발드리기(Michel Valdrighi)라는 사람입니다. 그가 2001년에 처음 만든 B2/Cafelog는 단순하고 초보적인 기능만 탑재한 블로그 프로그램이었습니다. 이 프로그램은 미셸 발드리기의 개인 사정으로 중단됩니다. 그 뒤 2003년에 매트 뮬렌웨그(Matt Mullenweg)와 마이크 리틀(Mike Little)이 B2/Cafelog를 보강했으며 0.7버전에서 '워드프레스'로 명명했습니다. 워드프레스 0.71버전에서는 오늘날과 같은 워드프레스의 통합된 구조를 완성합니다. 2005년에는 워드프레스 1.5버전을 통해 획기적인 테마 구조를 도입했으며 워드프레스를 세계적으로 확산시킵니다. 이름 없이 사라질 뻔했던 블로그 프로그램이 전 세계에서 가장 많이 애용하는 CMS가 된 것은 뮬렌웨그가 워드프레스를 오픈소스로 공개하고 테마와 플러그인을 잘 활용하도록 시장을 통해 선순환 구조를 만들어낸 덕분입니다.

연도	업데이트 내용
2001년	미셸 발드리기, 블로그 프로그램 B2/Cafelog 개발
2003년	매트 뮬렌웨그와 마이크 리틀, 워드프레스 0.7버전 완성
2004년	워드프레스 1.0버전 마일스 데이비스(Miles Davis) 출시
2005년	테마 구조를 도입해서 자유로운 변경이 가능한 워드프레스 1.5버전 출시
2017년	워드프레스 4.9버전 팁튼(Tipton) 출시
2019년	워드프레스 5.2버전 자코(Jaco) 출시
2023년	워드프레스 6.2버전 에릭(Eric) 출시

▲ 워드프레스의 역사

출처 : 한국 워드프레스 사용자 모임 bit.ly/29fFQvW

현재 배포되는 워드프레스 최신 버전은 6.2버전 에릭(Eric)입니다. 그렇지만 무조건 최신 버전을 선택하기보다는 몇 단계 낮은 버전을 사용하는 것도 나쁘지 않습니다. 실제 IT 현장에서는 소프트웨어를 사용할 때 버전이 낮더라도 시장에서 검증된 안정적인 버전을 선호합니다. 소프트웨어 업체에서도 안정된 버전이라는 이름으로 낮은 버전을 제공하곤 합니다. 최신 버전을 쓰면 발견되지 않은 버그를 겪을 확률이 높습니다. 섣부르게 최신 버전을 쓰다가 자신이 버그를 먼저 겪고 제보하는 버그 리포터가 될 수도 있습니다.

오픈소스 도구인 워드프레스

워드프레스는 오픈소스 소프트웨어이므로 무료로 이용할 수 있습니다. 워드프레스에는 오픈소스 중 가장 널리 알려진 GNU 일반 공중 사용 허가서(GNU General Public License)인 GPL 라이선스가 적용됩니다. GPL 라이선스는 사용자의 무료 사용 범위를 정한 기준에 따라서 GPLv1, GPLv2, GPLv3으로 분류할 수 있습니다. 이 가운데 워드프레스는 GPLv2를 따릅니다. GPLv2는 소스코드를 공개하여 수정할 수 있으나 프로그램을 변경해서 판매하거나 재배포하는 것은 금지되어 있습니다.

뛰어난 한 사람이나 한 회사가 프로그램 전체를 개발하는 것과 달리 오픈소스는 전 세계 여러 사람이 자원해서 개발에 참여하고 집단 지성의 힘으로 리눅스나 아파치 같은 매머드급 소프트웨어를 만들어냅니다. 워드프레스 역시 오픈소스 프로젝트의 덕을 톡톡히 본 경우입니다.

워드프레스의 시장 점유율

워드프레스는 2024년 1월 조사 자료 기준 전 세계 CMS 시장의 62.8%라는 압도적인 시장 점유율을 차지하고 있습니다. 더 고무적인 사실은 2위인 줌라(Joomla)와의 격차입니다. 줌라의 CMS 점유율은 2.5%로 1위인 워드프레스에 필적하기 어려운 수준입니다. 워드프레스가 CMS 시장을 석권했다고 해도 과언이 아닙니다. 게다가 워드프레스의 전 세계 웹사이트 점유율은 43.2%로서 전 세계 웹사이트 세 곳 가운데 한 곳 이상은 워드프레스로 만든 웹사이트라고 할 정도로 워드프레스의 영향력은 지대합니다.

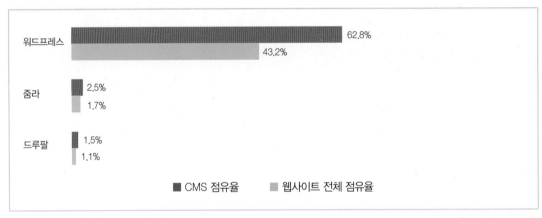

▲ 전 세계 CMS 점유율(2024년 1월 기준)   출처 : w3techs.com

외국과 달리 국내에서는 아직 워드프레스의 저변이 넓지 않습니다. '워드프레스'에 '워드'라는 말이 있어서 MS워드나 한글 2022와 같은 문서 편집기로 오해하는 사람도 있을 정도입니다. 그러나 자세히 확인해보면 국내에도 워드프레스로 제작된 웹사이트가 많습니다. 과거 서울시는 서울시청 웹사이트를 구축할 때 워드프레스를 이용하면서 워드프레스의 국내 인지도를 높이고 확산하는 데 한몫했습니다. 개인 블로그나 홈페이지뿐 아니라 관공서나 기업 같은 큰 조직에서도 무리 없이 워드프레스를 활용한 사례이기 때문입니다.

현재는 삼성전자 뉴스룸, SK텔레콤 인사이트, 네이버 웍스 홈페이지 등 국내의 여러 웹사이트가 워드프레스로 제작 및 운영되고 있습니다.

▲ 삼성전자 뉴스룸(news.samsung.com/kr)

▲ SK텔레콤 뉴스룸(news.sktelecom.com)

현재 기준으로는 특정 사이트의 정보 데이터 변경으로 인해서 한국어로 제작된 CMS 점유율을 확인하기가 어려우나 2019년 하반기 기준 한국어로 제작된 CMS의 점유율을 보면 워드프레스가 58.2%로 1위이고, XE(Xpress Engine)가 25.5%로 2위입니다. 여기에서 주목할 사항은 XE의 전신이 2000년대 국내 CMS 시장을 석권한 제로보드였다는 사실입니다. XE의 점유율 25.5%는 제로보드와 XE가 10년 넘게 쌓은 점유율의 합입니다. 불과 몇 년 사이에 워드프레스가 제로보드와 XE 시장을 급속도로 잠식하여 한국어로 제작된 CMS 시장에서 절반을 차지했습니다.

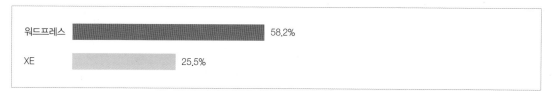

▲ 한국어로 제작된 웹사이트 CMS 점유율(2019년 하반기 기준)   출처 : w3techs.com

SECTION 03

워드프레스의 장점 알아보기

워드프레스 사용 여부를 고민하는 분들을 위해 ❶ 풍부한 테마와 플러그인, ❷ 모바일 친화성, ❸ 검색 엔진 최적화 등 워드프레스의 세 가지 장점을 소개합니다.

❶ 풍부한 테마와 플러그인을 갖춘 워드프레스 생태계

스마트폰이 보급되면서 개발자가 만든 앱을 다운로드해서 사용하는 애플 앱스토어나 구글 플레이 같은 앱 마켓이 사람들에게 익숙해졌습니다. 워드프레스 역시 개발자가 테마와 플러그인을 개발하여 제공하고 사용자는 무료 · 유료 테마나 플러그인을 다운로드해 사용하는 웹사이트 생태계를 만들어냈습니다. 이렇게 풍부한 테마와 플러그인 가운데 필요한 것을 찾아서 적용하는 능력만 기른다면 일반인도 손쉽게 수준 높은 웹사이트 디자인과 기능을 구현할 수 있습니다.

❷ 모바일 및 멀티 디바이스 환경에 적합한 솔루션

요즘에는 모바일 트렌드에 맞는 기술을 워드프레스에 적용하기가 쉽습니다. 과거에는 주로 데스크톱 컴퓨터로 인터넷에 접속했으나 2000년대 말에 아이폰이 출시되면서 스마트폰과 스마트 TV가 각광받는 N-스크린 시대가 열렸습니다. 이와 함께 모바일 및 멀티 디바이스 환경에서 스크린의 화면 크기와 해상도가 다양해졌습니다.

스마트폰의 화면 크기는 5~7인치 정도이지만 아이패드와 같은 태블릿은 9인치나 12.9인치 혹은 그보다 더 큰 종류도 많습니다. 이렇듯 기기에 따라 화면 크기와 해상도가 제각각 다르므로 요즘 웹사이트 화면은 반응형 웹디자인(Responsive Web Design)으로 만들어야 합니다. 반응형 웹디자인은 기기에 따라 자동으로 화면 레이아웃을 조정해서 사용자에게 최적의 화면을 보여줍니다. 만약 반응형 웹디자인으로 웹사이트를 제작하지 않는다면 데스크톱용 웹사이트, 모바일용 웹사이트 또는 각 기기 화면에 최적화된 웹사이트를 일일이 제작해야 합니다. 워드프레스 테마에는 반응형 웹디자인 기술이 이미 적용되어 있습니다. 따라서 웹사이트를 만들 때 여러 종류의 기기와 화면 해상도에서 잘 보이도록 달리 고민할 필요가 없으므로 시간을 절약할 수 있습니다.

▲ 반응형 웹디자인이 적용된 워드프레스 웹사이트(데스크톱용, 태블릿용, 스마트폰용)

> **TIP** N-스크린이란 운영체제와 상관없이 하나의 콘텐츠를 스마트폰, 태블릿, 스마트 TV, 노트북 등 여러 기기에서 이용할 수 있는 서비스를 말합니다. 따라서 N-스크린 시대에는 기기와 상관없이 일관된 사용자 인터페이스(UI, User Interface)를 제공하는 것이 중요합니다.

❸ 검색 엔진 최적화에 용이한 플랫폼

워드프레스는 웹 표준을 준수하여 설계되었습니다. 따라서 웹사이트 구조 측면에서 검색 엔진 최적화(SEO, Search Engine Optimization)에 유리합니다. 검색 엔진 최적화란 구글이나 네이버 같은 검색 엔진에서 검색할 때 내가 만든 웹사이트가 검색 결과 페이지 상위에 나오도록 하는 기술적인 방법을 말합니다. 워드프레스는 플러그인 설치를 통해 검색 엔진 최적화를 쉽게 구현할 수 있습니다.

> **TIP** 웹 표준이란 W3C(World Wide Web Consortium)에서 권고한 웹사이트 제작의 표준안입니다. 웹 표준을 기반으로 개발된 웹사이트에 접속하면 운영체제나 웹브라우저에 상관없이 동일한 페이지가 보입니다. 예전처럼 익스플로러용, 사파리용, 크롬용 웹사이트를 별도로 개발할 필요가 없습니다.

SECTION 04

웹사이트를 만들 때
준비할 사항

만약 개인이 별도의 CMS를 이용하지 않고 자체적으로 웹사이트나 블로그, 쇼핑몰을 운영(웹서비스)하려면 몇 가지 준비해야 할 사항이 있습니다. 우선 웹서버가 있어야 합니다. 이 서버를 통해 인터넷 공간에 웹사이트가 보이도록 하려면 도메인과 호스팅이 필요합니다. 도메인과 호스팅에 대해서는 **PART 02**에서 설명하므로 여기서는 웹시스템의 구성 요소에 대해 살펴보겠습니다.

웹시스템의 구성 요소

웹사이트를 만들 때 필요한 웹시스템을 구성하는 요소는 ❶ 웹서버, ❷ 운영 애플리케이션, ❸ 데이터베이스 서버 등 세 가지입니다.

❶ 웹서버

인터넷에 내가 만든 웹사이트를 보여주려면 웹서버가 필요합니다. 웹서버는 내가 만든 웹사이트를 온라인에서 보이도록 네트워크 통신을 처리하는 프로그램입니다. 대표적으로 아파치(Apache) 웹서버가 있습니다.

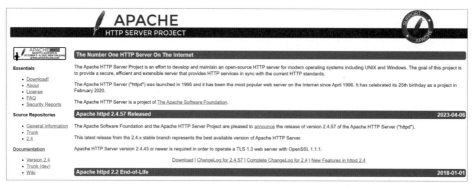

▲ 아파치 서버 프로젝트 공식 웹사이트(httpd.apache.org)

❷ 운영 애플리케이션

운영 애플리케이션은 웹사이트의 페이지, 논리적인 구조나 동작 등 웹사이트를 이루는 모든 것을 포함하는 프로그램입니다. 운영 애플리케이션은 웹서버에 실시간으로 변동하는 콘텐츠를 전달합니다. 주로 PHP나 Java(JSP/Servlet), ASP, C# 등의 웹프로그래밍 언어로 만들어집니다. 그 안에는 웹시스템이 작동하는 절차의 흐름인 비즈니스 로직(Business Logic)이 들어 있습니다. 운영 애플리케이션은 비즈니스 로직을 탑재한 컨테이너들을 배치해서 웹서버에 전달하는 역할을 합니다. 요즘에는 회사에서 운영 애플리케이션 부문에 프레임워크(Framework)를 사용하는 추세입니다. Java 진영에서 보자면, 국내 기업에서 많이 사용하는 스프링 프레임워크(Spring Framework)가 있고 관공서의 경우 전자 정부 프레임워크를 많이 사용합니다. 워드프레스 플랫폼도 PHP로 개발된 운영 애플리케이션 프레임워크 중 하나로 볼 수 있습니다.

❸ 데이터베이스 서버

데이터베이스 서버는 웹사이트의 모든 데이터를 보관하는 창고입니다. 웹사이트의 운영자나 사용자가 입력한 콘텐츠(데이터)가 데이터베이스 공간에 저장되는 것입니다. 대표적인 데이터베이스로는 MySQL과 오라클, DB2, MariaDB 등의 제품군이 있습니다. 현재까지 세계적으로 많이 사용하는 무료 데이터베이스는 MySQL입니다. 워드프레스 역시 MySQL을 기본 데이터베이스로 사용하고 있으며, 최근에는 형제 프로그램인 MariaDB도 함께 사용하고 있습니다.

▲ MySQL 공식 웹사이트(mysql.com)

웹시스템에서 고객에게 서비스를 제공하는 흐름은 다음의 흐름도를 참고합니다.

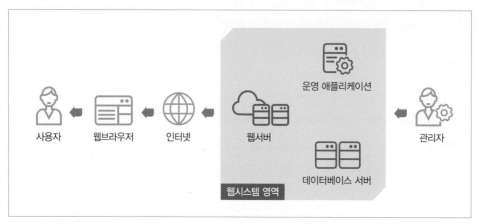

▲ 웹시스템의 서비스 제공 흐름도

그림에서 인터넷을 기준으로 오른쪽이 웹시스템 영역입니다. 오른쪽에서 왼쪽 방향으로 웹시스템의 서비스가 제공됩니다. 관리자가 웹시스템에 콘텐츠 및 정보를 입력하면 비즈니스 로직을 탑재한 운영 애플리케이션을 통해서 데이터베이스에 데이터가 저장되고 웹서버에 전달할 서비스가 만들어집니다. 사용자에게 제공되는 서비스는 웹서버를 통해서 인터넷에 공개되고 사용자는 웹브라우저를 통해서 웹사이트를 확인합니다.

웹시스템 구축을 한번에 해결하기

과거에는 일반인이 스스로 웹사이트를 구축하기란 불가능에 가까웠습니다. 프로그래밍 경험이 없는 일반인이 웹서버, 운영 애플리케이션(애플리케이션 서버), 데이터베이스 서버 시스템을 개별적으로 구성하고 비즈니스 로직이 들어가는 운영 애플리케이션을 개발(프로그래밍)하기는 쉽지 않습니다. 개발자도 개별적으로 환경을 구성하고 PHP나 Java/JSP, ASP 등으로 웹사이트를 구축하려면 노력과 시간이 많이 듭니다. 게다가 웹디자인도 간과할 수 없기 때문에 디자이너의 도움 역시 필수적입니다.

워드프레스는 개발자나 디자이너가 아니더라도 프로그래밍 작업 없이 웹사이트를 만들고 자신의 웹사이트에 멋진 웹디자인을 적용할 수 있습니다. 이젠 일반인이나 IT 초보자도 웹사이트 제작에 겁먹을 필요가 없습니다.

네이버 블로그나 티스토리 등 가입형 블로그 서비스는 블로그라는 태생의 한계를 넘기는 어렵습니다. PHP, Java, C# 등 웹프로그래밍을 통해서 개발되는 웹사이트는 막대한 제작 비용과 시간이 필요합니다. 또한 직접 웹프로그래밍 작업을 해서 개발을 완료하더라도 유지 보수가 만만치 않습니다. 페이지 레이아웃이나 프레임을 자신이 원하는 모양으로 바꾸기가 어렵고 비즈니스에 중대한 영향을 줄 수 있는 신규 기술을 손수 적용하기도 쉽지 않습니다. 그렇지만 워드프레스는 테마나 플러그인을 통해서 이러한 문제를 해결할 수 있습니다.

워드프레스 웹사이트
제대로 준비하기

워드프레스로 웹사이트를 제작할 때 호스팅 서비스를 받지 않으면 인터넷 공간에서 내 웹사이트에 접속할 수 없습니다. 이번 CHAPTER 02에서는 호스팅을 설정하고 나만의 도메인을 만드는 방법과 호스팅 서비스에서 도메인을 연결하는 방법을 알아보겠습니다.

SECTION 01

내 주소를 만드는 도메인과 내 공간을 만드는 호스팅

호스팅이란 웹사이트를 인터넷에 올리기 위해 호스팅 서버 컴퓨터의 일정 공간을 사용할 수 있도록 임대해 주는 서비스입니다. 호스팅을 설정한 웹사이트는 전 세계 어디에서든 인터넷으로 접속할 수 있습니다. 그러나 웹사이트 제작자 개인이 호스팅을 하기는 쉽지 않습니다. 자신의 컴퓨터를 24시간 켜놓아야 하는 것은 물론이고 호스팅 서버를 구축할 만한 기술력도 있어야 합니다. 따라서 호스팅 서비스를 이용하여 적은 비용으로 서버 공간을 분양받는 것이 편리합니다. 호스팅은 호스팅 업체의 서비스에 가입한 후 간단한 설정만 하면 바로 사용할 수 있습니다.

한편 도메인이란 한국인터넷정보센터가 정의하는 바에 따르면, 인터넷에 연결된 컴퓨터를 사람이 쉽게 기억할 수 있도록 문자(영문, 한글 등)로 만든 인터넷 주소를 말합니다. 인터넷에 연결된 컴퓨터나 스마트폰, 태블릿, IPTV와 같은 스마트 기기는 각각의 장치를 식별할 수 있도록 숫자로 된 주소를 가지고 있는데 이것을 IP라고 합니다. IP는 숫자로 되어 있기 때문에 사람이 기억하기 편하도록 IP에 이름을 부여한 것이 도메인입니다. 가령 숫자로 된 119.205.197.119라는 IP에 해당하는 도메인인 www.shuman.kr이나 www.shuman.co.kr을 등록하면 사용자는 웹사이트 주소를 쉽게 기억할 수 있어 편리합니다. 도메인 서비스 업체에서 자신이 원하는 이름을 검색해 도메인을 신청하면 이 도메인을 인터넷 주소(URL)로 사용할 수 있습니다. 도메인은 이름에 따라 가격이 달라집니다.

나만의 도메인 등록하기

워드프레스 웹사이트를 인터넷 공간에서 서비스하려면 도메인과 호스팅 서비스를 받아야 합니다. 그렇지만 도메인 서비스를 별도로 신청하지 않아도 호스팅 서비스 안에는 무료 도메인 서비스가 포함되어 있기 때문에 호스팅 서비스만 신청해도 기본적으로 다른 사람들이 인터넷 공간에서 내가 만든 웹사이트에 접속할 수 있습니다. 다만 호스팅 업체에서 제공하는 무료 도메인에는 대부분 해당 호스팅 업체의 이름이 들어갑니다.

예를 들어 카페24에서 호스팅 서비스 신청을 하면 무료 도메인의 주소를 http://id.cafe24.com 같은 형태로 제공합니다. 여기서 'id'는 카페24에 가입할 때 설정한 ID를 의미합니다. 신청한 ID가 'shuman7'이라면 무료 도메인 주소는 http://shuman7.cafe24.com입니다. 호스팅 서비스에 가입할 때 기본으로 제공되는 무료 도메인 주소가 너무 길거나 마음에 들지 않는다면 도메인 서비스를 별도로 신청해 내가 원하는 이름으로 된 인터넷 주소를 받아 사용합니다.

⊕ 웹 전문가의 Q&A

Q 도메인은 어떻게 구성되나요?

A 도메인은 온점(.)을 기준으로 나눕니다. 맨 앞은 서브 도메인, 가운데는 3차 도메인, 맨 마지막은 최상위 도메인입니다. 예를 들어 도메인이 www.google.com이라면, ❶ www는 서브 도메인, ❷ google은 3차 도메인, ❸ com은 최상위 도메인입니다. 최상위 도메인에는 ❹ 2차 도메인이 포함될 수 있습니다.

❶ **서브 도메인** | 서브 도메인은 도메인에서 보조적인 역할을 합니다. www는 서브 도메인의 한 종류입니다. 인터넷 초창기에는 월드와이드웹(WWW, World Wide Web)에 접속하기 위해 반드시 인터넷 주소창에 www를 입력해야 했지만 지금은 www를 붙이지 않아도 같은 주소로 연결됩니다. 예를 들어 주소창에 google.com만 입력해도 www.google.com과 동일한 웹페이지에 접속됩니다.

❷ **3차 도메인** | 3차 도메인은 일반적으로 고유한 이름 부분입니다.

❸ **최상위 도메인** | 최상위 도메인(TLD, Top-Level Domain)은 1차 도메인이라 표현하기도 하며 일반 최상위 도메인(gTLD)과 국가 최상위 도메인(ccTLD)으로 분류합니다. 일반 최상위 도메인은 .com .org .net 등의 도메인이며, 국가 최상위 도메인은 .kr(한국) .us(미국) .cn(중국) 등과 같이 국가를 식별하는 도메인입니다.

❹ **2차 도메인** | 최상위 도메인이 co.kr일 경우 .kr이 최상위 1차 도메인이며 .co가 2차 도메인입니다.

호스팅 업체별 도메인 가격 비교하기

일반적으로 도메인 서비스도 호스팅 업체에서 제공합니다. 호스팅 업체별로 가격과 서비스가 다르므로 도메인을 신청할 때는 미리 가격을 비교해보고 신청하는 것이 좋습니다. 도메인 서비스의 경우에는 서비스 차이가 크지 않으므로 가장 저렴한 곳을 선정합니다.

도메인 서비스를 제공하는 업체는 많지만, 여기서는 가비아, 카페24, 닷홈 등 세 개 업체의 가격을 비교했습니다. 이 세 곳을 비교해서 저렴한 도메인 서비스를 찾을 수 있습니다. 물론 도메인 가격은 변동되므로 도메인을 구입하는 시점에 비교해서 업체를 결정하는 것이 좋습니다.

도메인 가격을 비교하려면 먼저 검색할 도메인 이름을 정해야 합니다. 예를 들어 www.shuman.co.kr 과 www.shuman.kr 도메인을 구매하려고 한다면 도메인 서비스를 제공하는 호스팅 업체 웹사이트에 들어가서 도메인 검색창에 shuman으로 검색하여 비용을 비교합니다. 세 개의 업체에서 www.shuman.co.kr의 도메인 비용이 얼마인지 확인해보겠습니다.

ⓦ 가비아에서 도메인 검색하기

01 가비아 웹사이트(gabia.com)에 접속합니다. ❶ 검색창에 **shuman**을 입력하고 ❷ [검색]을 클릭합니다.

02 도메인 검색 결과가 나옵니다. 가비아에서는 **shuman.co.kr** 도메인을 1년간 유지하는 비용이 **15,000원**입니다.

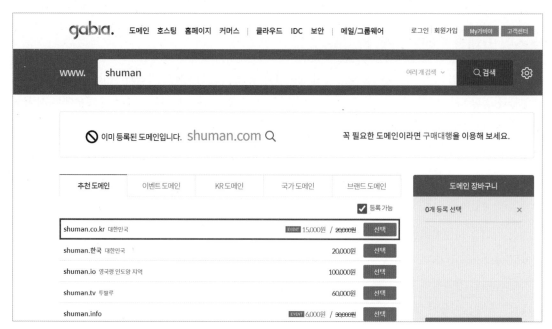

🅦 카페24에서 도메인 검색하기

01 카페24 호스팅 웹사이트(hosting.cafe24.com)에 접속합니다. ❶ [도메인]을 클릭합니다. 도메인 페이지에서 ❷ 검색창에 **shuman**을 입력하고 ❸ [도메인 검색]을 클릭합니다.

02 도메인 검색 결과를 확인하면 **shuman.co.kr** 도메인 사용 기간이 2년으로 지정되어 있습니다. 기간을 1년으로 선택하면 카페24에서 **shuman.co.kr** 도메인을 1년간 유지하는 비용이 **22,000원**임을 확인할 수 있습니다.

Ⓦ 닷홈에서 도메인 검색하기

01 닷홈 웹사이트(dothome.co.kr)에 접속합니다. ❶ 검색창에 **shuman**을 입력하고 ❷ [검색]을 클릭합니다.

02 도메인 검색 결과 **shuman.co.kr** 도메인을 1년간 유지하는 비용이 쿠폰 적용 시 **10,780원**으로 나타납니다.

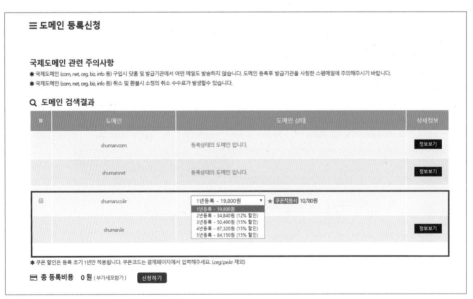

TIP 쿠폰 등 할인 정책은 호스팅 업체마다 시기에 따라서 언제든 변경될 수 있으므로 직접 비교해보고 결정합니다.

도메인 서비스 신청하기

업체	비용
가비아	15,000원 / 1년
카페24	22,000원 / 1년
닷홈	쿠폰 적용 시 10,780원 / 1년

1년간 유지하는 도메인 서비스를 신청했을 때, 닷홈이 쿠폰 적용 시 **10,780원**으로 가장 저렴합니다. 여기서는 닷홈을 통해서 도메인을 신청해보겠습니다. 도메인 신청 과정에서 네임서버(Name Server)라는 용어가 등장하는데 네임서버란 IP와 도메인 이름을 상호 변환하는 서비스입니다.

> **만들면서 배우기** 　 **① 닷홈에서 도메인 신청하기**

01 　닷홈 웹사이트(dothome.co.kr)에 접속합니다. 먼저 회원 가입을 하기 위해서 ❶ 오른쪽 상단의 [회원가입]을 클릭합니다. 회원 가입 페이지가 나타나면 정보를 입력하고 ❷ [가입하기]를 클릭합니다.

TIP 지금 단계에서 당장 유료 도메인을 만들지 않아도 됩니다. 호스팅 서비스 안에 가입자를 위한 무료 도메인 서비스가 제공되므로 워드프레스를 호스팅 서버에 올리고 웹사이트를 만들어 실습하는 데는 문제가 없습니다. 따라서 지금 도메인이 필요 없는 독자는 47쪽으로 건너뛰어 카페24 호스팅 신청을 진행합니다.

02 ❶ 검색창에 자신이 등록하려는 도메인 이름을 입력하고 ❷ [🔍]을 클릭합니다. 여기서는 **shuman**을 입력했습니다.

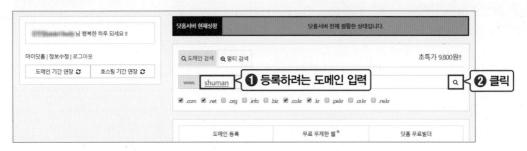

TIP 직접 사용할 도메인으로 진행합니다.

03 도메인 등록 신청 페이지에 3차 도메인으로 shuman이 들어가는 여러 도메인 검색 결과가 나타납니다. 검색 결과 가운데 ❶ shuman.co.kr에 체크하고 ❷ [신청하기]를 클릭합니다.

04 도메인을 신규 등록하는 페이지가 나타납니다. 먼저 도메인의 기간과 금액을 확인하고 [담당자 정보] 항목에 이름, 이메일, 전화번호, 휴대전화 번호를 입력합니다.

05 ❶ 그런 다음 [소유자 정보 입력] 항목을 입력합니다. ❷ [관리자 정보 입력] 항목에서는 향후 웹사이트를 쉽게 관리하기 위해 [소유자 정보와 동일]을 선택하는 것이 좋습니다. ❸ [네임서버 정보 입력] 항목에서는 [닷홈 네임서버 사용(권장)]을 선택합니다.

TIP 닷홈에서 네임서버를 등록하는 방법은 58쪽에서 확인할 수 있습니다.

⊕ 웹 전문가의 Q&A

Q 도메인을 등록할 때 이메일 주소와 휴대전화 번호가 왜 필요한가요?

A 도메인을 등록할 때 이메일 주소와 휴대전화 번호는 정확하게 입력해야 합니다. 대부분의 도메인 업체는 도메인이 종료되는 시점에 휴대전화로 도메인 종료 알림 서비스를 제공합니다. 도메인이 종료된 뒤 다른 사람이 내가 쓰던 도메인을 구매해서 사용한다면 다시 그 도메인을 얻기가 어렵습니다. 따라서 1년 이후에도 도메인을 계속 사용하려면 등록한 휴대전화 번호로 알림 서비스를 받는 것이 좋습니다.

06 ❶ 결제 수단을 선택하고 ❷ [신청하기]를 클릭해서 결제를 진행합니다. 결제가 완료되면 도메인이 정상적으로 등록됩니다.

호스팅 서비스 신청하기

국내에는 호스팅 서비스를 제공하는 업체가 많습니다. 이 책에서는 카페24로 호스팅을 신청하는 방법을 실습하겠습니다. 카페24는 '국민 호스팅'이라 불릴 정도로 국내에서 가장 많이 사용하는 호스팅 서비스이기 때문입니다. 사용자가 많다는 것은 그만큼 많은 웹시스템이 인터넷에서 운용되고 있으며 문제를 해결하는 노하우를 축적했다는 뜻이기도 합니다.

🅦 카페24에서 호스팅 신청하기

01 카페24 호스팅 사이트(hosting.cafe24.com)에 접속합니다. ❶ [로그인]을 클릭하고 ❷ [회원가입]을 클릭합니다.

TIP 실습 중 신용카드 결제를 할 때 인터넷 익스플로러(Internet Explorer)는 오류가 발생할 수 있으니, 크롬(Chrome)이나 MS 엣지(Edge) 브라우저 사용을 권장합니다.

02 [일반회원]을 클릭합니다. 일반 회원이 아닌 경우에는 해당하는 메뉴를 클릭합니다.

03 ❶ 약관 이용동의에 체크하고 ❷ [휴대폰 인증]을 클릭해서 본인 확인을 진행합니다.

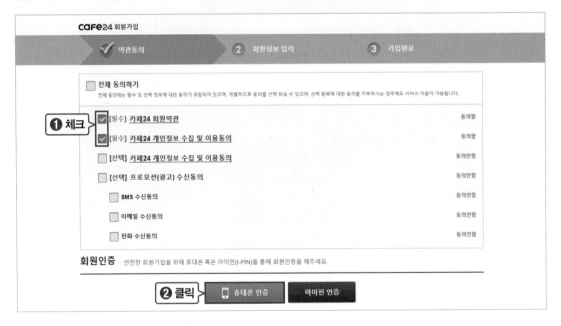

04 ❶ [회원정보입력] 항목에서 회원 정보를 입력하고 ❷ [다음 단계로]를 클릭합니다.

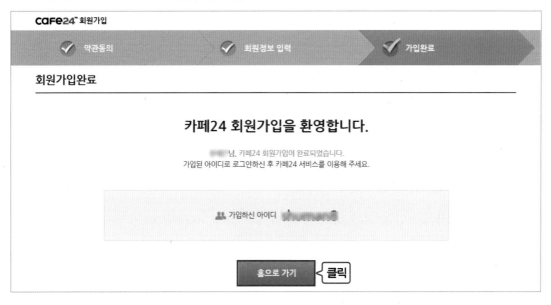

회원정보입력 | 가입에 필요한 회원정보를 입력해 주세요.   ★ 필수 입력

이름	
생년월일	
성별	
아이디 ★	영문/숫자로 4자리~16자리 아이디를 입력해주세요.
비밀번호 ★ [?]	영문 대소문자/숫자/특수문자 중 두가지 이상 조합으로 8자리~16자리 비밀번호를 입력해주세요. 암호 보안수준 :
비밀번호 확인 ★	비밀번호를 입력해주세요.
이메일 ★	@ 직접입력 ▾ ☐ **이메일 수신 동의** │ 카페24의 이벤트소식, 할인혜택, 창업정보 등 다양한 소식을 받아보실 수 있습니다. 이메일을 입력해 주세요.
휴대전화 ★	010 ▾ - 1234 - 5678 ☐ **문자 수신 동의** │ 카페24의 이벤트소식, 할인혜택, 창업정보 등 다양한 소식을 받아보실 수 있습니다.
일반전화	02 ▾ - -

❶ 입력

다음 단계로 > ❷ 클릭

05 카페24 회원 가입이 완료되었습니다. [홈으로 가기]를 클릭합니다.

CQFe24™ 회원가입

✓ 약관동의   ✓ 회원정보 입력   ✓ 가입완료

회원가입완료

카페24 회원가입을 환영합니다.

님, 카페24 회원가입이 완료되었습니다.
가입된 아이디로 로그인하신 후 카페24 서비스를 이용해 주세요.

👥 가입하신 아이디

홈으로 가기 ◁ 클릭

06 호스팅 홈페이지 화면이 나오면 가입한 ID로 ❶ [로그인]을 진행한 뒤에 ❷ 10G 광 네트워크 [신청하기]를 클릭합니다.

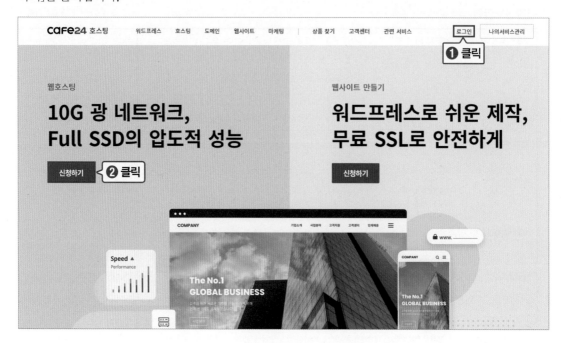

07 화면을 아래로 스크롤하면 다양한 호스팅 서비스 종류가 나타납니다. 여기에서는 일반형 호스팅을 신청하겠습니다. [일반형] 항목의 [신청하기]를 클릭합니다.

TIP 일반형은 [하드 용량]이 1.4GB이지만 우리가 사용할 수 있는 용량이 1.4GB라는 뜻은 아닙니다. 스트리밍(200MB) 과 CDN(200MB)을 제외한 웹 공간 1GB가 워드프레스 파일을 올리고 테마와 플러그인을 설치해서 사용할 수 있는 실제 용량입니다. 이 책에서 진행하는 모든 실습과 프로젝트 과제를 수행하려면 최소한 일반형 이상을 사용해야 합니다. 절약형의 경우 [하드 용량-웹]이 500MB에 불과하여 용량이 부족하므로 원활하게 실습할 수 없습니다. 일반형의 [하드 용량-웹]은 1GB 정도가 적당하고 추후 필요 시 상위 서비스로 업그레이드하는 것을 권장합니다.

⊕ 웹 전문가의 Q&A

Q 호스팅의 사양을 선택할 때 고려해야 할 점이 있나요?

A 호스팅 서비스의 사양, 즉 용량을 고려할 때는 두 가지만 알면 됩니다. 바로 ❶ 트래픽 용량과 ❷ 하드 디스크 용량입니다.

❶ 트래픽 용량

트래픽 용량은 방문자가 웹사이트에서 사용하는 데이터 사용량(텍스트, 이미지, 동영상 등)입니다. 웹호스팅의 트래픽 용량은 매일 자정(0시)에 하루 단위로 초기화됩니다. 만약 가입한 웹호스팅의 트래픽 용량이 800MB라면, 800MB의 트래픽을 모두 소진하더라도 자정이 지나면 다시 800MB를 사용할 수 있는 방식입니다. 트래픽이 대략 1GB라고 하면 하루에 1,000명 정도가 해당 웹사이트에 방문할 수 있다고 추정됩니다. 물론 이것은 대략적인 수치입니다. 특정 사용자가 웹사이트에서 이미지나 동영상을 과도하게 사용한다면 트래픽 용량이 금세 초과됩니다. '도아의 세상사는 이야기(offree.net)'라는 블로그에서 발생한 예를 보면, 블로그에 올린 600KB 정도의 이미지가 대형 웹사이트에 링크되고 접속자가 유입되면서 그날 오후에 20GB의 트래픽을 초과한 적도 있다고 합니다. 트래픽 용량이 초과되면 호스팅 서비스 종류나 설정에 따라 웹사이트 접속을 차단하거나 혹은 웹사이트를 차단하지는 않되, 추가 트래픽에 대해 비용을 청구하는 방식도 있습니다. 웹사이트 방문자가 많은 것은 좋은 일이지만, 그에 따른 트래픽도 결코 무시할 수 없습니다.

❷ 하드디스크 용량

하드디스크 용량은 워드프레스 코어 파일을 포함한 프로그램 파일과 각종 이미지, 멀티미디어 파일과 데이터베이스(MySQL) 등을 사용하는 공간을 말합니다. 이 용량은 우리가 컴퓨터를 사용할 때 이용하는 하드디스크 용량이나 스마트폰을 사용할 때 이용하는 메모리 용량과 같습니다. 일반적으로 처음 웹사이트를 시작할 때는 1GB 정도가 무난합니다. 나중에 용량이 더 필요하면 그때 늘리도록 합니다.

▲ 카페24 관리자 메뉴에 표시된 하드디스크 용량과 트래픽 용량

08 [등록 후 서비스를 신청하지 않은 아이디] 탭을 확인하면 신청 아이디와 비밀번호를 입력할 필요가 없습니다. 자동으로 카페24에 가입한 아이디가 호스팅 아이디가 되기 때문입니다. 카페24 아이디와 다른 호스팅 아이디를 사용하려면 ❶ [신규 아이디 등록] 탭을 클릭하고 ❷ [회원 정보] 항목에서 [신청 아이디]와 [비밀번호]를 입력합니다. 여기서 입력한 신청 아이디가 호스팅 ID이며, 카페24 호스팅 주소에 반영됩니다. [신청 아이디]에 **shuman7**을 입력하면 호스팅 주소는 **http://shuman7.cafe24.com**이 됩니다.

TIP 웹호스팅 아이디는 이전 단계에서 진행한 카페24에 가입한 로그인 ID를 호스팅 ID로 사용해도 되고, 로그인 ID와 다른 별도의 호스팅 ID를 만들어서 사용해도 됩니다.

09 ❶ [관리자 정보] 항목의 [회원정보와 동일]에 체크합니다. ❷ [FTP, Telnet, DB 비밀번호]에 비밀번호를 입력합니다. ❸ [호스팅 서비스 이용약관에 동의합니다.]에 체크하고 ❹ [다음]을 클릭합니다.

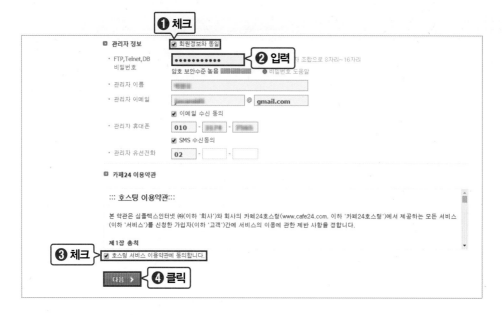

TIP 카페24에서는 호스팅 로그인 비밀번호와 'FTP, Telnet, DB 비밀번호'를 다르게 설정해야 합니다. 나중에 FTP 프로그램을 사용할 때 잊는 경우가 많으니 반드시 기억하거나 안전한 곳에 보관합니다.

10 신청서 작성 페이지를 다음과 같이 설정합니다. ❶ [신청내역] 항목에서 [1년 (10% 할인)]을 선택합니다. ❷ [서버 환경설정] 항목에서는 [PHP7.4 / mariadb-10.0.x UTF-8]을 선택합니다. ❸ [프로그램 자동 설치]는 선택하지 않고 [스팸 SHIELD]는 [미사용]을 선택합니다. ❹ [도메인선택] 항목에서는 [카페24 호스팅 무료 도메인]을 선택합니다.

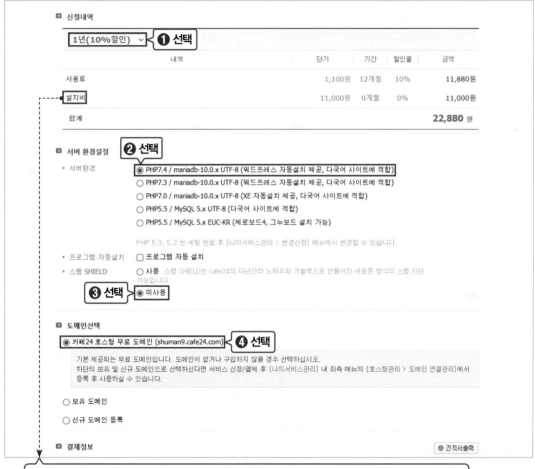

[사용료] 외에 [설치비]라는 항목이 있습니다. 설치비는 처음 설치할 때만 1회 부과됩니다. 1년 뒤 호스팅이 만료되는 시점에 서비스를 계속 사용하려면 설치비가 다시 청구되지 않도록 연장하는 것이 좋습니다.

TIP 프로그램 자동설치와 도메인선택에 대한 자세한 내용은 56쪽의 카페24 관리자 메뉴에서 살펴볼 수 있습니다.

11 [결제정보] 항목을 확인한 후 **❶** [결제방식]에서 원하는 항목을 선택합니다. 여기서는 [신용카드]를 선택해보겠습니다. **❷** [결제하기]를 클릭합니다.

12 [결제정보 확인] 대화상자가 나타나면 [확인]을 클릭하고 신용카드로 결제를 진행합니다.

13 결제가 완료되면 다음과 같은 페이지가 나타납니다. [나의 서비스관리로 이동]을 클릭합니다.

14 카페24 호스팅 가입이 완료되면 관리자 메뉴가 나타납니다.

⊕ 웹 전문가의   Q&A

Q 호스팅 기간은 꼭 1년으로 설정해야 하나요?

A 반드시 그럴 필요는 없습니다. 호스팅 업체에서는 편의상 호스팅 기간을 1년이나 2년으로 기본 설정해 둡니다. 그렇지만 1개월이나 3개월처럼 짧은 기간에도 호스팅 서비스를 받을 수 있습니다. 다만 기간에 따라 할인율에 차이가 납니다. 호스팅 신청 단계에서 [신청내역] 항목의 펼침 메뉴를 클릭하면 신청 기간에 따른 할인율이 표시됩니다.

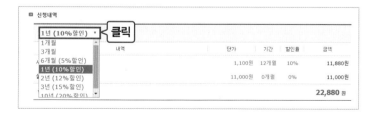

카페24 관리자 메뉴 살펴보기

카페24 호스팅 서비스를 신청해서 웹호스팅을 완료했습니다. 카페24 관리자 메뉴에는 어떤 기능이 있는지 살펴보겠습니다.

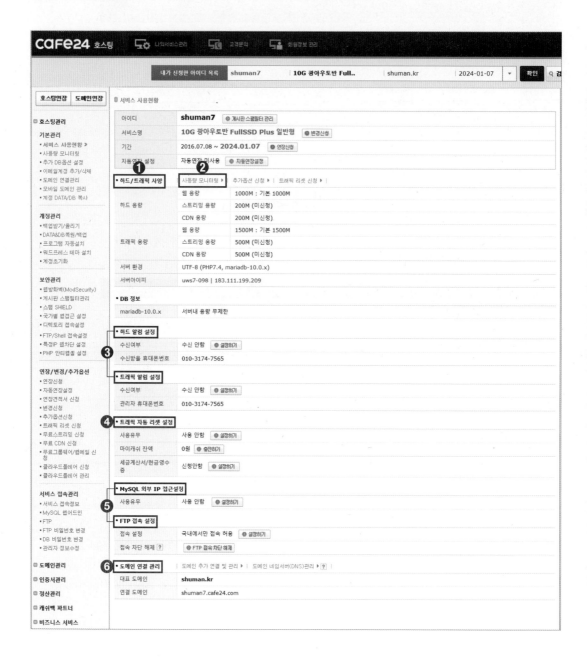

❶ 하드/트래픽 사양

하드 용량(1.4GB)은 웹 용량(1GB)과 스트리밍 용량(200MB), CDN 용량(200MB)으로 구분됩니다. 시스템을 설치할 수 있는 공간은 웹 용량(1GB)입니다. CDN은 동영상이나 이미지를 보관하기 위해 사용할 수 있는 공간이지만 처음에는 미신청으로 되어 있고 따로 신청하면 용량을 확보할 수 있습니다. 트래픽 용량도 하드 용량과 동일하게 구성되어 있습니다.

❷ 사용량 모니터링

[사용량 모니터링]을 클릭하면 용량 현황을 원형 그래프로 확인할 수 있습니다.

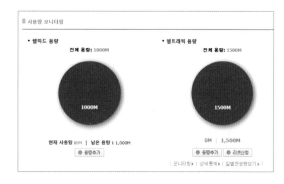

❸ 하드 알림 설정 · 트래픽 알림 설정

하드 사용률과 트래픽 전송률이 설정한 수치에 도달하면 휴대전화 문자 메시지로 알려주는 서비스입니다. 사용률·전송률별로 60~100% 사이에서 설정합니다. 일반적으로 웹호스팅에서는 트래픽 사용량이 초과되면 차단되어 접속할 수 없습니다. 따라서 하드 알림과 트래픽 알림을 설정해서 웹사이트 접속이 막히는 사태를 예방하는 것이 좋습니다. 하드 알림과 트래픽 알림의 [설정하기]를 클릭해서 각각 전송률을 [90%]로 지정합니다.

❹ 트래픽 자동 리셋 설정

호스팅 계정의 트래픽 사용량이 일일 약정 트래픽에 도달했을 때, 웹사이트 접속을 차단하는 것이 아니라 보유한 마이캐쉬를 사용해서 트래픽을 초기화하는 유료 서비스입니다. 즉, 돈을 지불해서라도 트래픽 초과로 인한 웹사이트 접속 차단을 막는 서비스입니다. 보유한 마이캐쉬가 없으면 트래픽이 초기화되지 않습니다.

❺ MySQL 외부 IP 접근설정 · FTP 접속 설정

보안 수준을 설정하는 기능입니다. [설정하기]를 클릭하여 [사용 안 함]과 [국내에서만 접속 허용]으로 설정합니다. 대개 해킹은 중국 등 외국에서 시도되기 때문에 국내 접속만 허용하는 것이 안전합니다.

❻ 도메인 연결 관리

현재 인터넷에서 자신의 워드프레스 웹사이트에 접속할 수 있는 인터넷 주소를 지정합니다. 예를 들어 실습한 웹사이트의 주소는 http://shuman7.cafe24.com입니다. 아직 워드프레스가 설치되지 않았기 때문에 [대표 도메인]의 shuman7.cafe24.com을 클릭하면 카페24 호스팅의 정상 접속을 안내하는 페이지가 나타납니다.

호스팅 서버에 도메인 연결하기

앞서 카페24에서 호스팅을 신청했고, 닷홈에서 도메인을 등록했습니다. 이번에는 자신이 신청한 카페24 호스팅 서비스에 닷홈에서 등록한 도메인을 연결해보겠습니다. 호스팅에 도메인이 연결되면 웹브라우저에서 자신이 별도로 신청한 도메인 주소로 워드프레스 웹사이트에 접속할 수 있습니다. 먼저 닷홈 웹사이트에 들어가서 카페24 네임서버를 등록하고 카페24에서 닷홈의 도메인을 연결합니다.

만들면서 배우기   ⓦ **닷홈에서 카페24 네임서버 주소 등록하기**

01   닷홈 웹사이트(dothome.co.kr)에 접속해서 로그인한 후 메뉴에서 [마이닷홈]을 클릭합니다.

02 ❶ [마이닷홈]–[도메인 관리]–[네임서버 변경] 메뉴를 클릭하면 닷홈 네임서버 변경 페이지가 나타납니다. 등록된 도메인 목록에서 ❷ 카페24 호스팅에 연결할 도메인의 [네임서버 변경]을 클릭합니다. 여기서는 **shuman.kr** 도메인을 선택했습니다.

03 ❶ [네임서버 등록/수정]에 입력된 닷홈 네임서버 주소를 지우고 원하는 네임서버 주소를 입력한 후 ❷ [네임서버 변경]을 클릭합니다. 네임서버가 변경되는 데는 보통 24~48시간 정도가 걸립니다.

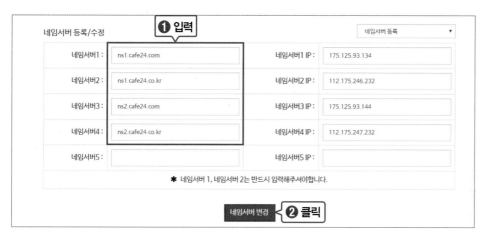

⊕ **웹 전문가의** **Q&A**

Q 카페24의 네임서버 주소는 어디에서 확인할 수 있나요?

A 카페24의 네임서버 주소는 호스팅 관리자 페이지인 [나의 서비스 관리]에서 ❶ [호스팅관리]–[도메인 연결관리]를 클릭하고 ❷ [카페24 네임서버 보기]를 클릭하면 ❸과 같이 확인할 수 있습니다.

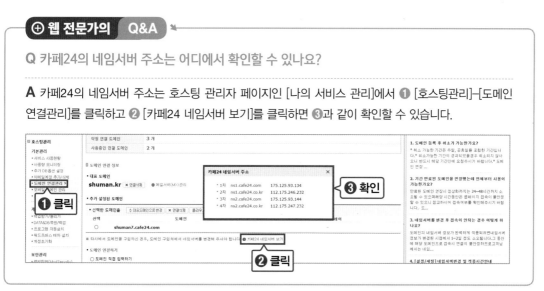

카페24에서 도메인 연결하기

01 카페24 관리자 메뉴에서 ❶ [호스팅관리]–[도메인 연결관리]를 클릭합니다. ❷ [도메인 연결하기]
항목에서 [도메인 직접 입력하기]를 선택한 후 ❸ [도메인]에 자신이 등록한 도메인 이름을 입력하고 ❹
[연결하기]를 클릭합니다.

02 [도메인이 연결되었습니다.]라는 대화상자가 나
타나면 [확인]을 클릭합니다.

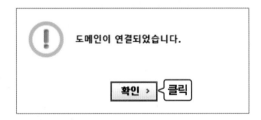

도메인이 연결되었습니다.

03 [추가 설정된 도메인] 항목에, 앞서 연결한 도메인 주소인 **shuman.kr**이 나타납니다. 현재는 [대표 도메인]이 **shuman7.cafe24.com**으로 지정되어 있습니다. ❶ **shuman.kr**을 선택하고 ❷ [대표도메인으로 변경]을 클릭합니다.

04 [대표 도메인]이 **shuman.kr**로 변경됩니다. 카페24에서 도메인 연결과 관련한 설정을 모두 끝냈습니다. **shuman.kr**을 클릭한 후 카페24 호스팅 접속 안내 페이지가 나타나는지 확인합니다.

TIP 만약 접속 안내 페이지가 나타나지 않는다면 아직 네임서버 변경이 완료되지 않은 것입니다. 24~48시간 뒤에 접속하면 되지만, 혹시 이후에도 접속되지 않는다면 카페24 고객센터에 문의합니다.

SECTION 02

호스팅 서버에
워드프레스 설치하기

이번에는 호스팅 서버에 워드프레스를 설치하는 방법에 대해 알아보겠습니다. 카페24는 워드프레스 자동 설치 기능을 제공합니다. 이 책은 기본적으로 카페24 호스팅을 통해서 워드프레스를 설치하고 사용합니다. 그렇지만 자동 설치를 지원하지 않는 호스팅 서비스도 있습니다. 그리고 카페24를 사용하더라도 경우에 따라서는 수동으로 워드프레스를 설치해야 할 때가 있습니다. 따라서 워드프레스 자동 설치와 수동 설치 두 가지 방법을 모두 알아보겠습니다.

⊕ 웹 전문가의 멘토링

실력 향상을 원한다면 수동 설치를 해도 좋습니다

워드프레스 자동 설치를 선택하면 언제나 현재 기준으로 최신 버전이 설치되지만 수동 설치를 하면 이 책의 실습 환경과 동일한 버전을 선택해서 설치할 수 있습니다. 또한 수동 설치를 할 수 있다는 것은 워드프레스를 학습하는 하나의 노하우를 얻는 길이기도 합니다.

모든 프로그램에서 최신 버전이 무조건 좋다고 이야기할 수는 없습니다. 언제나 그렇듯이 사용자가 많이 사용하는 안정적인 버전을 사용하는 것이 더 중요합니다. 추후 최신 버전으로 업데이트하려면 이 책에서 워드프레스 학습을 끝낸 후 워드프레스 관리자 메뉴의 [업데이트]를 통해서 간단하게 업데이트할 수 있습니다.

워드프레스를 수동으로 설치하고 싶다면 68쪽의 FTP 프로그램 설치 방법을 먼저 익힌 후 72쪽의 수동 설치 방법으로 넘어갑니다.

워드프레스 자동 설치하기

카페24에서 호스팅 서비스를 이용하면 워드프레스를 간단하게 자동으로 설치할 수 있습니다. 여기서는 카페24를 기준으로 워드프레스를 자동으로 설치하는 방법에 대해 알아보겠습니다.

🅦 카페24에서 워드프레스 자동 설치하기

01 카페24 호스팅 웹사이트(hosting.cafe24.com)에 접속해서 로그인한 후 [나의서비스관리]를 클릭합니다.

02 카페24 관리자 메뉴가 나타납니다. 관리자 메뉴에서 [호스팅관리]–[계정관리]–[프로그램 자동설치]를 클릭합니다.

TIP 프로그램 자동설치 단계에서 [설치하기]를 클릭했는데 [고객님 계정에 이미 워드프레스가 설치되어 있습니다.]라는 대화상자가 나타나면 66쪽 웹 전문가의 멘토링을 참고합니다.

03 프로그램 자동설치 안내문이 나타납니다. ❶ [설치 프로그램 선택] 항목에서 [워드프레스]를 선택합니다. ❷ [설치 경로]는 기본값 [www]인 상태로 ❸ [설치하기]를 클릭합니다.

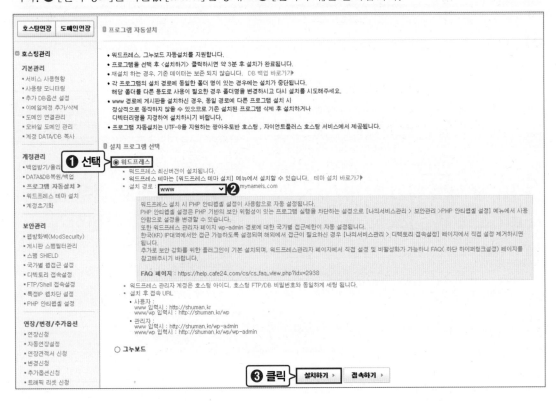

TIP 프로그램을 재설치하면 기존 데이터는 보존되지 않습니다. 이미 카페24를 통해서 워드프레스나 다른 프로그램을 설치한 적이 있다면 [DB 백업 바로가기]를 클릭해서 데이터를 백업하고 진행하는 것이 좋습니다. 그렇지만 워드프레스를 처음 설치한다면 데이터를 백업할 필요가 없습니다.

04 [DB 비밀번호 확인] 대화상자가 나타납니다. ❶ [DB 비밀번호]에 카페24 호스팅을 신청할 때 설정한 'FTP, Telnet, DB 비밀번호'를 입력하고 ❷ [확인]을 클릭합니다.

05 이제 워드프레스 자동 설치가 진행됩니다. [확인]을 클릭합니다.

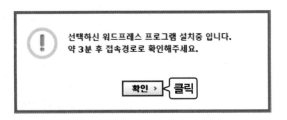

06 카페24 호스팅 주소(ID.cafe24.com)에 접속합니다. 아래 그림과 같이 워드프레스 페이지가 나타나면 프로그램이 정상적으로 설치된 것입니다. 여기서는 http://shuman7.cafe24.com에 접속했습니다. 이전 단계에서 별도 도메인을 연결했으므로 http://shuman.kr에 접속해도 동일한 워드프레스 웹사이트 페이지가 나타납니다.

---

shuman7   예제 페이지

Mindblown: a blog about philosophy.

안녕하세요!

워드프레스에 오신 것을 환영합니다.
이것은 첫 글입니다. 바로 편집하거나
삭제한 다음 쓰기 시작하세요!

2023년 04월 14일

추천 예약이 있으신가요?

문의하기

TIP 여기서 웹사이트에 보이는 테마는 워드프레스 공식 테마인 Twenty Twenty-Three 테마입니다. 공식 테마는 주기적으로 변경됩니다. 반드시 왼쪽과 같은 페이지가 나타나지 않더라도 걱정할 필요는 없습니다. 추후 워드프레스 관리자 메뉴에서 Twenty Twenty-Three 테마를 설치하고 변경할 수 있습니다.

⊕ 웹 전문가의 Q&A

Q 설치 경로(www)와 도큐먼트 루트(Document Root)란 무엇인가요?

A 일반적으로 웹서버에는 사용할 수 있는 최상위 폴더인 도큐먼트 루트(Document Root)라는 폴더가 있습니다. 웹서버의 도큐먼트 루트 폴더에 HTML 소스를 담고 웹서버를 시작하면 해당 HTML 소스 내용을 웹브라우저에서 볼 수 있습니다. 카페24에서 호스팅 서비스에 가입하면 카페24는 사용자가 쓸 수 있는 호스팅 서버의 공간을 만들어줍니다. 그곳에 있는 최상위 폴더가 도큐먼트 루트입니다. 카페24는 도큐먼트 루트를 www로 표시하지만 다른 호스팅 서비스에서는 public_html로 표시하기도 합니다. 도큐먼트 루트의 식별자는 호스팅에 따라 다릅니다. 보통 www나 public_html, html 등을 도큐먼트 루트 이름으로 많이 사용하는 편입니다.

이미 워드프레스가 설치되어 있다면 카페24 계정을 초기화하고 설치합니다

프로그램 자동설치 단계에서 [설치하기]를 클릭했는데
[고객님 계정에 이미 워드프레스가 설치되어 있습니다.]
라는 대화상자가 나타나면 앞서 설치된 워드프레스나
프로그램을 초기화하고 설치합니다.

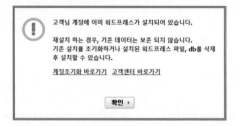

01 카페24 관리자 메뉴에서 ❶ [계정관리]–[계정초기화]를 클릭합니다. [계정초기화 선택] 항목에서 ❷
[DATA, DB 모두 초기화]를 선택한 후 ❸ [FTP 비밀번호]와 [DB 비밀번호]에 카페24 호스팅 신청 시 설
정했던 'FTP, Telnet, DB 비밀번호'를 입력하고 ❹ [확인]을 각각 클릭합니다. 입력한 비밀번호가 맞으면
'비밀번호가 확인되었습니다.'라는 안내문이 나타납니다. ❺ [위 내용을 확인하였습니다.]에 체크하고 ❻
[초기화 신청]을 클릭합니다.

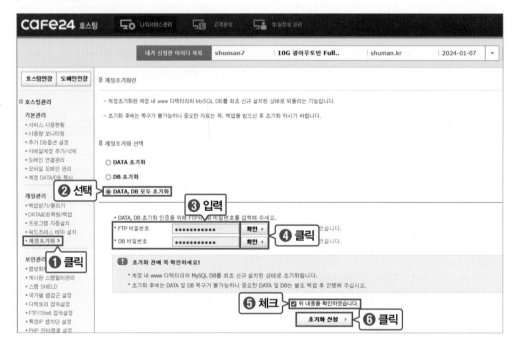

02 기존 계정의 DATA와 DB가 모두 삭제된다는 대
화상자가 나타납니다. 초기화를 진행하려면 [예]를 클릭
합니다.

03 초기화 신청이 완료되었고 5분 뒤에 확인하라는 대화상자
가 나타납니다. [확인]을 클릭합니다.

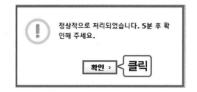

04 초기화 여부를 확인하려면 카페24 호스팅 주소(ID.cafe24.com)에 접속합니다. 다음과 같은 페이지
가 나타나면 카페24 계정이 정상적으로 초기화된 것입니다.

FTP 프로그램 파일질라 사용하기

카페24 등 호스팅 서비스를 이용하려면 기본적으로 FTP 프로그램을 사용할 수 있어야 합니다. FTP 프로
그램이란 자신의 컴퓨터(로컬 컴퓨터)에 있는 파일을 호스팅 서버로 업로드하거나 다운로드하는 파일 전
송용 프로그램을 말합니다. 여기서는 FTP 프로그램인 파일질라를 설치하고 파일질라에 카페24 웹사이트
의 호스팅 연결 정보를 등록한 뒤 파일을 전송하는 방법을 알아보겠습니다.

TIP FTP는 File Transfer Protocol의 약자로 파일 전송 프로토콜을 통해서 파일을 주고받는 것을 의미합니다. 일반적으
로 HTTP 프로토콜은 웹브라우저에서 웹사이트를 보는 데 적합한 프로토콜이며, 많은 양의 파일을 전송하는 데는 적합하
지 않습니다. 따라서 파일을 전송하려면 FTP 프로그램을 사용해야 합니다.

ⓦ 파일질라 다운로드하고 설치하기

01 파일질라 웹사이트(filezilla-project.org)에 접속한 후 ❶ 왼쪽 메뉴에서 [FileZilla] 하위 목록 중 [Download]를 클릭합니다. ❷ [Download FileZilla Client]를 클릭하여 나타나는 화면에서 첫 번째 있는 FileZilla의 [Download]를 클릭합니다. 파일질라를 다운로드하고 설치 파일을 실행합니다.

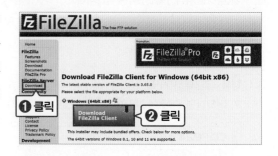

02 사용자 설정, 구성 요소, 설치 경로 등을 기본값 상태로 두고 설치를 진행합니다. 설치가 완료되면 [Finish]를 클릭하여 설치 프로그램을 종료합니다. 이제 카페24의 호스팅 연결 정보를 파일질라에서 설정할 수 있습니다.

⊕ **웹 전문가의** **Q&A**

Q FTP 프로그램으로 꼭 파일질라를 사용해야 하나요?

A 국내에서 많이 사용하는 FTP 프로그램에는 파일질라와 알FTP가 있습니다. 알FTP는 알드라이브와 통합되면서 공식 배포나 업데이트가 되고 있지 않습니다. 따라서 개발사에서 관심을 기울이며 주기적으로 업데이트되는 파일질라를 사용하는 것이 가장 좋습니다. 파일질라는 대규모 전송과 필터링 등의 다양한 장점을 가지고 있으며, 무료 버전으로도 다양한 기능을 사용하기에 무리가 없습니다.

만들면서 배우기 　파일질라에 사이트 연결 정보 등록하기

01 파일질라를 실행한 후 카페24 서버의 호스팅 연결 정보를 등록하기 위해 [파일]–[사이트 관리자] 메뉴를 클릭합니다.

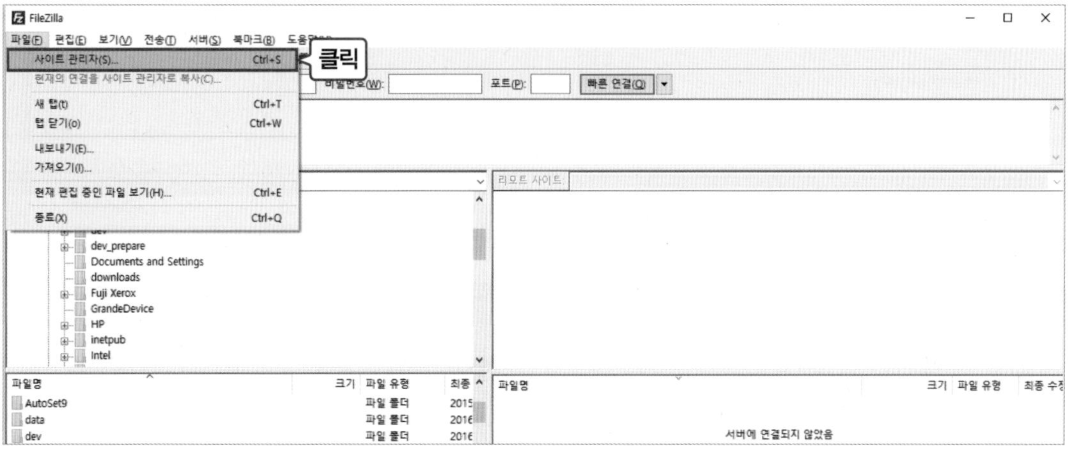

02 [사이트 관리자] 대화상자가 나타납니다. 웹사이트를 등록하기 위해 ❶ [새 사이트]를 클릭합니다. [항목 선택] 영역에서 ❷ 자신의 카페24 호스팅 주소(여기서는 shuman7.cafe24.com)를 입력합니다. [일반] 탭의 ❸ [호스트]에도 카페24 호스팅 주소를 입력합니다. [프로토콜]과 [암호화] 항목은 그대로 둔 상태에서 ❹ [로그온 유형]을 [일반]으로 선택한 후 ❺ [사용자]와 [비밀번호]에 호스팅 ID와 'FTP, Telnet, DB 비밀번호'를 입력하고 ❻ [연결]을 클릭합니다.

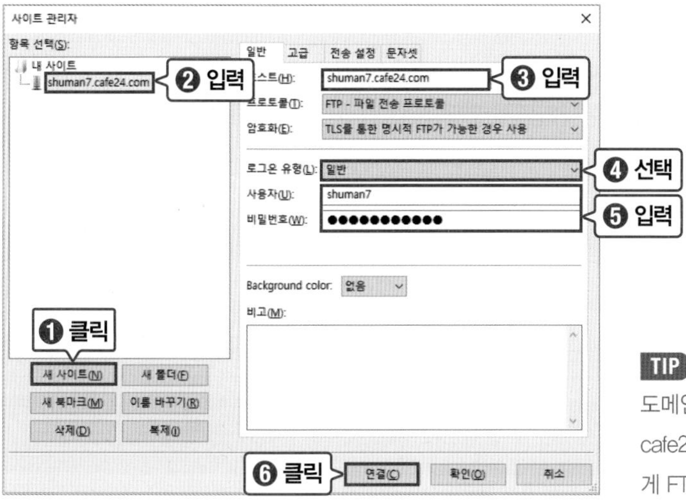

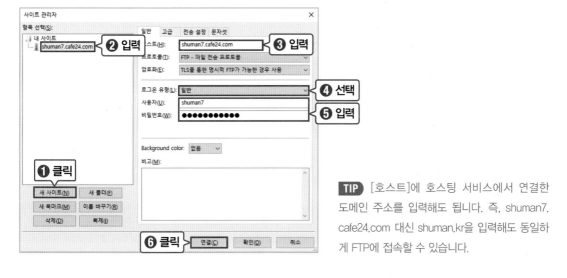

TIP [호스트]에 호스팅 서비스에서 연결한 도메인 주소를 입력해도 됩니다. 즉, shuman7.cafe24.com 대신 shuman.kr을 입력해도 동일하게 FTP에 접속할 수 있습니다.

03 오른쪽 영역에 [www] 폴더가 나타나면 카페24 호스팅 서버에 정상적으로 연결된 것입니다.

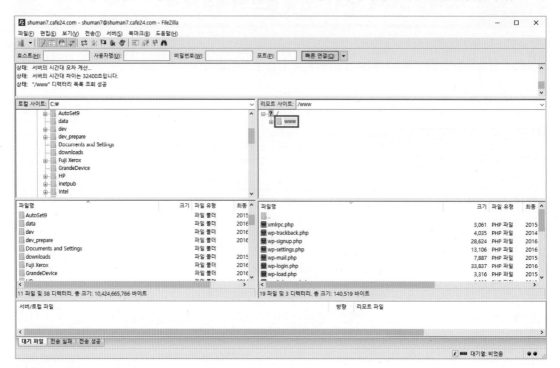

🌐 파일질라로 파일 전송하기
만들면서 배우기

파일질라에서 왼쪽 영역은 자신의 로컬 컴퓨터이고, 오른쪽 영역은 카페24 호스팅 서버입니다. 파일질라의 오른쪽 영역에서 [www] 폴더를 클릭하면 [wp-admin]과 [wp-content], [wp-includes] 폴더가 나타납니다. 이 세 개의 폴더는 워드프레스를 설치하고 생성한 워드프레스 폴더입니다. 파일을 전송하는 방법에는 두 가지가 있습니다. 첫 번째는 오른쪽 서버에서 왼쪽 로컬 컴퓨터로, 왼쪽 로컬 컴퓨터에서 오른쪽 서버로 파일이나 폴더를 드래그해서 전송하는 방법입니다. 두 번째는 파일이나 폴더를 선택한 뒤 마우스 오른쪽 버튼을 클릭하면 나타나는 바로 가기 메뉴에서 [다운로드]나 [업로드]를 선택하는 방법입니다. 여기서는 두 번째 방법으로 파일을 전송해보겠습니다.

TIP 워드프레스 자동 설치 실습을 건너뛰고 파일질라를 설치했다면 [www] 폴더만 나타나고 하위에 [wp-admin], [wp-content], [wp-includes] 폴더는 나타나지 않는 것이 정상입니다. 이때는 당황하지 말고 로컬 컴퓨터 영역에서 아무 파일이나 선택한 후 마우스 오른쪽 버튼을 클릭하고 [업로드]를 선택하여 파일 전송 테스트를 해봅니다.

01 [www] 폴더를 더블클릭합니다. 아래 나타나는 파일 목록에서 전송할 파일을 선택할 수 있습니다.

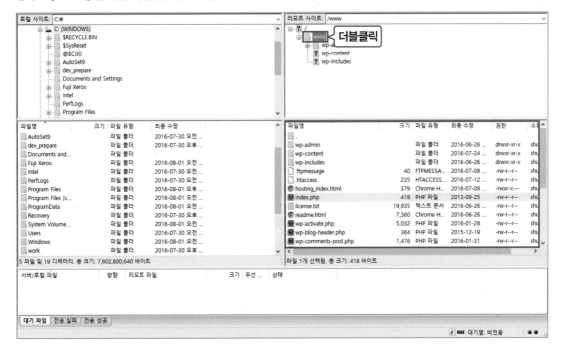

02 ❶ **index.php** 파일을 마우스 오른쪽 버튼으로 클릭한 후 ❷ [다운로드]를 선택해 로컬 컴퓨터로 다운로드합니다.

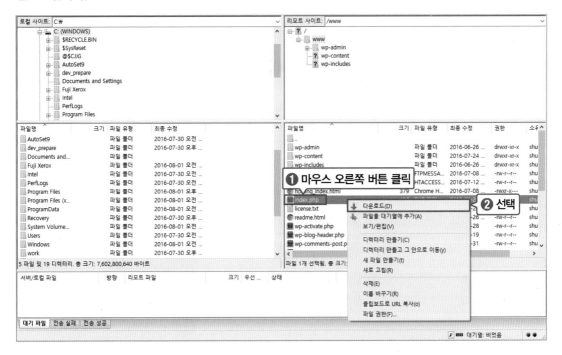

워드프레스 수동 설치하기

워드프레스는 수동으로 설치할 수도 있습니다. 한국어 공식 웹사이트인 ko.wordpress.org에서 한국어 설치 파일을 다운로드할 수 있으나 한국어 공식 웹사이트는 간혹 버전 업데이트가 늦는 경우가 있으므로, 최신 버전은 영문 공식 웹사이트인 wordpress.org를 활용하는 것이 좋습니다. 여기서는 영문 공식 웹사이트에 접속해서 워드프레스 수동 설치 파일을 다운로드하겠습니다.

> **만들면서 배우기** ⓦ **워드프레스 플랫폼 다운로드하기**

01 워드프레스 영문 공식 웹사이트의 다운로드 페이지(wordpress.org/download/releases)에 접속합니다. 릴리즈 목록에서 6.3버전의 [zip]을 클릭해 워드프레스 6.3버전 설치 파일을 다운로드합니다. 또는 예제로 제공되는 파일을 사용합니다.

예제 파일 1부/wordpress-6.3.zip

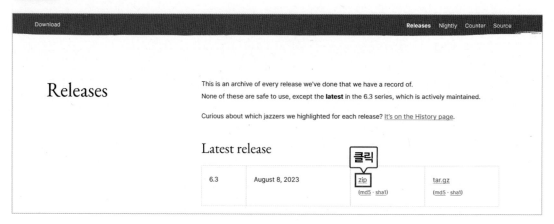

> **TIP** 6.3버전 이상의 버전이 업데이트됐더라도 가능한 이 책과 같은 버전으로 학습할 것을 권장합니다.

02 ❶ **wordpress-6.3.zip** 파일을 마우스 오른쪽 버튼으로 클릭한 후 ❷ [알집]−["wordpress-6.3"에 압축풀기]를 선택해서 압축을 해제합니다. ❸ 생성된 [wordpress-6.3] 폴더를 더블클릭합니다.

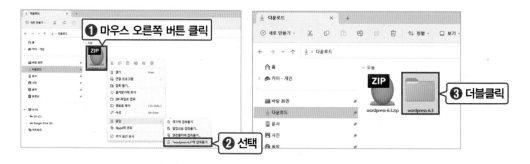

03 [wordpress-6.3] 폴더 안의 [wordpress] 폴더를 더블클릭합니다. 이 폴더 안에는 워드프레스를 자동 설치한 후 파일질라에서 확인할 수 있었던 [wp-admin], [wp-content], [wp-includes] 폴더와 워드프레스를 구성하는 파일이 있습니다.

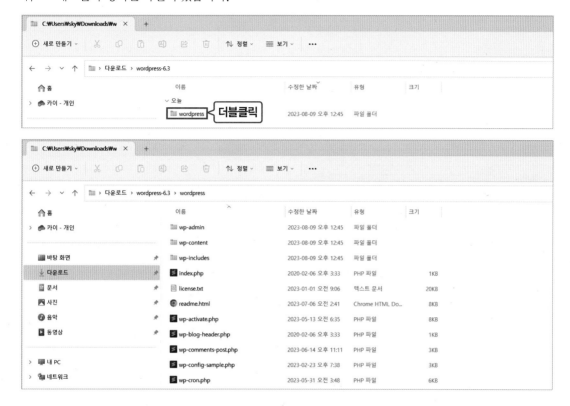

만들면서 배우기 | 🅦 **데이터베이스 정보 수정하고 호스팅 서버에 업로드하기**

[wordpress] 폴더는 하위 폴더와 파일로 구성되어 있습니다. [wordpress] 폴더 안의 모든 폴더와 파일을 파일질라를 통해서 카페24 호스팅 서버로 업로드하면 워드프레스의 물리적인 설치는 완료됩니다. 그러나 워드프레스 파일을 업로드하기 전에 로컬 컴퓨터의 워드프레스에서 카페24 데이터베이스 접속 정보를 설정해야 합니다. 이 작업을 통해 워드프레스가 사용하는 데이터베이스를 카페24에서 제공하는 MariaDB 데이터베이스와 연결합니다.

워드프레스에서 데이터베이스 접속 정보를 담은 파일은 wp-config.php입니다. 하지만 워드프레스 수동 설치 파일에는 wp-config.php 대신 wp-config-sample.php가 제공됩니다. wp-config-sample.php의 이름을 wp-config.php로 변경한 후 데이터베이스 접속 정보를 설정하고 카페24 호스팅 서버에 업로드해서 워드프레스를 설치해보겠습니다.

01 워드프레스의 데이터베이스 접속 정보를 설정하기 위해 **①** wp-config-sample.php 파일을 마우스 오른쪽 버튼으로 클릭한 후 **②** [이름 바꾸기] 아이콘을 클릭합니다. **③** wp-config.php를 입력합니다.

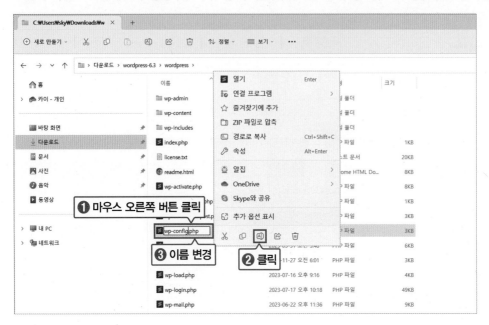

02 **wp-config.php** 파일에서 데이터베이스 정보를 입력하기 위해 해당 파일을 메모장이나 전문 텍스트 편집기를 이용해서 불러옵니다. 데이터베이스 정보를 나타내는 것은 DB_NAME, DB_USER, DB_PASSWORD 세 부분입니다. 이 부분에 카페24 호스팅 신청 시 자신이 설정했던 정보를 입력합니다.

```
12   * * Secret keys
13   * * Database table prefix
14   * * ABSPATH
15   *
16   * @link https://wordpress.org/documentation/article/editing-wp-config-php/
17   *
18   * @package WordPress
19   */
20
21   // ** Database settings - You can get this info from your web host ** //
22   /** The name of the database for WordPress */
23   define( 'DB_NAME', 'database_name_here' );           호스팅 ID 입력
24
25   /** Database username */
26   define( 'DB_USER', 'username_here' );                호스팅 ID 입력
27
28   /** Database password */
29   define( 'DB_PASSWORD', 'password_here' );   →        호스팅 DB 비밀번호 입력
30
31   /** Database hostname */
32   define( 'DB_HOST', 'localhost' );
33
34   /** Database charset to use in creating database tables. */
35   define( 'DB_CHARSET', 'utf8' );
36
37   /** The database collate type. Don't change this if in doubt. */
38   define( 'DB_COLLATE', '' );
39
```

DB_NAME과 DB_USER 옆의 database_name_here와 username_here에는 카페24 사용자 ID를 입력합니다. DB_PASSWORD 옆의 password_here에는 호스팅 신청과 함께 설정한 'FTP, Telnet, DB 비밀번호'를 입력합니다. 다음을 참고해 입력한 후 **wp-config.php** 파일을 저장합니다.

```php
16    * @link https://wordpress.org/documentation/article/editing-wp-config-php/
17    *
18    * @package WordPress
19    */
20
21   // ** Database settings - You can get this info from your web host ** //
22   /** The name of the database for WordPress */
23   define( 'DB_NAME', 'shuman7' );
24
25   /** Database username */
26   define( 'DB_USER', 'shuman7' );
27
28   /** Database password */
29   define( 'DB_PASSWORD', 'als!#cneis2026ks' );
30
31   /** Database hostname */
32   define( 'DB_HOST', 'localhost' );
33
34   /** Database charset to use in creating database tables. */
35   define( 'DB_CHARSET', 'utf8mb4' );
36
37   /** The database collate type. Don't change this if in doubt. */
```

▲ 전문 텍스트 편집기인 서브라임텍스트에서 wp-config.php 파일을 열어본 모습

⊕ 웹 전문가의　멘토링

메모장보다 전문 소스코드 텍스트 편집기를 사용합니다

워드프레스를 사용하면 소스코드 파일을 자주 열어봅니다. 이때 윈도우에 내장된 메모장을 사용해도 좋지만 서브라임텍스트와 같은 전문 텍스트 편집기를 사용하는 편이 더 좋습니다. 텍스트가 색상별로 구분되어 있어서 소스코드를 알아보기에 편합니다. 서브라임텍스트는 공식 웹사이트(sublimetext.com)에서 무료로 다운로드할 수 있습니다.

▲ 서브라임텍스트 공식 웹사이트

⊕ 웹 전문가의 Q&A

Q wp-config.php 파일의 DB_NAME은 어디에서 확인할 수 있나요?

A 카페24에서는 기본적으로 DB_NAME과 호스팅ID가 동일한 이름으로 생성됩니다. 79쪽의 phpMyAdmin 프로그램 설치 실습을 통해서도 DB_NAME(데이터베이스 이름)을 확인할 수 있습니다.

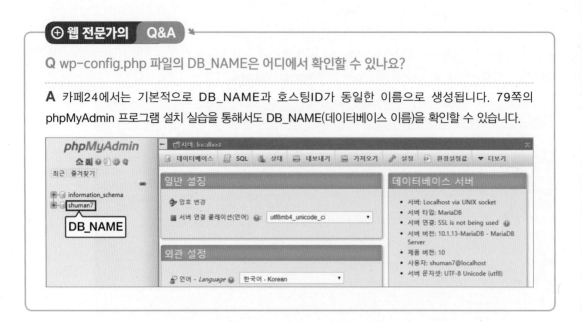

03 파일질라를 통해 워드프레스 파일을 카페24 호스팅 서버에 업로드합니다. ❶ 파일질라의 오른쪽 영역에서 카페24 호스팅 서버의 [www] 폴더를 클릭합니다. ❷ 왼쪽 영역에서는 서버에 업로드할 [wordpress] 폴더를 클릭합니다. ❸ 왼쪽 영역의 하단 목록에서 [Ctrl]+[A]를 눌러 전체 파일을 선택한 상태에서 ❹ 마우스 오른쪽 버튼을 클릭한 후 ❺ [업로드]를 선택해 워드프레스 파일을 업로드합니다.

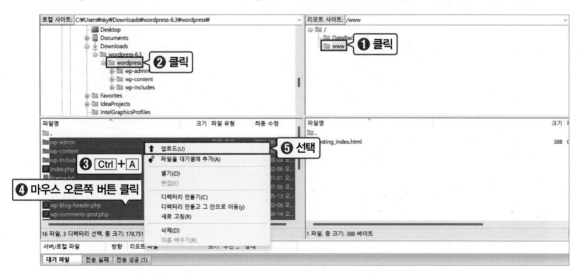

TIP 업로드 시간은 네트워크 상황에 따라서 3~10분 정도 소요될 수 있습니다.

TIP 워드프레스를 수동으로 설치한 후 실습을 진행했다면 [www] 폴더를 클릭했을 때 폴더 하위에 [wp-admin], [wp-content], [wp-includes] 폴더가 나타나지 않아야 정상입니다.

04 업로드가 완료되면 '"/www" 디렉터리 목록 조회 성공'이라는 메시지가 나타납니다.

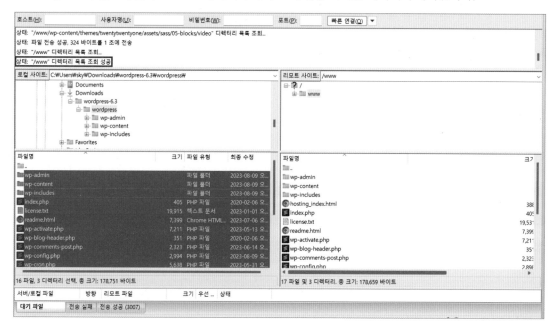

05 이제 워드프레스를 수동으로 설치합니다. ID.cafe24.com에 접속하면 다음과 같이 설치 언어를 선택하는 페이지가 나타납니다. ❶ [한국어]를 선택한 후 ❷ [계속]을 클릭합니다. ❸ 워드프레스 설치 정보 입력 페이지에서 [사이트 제목]과 [사용자명], [비밀번호], [이메일 주소]를 입력한 후 ❹ [워드프레스 설치]를 클릭합니다. 여기서 기입한 정보는 워드프레스를 설치한 후 수정할 수 있습니다.

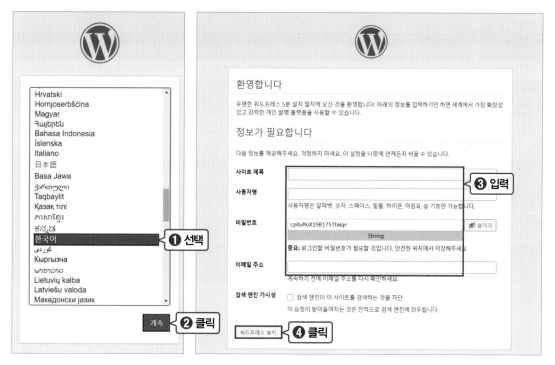

06 ❶ 설치가 완료되면 [로그인]을 클릭합니다. ❷ [사용자명 또는 이메일 주소]를 입력하고 [비밀번호]를 입력합니다. ❸ [로그인]을 클릭합니다.

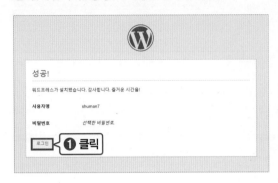

07 워드프레스 알림판이 나타납니다. 이 화면은 관리자용 페이지로 사용자가 보는 웹사이트는 따로 있습니다. 웹사이트를 보기 위해 Ctrl을 누른 상태에서 왼쪽 상단의 웹사이트 제목을 클릭합니다.

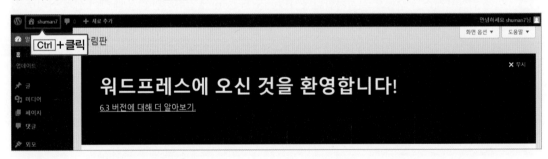

08 워드프레스 웹사이트가 정상적으로 나타나는 것을 확인할 수 있습니다. 워드프레스의 수동 설치가 완료되었습니다.

🅦 데이터베이스 관리 도구 phpMyAdmin 설치하기

과거에는 카페24 홈페이지의 MySQL 웹어드민 서비스를 통해서 데이터베이스를 관리할 수 있었습니다. 현재는 보안 등의 이유로 카페24에서 MySQL 웹어드민 서비스를 종료한 상태입니다. 따라서 데이터베이스 관리 도구인 phpMyAdmin 프로그램을 직접 설치하는 방법을 알아보겠습니다.

01 phpMyAdmin 홈페이지(phpmyadmin.net)에 접속해 프로그램을 다운로드합니다. 5.2.1버전이 없다면, 4.9.x버전 이상의 버전을 사용하거나 제공된 예제 파일을 사용합니다.

예제 파일 1부/phpMyAdmin-5.2.1-all-languages.zip

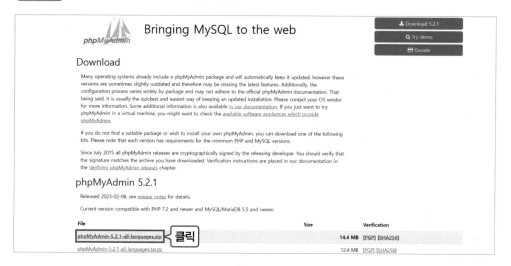

02 **phpMyAdmin-5.2.1-all-languages.zip** 파일의 압축을 해제합니다. ❶ 압축을 해제한 폴더를 마우스 오른쪽 버튼으로 클릭한 후 ❷ [이름 바꾸기] 아이콘을 클릭합니다. ❸ **dbtool**을 입력합니다.

압축 해제한 폴더의 경로를 주의합니다

압축 해제로 [phpMyAdmin-5.2.1-all-languages] 폴더가 두 개 중복 생성될 경우 phpMyAdmin의 실제 프로그램이 들어 있는 폴더는 [dbtool]이어야 합니다. FTP 프로그램으로 업로드할 때 폴더의 경로가 틀리면 프로그램이 작동하지 않기 때문에 주의해야 합니다.

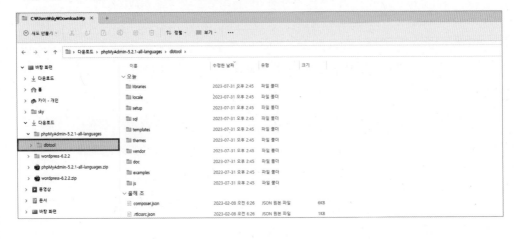

03 ❶ 파일질라에서 업로드할 서버 쪽 디렉터리인 [www] 폴더를 클릭합니다. ❷ 왼쪽 영역의 목록 중 [dbtool] 폴더를 마우스 오른쪽 버튼으로 클릭한 후 ❸ [업로드]를 선택해 프로그램을 업로드합니다.

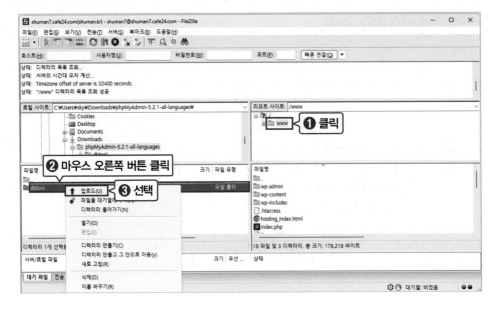

04 이제 phpMyAdmin을 실행한 후 접속해보겠습니다. ❶ 호스팅 주소 뒤에 **/dbtool**을 추가로 입력해 접속합니다. ❷ [사용자명]과 [암호]를 입력한 후❸ [로그인]을 클릭합니다.

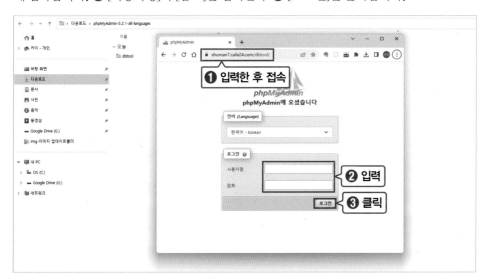

TIP 사용자명과 암호는 카페24 호스팅을 신청할 때 입력한 ID와 DB 비밀번호입니다.

05 phpMyAdmin에 접속할 수 있습니다.

⊕ 웹 전문가의 멘토링

DB 관리 툴 삭제로 호스팅 하드디스크 용량을 확보합니다

phpMyAdmin을 설치하고 실습해본 후 호스팅 하드디스크 용량이 부족하면 삭제해도 괜찮습니다. 카페24 일반형이 아닌 절약형 호스팅의 경우 제공되는 디스크 용량은 500MB입니다. 조금 전 업로드해 설치한 phpMyAdmin의 [dbtool] 폴더는 약 77MB의 용량을 차지합니다. 이때 phpMyAdmin의 FTP에 접속해서 [dbtool] 폴더를 삭제하면 간단히 하드디스크 용량을 확보할 수 있습니다. 이 방법은 DB 관리 툴만 삭제하는 것이므로 내가 만든 웹사이트나 웹사이트의 데이터는 손상되지 않습니다.

워드프레스 5.0버전부터 현재까지 블록 에디터(구텐베르크 편집기)가 기본 편집기로 탑재되어 있습니다.

과거 구텐베르크 편집기는 블록 단위 버그 등 여러 버그가 계속 발견되어 사용률이 매우 낮았습니다. 공식 웹사이트의 플러그인 평점에서 Classic Editor가 별 다섯 개를 받은 것과 달리, 현재도 구텐베르크 편집기는 별 두 개의 평점에 머물러 있습니다.

이번 워드프레스 6.3버전과 함께 배포된 최신 블록 에디터는 많이 안정화되었지만, 글 작성 후 업데이트 시 오류 발생 문제를 확인하였습니다. 따라서 이 책의 글 작성 부분은 다음 장의 **워드프레스 퀵가이드** 부분에서 블록 에디터를 통한 간단한 실습을 한 뒤에, 안정적인 Classic Editor를 기본으로 실습을 진행하겠습니다.

이 책을 통해서 워드프레스가 움직이는 기본적인 구조와 기능을 학습하고 나면, 위자드 방식의 블록 에디터의 사용은 향후 독자가 스스로 진행해도 어렵지 않게 접근할 수 있을 것입니다.

또한, 독자는 책의 147쪽 위젯 부분에서 위젯을 구성할 때 블록 에디터를 사용하는 실습을 해보면서 블록 에디터의 사용법과 작동 방식을 자연스레 이해할 수 있을 것입니다.

01 Classic Editor를 사용하기 위해 관리자 메뉴에서 ❶ [플러그인]–[새로 추가]를 클릭합니다. 플러그인 검색창에서 ❷ **classic editor**를 입력해 검색합니다. ❸ [클래식 편집기]의 [지금 설치]를 클릭해 플러그인 설치를 진행합니다.

02 설치가 완료되면 [활성화]를 클릭해 플러그인을 활성 상태로 설정합니다.

03 다음 장에서 블록 에디터를 간단히 실습할 것이므로 기본 편집기를 블록 편집기로 설정하겠습니다. ❶ 왼쪽 관리자 메뉴에서 [설정]−[쓰기]를 클릭합니다. [모든 이용자에 대한 기본 편집기]를 ❷ [블록 편집기]로 선택하고 ❸ [변경사항 저장]을 클릭해서 기본 편집기를 블록 에디터로 변경합니다.

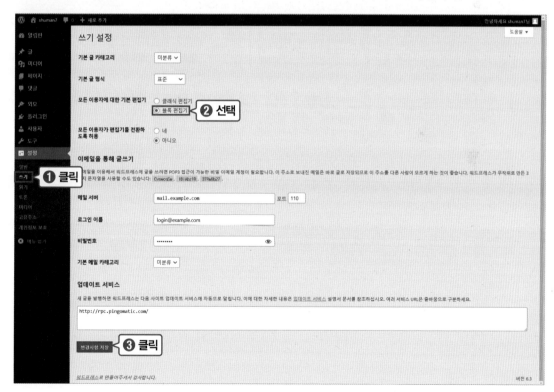

02

워드프레스
기본기 다지기

PART 01에서 워드프레스를 설치하고 구동하는 환경을 구성했다면 PART 02에서는 본격적으로 워드프레스 웹사이트를 만들어봅니다. 워드프레스에 첫 번째 글을 쓰는 것을 시작으로 워드프레스의 구조를 이해하고 관리자 화면의 기능들에 대해서 공부합니다. 워드프레스의 꽃으로 불리는 테마도 변경해보고 위젯을 사용하는 방법도 알아봅니다. 웹사이트에서 중요한 메뉴를 구성하고 배치하는 방법도 살펴봅니다. PART 02를 마스터하면 워드프레스 웹사이트의 기본 골격이 완성됩니다.

워드프레스
퀵가이드

어떤 대상을 학습할 때 가장 빨리 이해하는 방법은 직접 만들거나 사용하는 것입니다. 이번 CHAPTER에서는 워드프레스 관리자 화면에서 첫 번째 글을 써보고, 내가 작성한 콘텐츠에 접속할 수 있는 주소인 고유주소에 대해 살펴보겠습니다.

SECTION 01

워드프레스로 첫 번째 글쓰기

처음에는 워드프레스 관리자 화면이 낯설겠지만 예제를 따라 하나씩 실습하다 보면 어느 순간에는 워드프레스 관리 기능이 얼마나 쉽고 편리한지 알 수 있을 것입니다. 이제 워드프레스로 첫 번째 글을 써봅시다.

만들면서 배우기 | 워드프레스로 새 글쓰기

01 웹브라우저의 주소창에 http://자신의 웹사이트 주소/wp-admin을 입력해 워드프레스 관리자 화면에 접속합니다. 여기서는 **http://shuman.kr/ wp-admin**으로 접속했습니다. 로그인 화면이 나타나면 ❶ [사용자명 또는 이메일 주소]와 [비밀번호]를 입력하고 ❷ [로그인]을 클릭합니다.

TIP 워드프레스를 설치하고 관리자 화면에 접속하려면 자신의 웹사이트 주소 뒤에 /wp-admin을 입력합니다.

02 관리자 화면에 로그인하면 알림판 페이지가 나타납니다. 왼쪽 메뉴에서 [글]-[새로 추가]를 클릭합니다.

TIP [글]-[새로 추가]를 클릭했을 때 나타나는 에디터 화면은 테마에 따라서 다를 수 있습니다. 아래 03은 Twenty Twenty-Three 테마의 블록 에디터 화면입니다. 블록 에디터는 테마에 따라서 에디터 화면이 다르게 나타날 수 있습니다. 동일한 화면이 나오지 않더라도 사용법은 크게 다르지 않으니 당황하지 않아도 됩니다.

03 블록 에디터의 글쓰기 화면이 나타납니다. '제목 추가' 부분을 클릭해서 ❶ 다음과 같이 제목을 입력하고, '입력/블록 선택' 부분을 클릭해서 ❷ 본문을 입력합니다. ❸ 화면 오른쪽 상단의 [공개]를 클릭합니다.

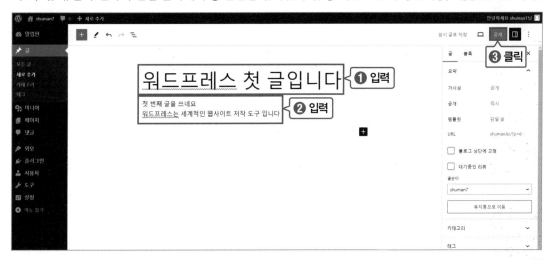

TIP Shift + Enter 를 누르면 블록 에디터 문단 안에서 다음 행으로 입력 위치가 이동됩니다.

TIP 화면 오른쪽 상단의 [공개]의 용어가 달라도 괜찮습니다. 워드프레스는 언어 팩이 자주 업데이트되고, 화면상의 용어가 버전에 따라서 조금씩 다르거나 영어로 표시될 수도 있습니다.

Q [임시 글로 저장]과 [공개]는 어떤 차이가 있나요?

A 워드프레스는 글을 저장할 때 [임시 글로 저장]이나 [공개]를 선택할 수 있습니다. [임시 글로 저장]은 말 그대로 글을 임시로 저장하는 기능으로 작성한 글이 다른 사람에게 보이지 않습니다. [공개]는 작성한 글을 다른 사람도 인터넷에서 볼 수 있게 공개하는 기능입니다.

04 [공개]를 클릭하면 ❶ 공개 옵션을 설정할 수 있습니다. 가시성을 통해 공개와 비공개 여부를 설정할 수 있으며, 공개 시점을 즉시 할 것인지 아니면 특정 날짜와 시간에 공개할 것인지를 설정할 수 있습니다. 즉시 공개할 것이므로 ❷ [공개]를 클릭합니다. 현재 작성한 글이 웹사이트에서 방문자에게 어떻게 보이는지 확인하겠습니다. 웹사이트를 새 탭에서 보기 위해 ❸ Ctrl 을 누른 상태에서 [글 보기]를 클릭합니다.

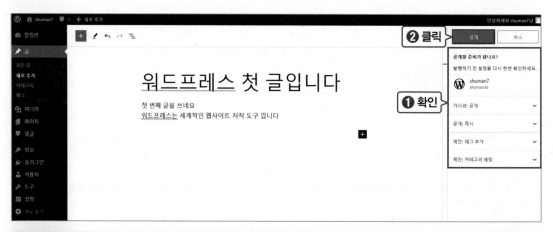

웹브라우저의 새 탭 기능을 활용합니다

워드프레스를 학습하거나 운영할 때는 관리자 화면과 웹사이트를 번갈아 확인하는 경우가 많습니다. 여러 창을 띄우는 것보다 새 탭을 열어 웹사이트를 살펴보면 편집 중인 내용과 수정된 내용을 함께 비교하기 편리합니다. 클릭한 항목을 새 탭에 띄우려면 Ctrl을 누른 상태에서 해당 항목을 클릭합니다.

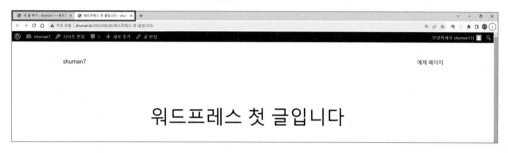

05 앞 단계에서 작성한 글이 새 탭의 웹사이트에 나타납니다. 현재 보이는 테마는 Twenty Twenty-Three 테마입니다.

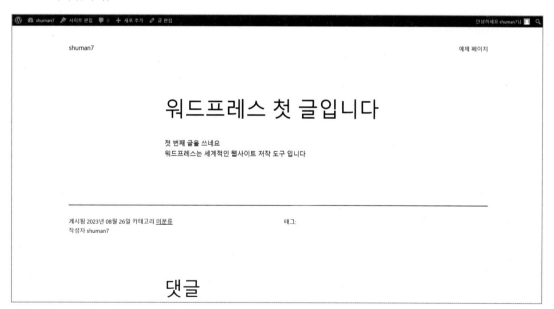

06 이제 기본 편집기를 다시 Classic Editor로 변경해놓도록 하겠습니다. ❶ 관리자 메뉴에서 [설정]-[쓰기]를 클릭하고 ❷ [클래식 편집기]를 선택합니다. ❸ [변경사항 저장]을 클릭합니다.

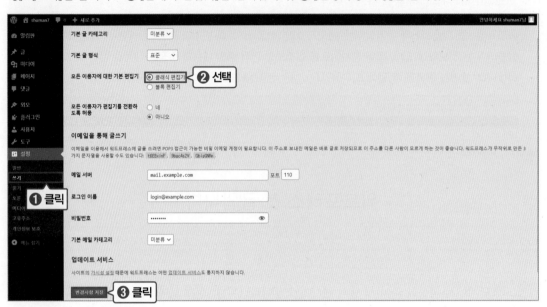

⊕ **웹 전문가의** **Q&A**

Q 워드프레스 웹사이트의 제목은 어떻게 바꾸나요?

A 웹사이트 제목은 관리자 화면 왼쪽 상단에 표시되어 있습니다. 관리자 메뉴에서 [설정]-[일반]을 클릭해서 일반 설정 페이지로 이동합니다. ❶ [사이트 제목]에 내용을 입력하면 왼쪽 상단의 웹사이트 제목이 바로 변경되는 것을 확인할 수 있습니다. 도메인을 구매했다면 ❷ [워드프레스 주소]와 [사이트 주소]에 도메인 주소를 입력합니다. ❸ 페이지 하단의 [변경 사항 저장]을 클릭하면 변경 사항이 저장됩니다.

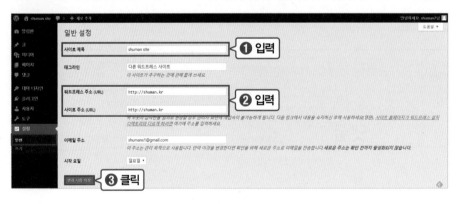

워드프레스 관리자 화면 주소는 꼭 변경합니다

워드프레스 관리자 화면의 주소는 기본적으로 웹사이트 주소 뒤에 /wp-admin을 붙이면 됩니다. 가령 웹사이트 주소가 www.shuman.kr이라면, 관리자 화면 접속 주소는 www.shuman.kr/wp-admin이 됩니다. 그러나 요즘에는 해킹 등 보안상의 문제가 있기 때문에 관리자 화면 주소를 변경하는 것이 좋습니다. 관리자 화면 주소를 변경하는 방법은 240쪽을 참고합니다. 관리자 화면 주소로 접속할 때 이미 로그인된 상태라면 바로 관리자 화면이 나타나고 그렇지 않다면 로그인 화면이 나타납니다.

SECTION 02

글의 고유주소 알아보기

워드프레스를 쓰다 보면 '고유주소'라는 용어를 자주 접합니다. 고유주소란 작성한 콘텐츠의 글이나 페이지에 접속할 수 있는 '하나밖에 없는 주소'를 뜻하는 URL입니다. 고유주소의 기본값은 '순번이 있는 번호'나 '날짜와 이름' 형식으로 설정되어 있습니다. 그러나 일반적으로 많이 사용하는 방법은 고유주소를 '글 이름' 형식으로 설정하는 것입니다. 고유주소를 '글 이름' 형식으로 설정하면 제목을 작성하는 순간 워드프레스는 제목의 텍스트를 사용해서 자동으로 고유주소를 생성합니다. 이렇게 생성된 고유주소는 검색 키워드를 포함하므로 검색 엔진에 노출하는 데 유리합니다.

만들면서 배우기 ⓦ 글의 고유주소 설정하기

01 ❶ 관리자 메뉴에서 [글]-[모든 글]을 클릭한 후 목록에서 첫 번째 글의 제목을 클릭하면 해당 글의 글 편집 페이지를 확인할 수 있습니다. 첫 번째 글의 고유주소가 **http://shuman.kr/2023/08/26/워드프레스-첫-글입니다/**와 같은 형식으로 설정되어 있습니다. ❷ [편집]을 클릭하면 고유주소의 이름을 변경할 수 있습니다.

TIP 고유주소의 기본값 설정은 워드프레스의 업데이트 시점에 변경되곤 합니다. 워드프레스 4.5버전에서는 [순번] 형식이 기본값 설정이었지만 4.6버전 이후에는 [날짜와 이름] 형식으로 변경되었습니다.

02 ❶ 관리자 메뉴에서 [설정]–[고유주소]를 클릭한 후 고유주소 설정 페이지에서 [고유주소 구조] 항목의 ❷ [글 이름]을 선택합니다. ❸ 하단의 [변경사항 저장]을 클릭합니다.

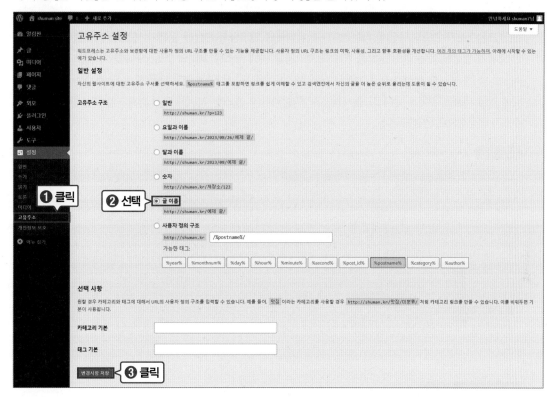

03 ❶ 관리자 메뉴에서 [글]–[모든 글]을 클릭해서 첫 번째로 작성한 글의 글 편집 페이지로 이동합니다. **http://shuman.kr/워드프레스-첫-글입니다/**와 같이 글의 제목으로 [글 이름] 형식의 고유주소가 만들어졌습니다. ❷ Ctrl 을 누른 상태에서 고유주소를 클릭합니다. ❸ 웹사이트의 주소가 변경된 고유주소로 표시됩니다.

⊕ 웹 전문가의 멘토링

한글 고유주소가 연결되지 않을 때는 .htaccess로 해결합니다

한글 고유주소가 연결되지 않을 때는 UTF-8 유니코드 인코딩과 관련해 문제가 생겼을 수 있습니다. 이런 오류가 발생할 때는 파일질라 등 FTP 프로그램을 통해 호스팅 서버의 .htaccess를 다운로드합니다. .htaccess를 텍스트 편집기 프로그램(서브라임텍스트, 메모장 등)으로 열고 내용 중 # END WordPress 앞에 다음 내용을 입력해 유니코드를 사용하도록 설정한 후 호스팅 서버에 다시 업로드합니다. 한글 고유주소가 정상적으로 연결됩니다.

예제 파일 2부/.htaccess

```
<IfModule mod_url.c>
CheckURL On
ServerEncoding UTF-8       입력
ClientEncoding EUC-KR
</IfModule>


# END WordPress
```

⊕ 웹 전문가의 멘토링

글이나 페이지를 공개한 후에는 고유주소를 변경하지 않습니다

공개한 글이나 페이지의 고유주소는 가능한 변경하지 않는 것이 좋습니다. 자신이 만든 콘텐츠가 SNS나 인터넷을 통해 공유된 상태에서 해당 고유주소를 변경하면, 기존의 고유주소 링크를 다른 사람들이 클릭했을 때 페이지를 찾을 수 없어 오류가 발생합니다. 이런 오류가 자주 발생하면 해당 웹사이트의 신뢰도가 떨어집니다. 또한, 인터넷에 자신의 글을 발행하면 발행 시점부터 구글이나 네이버 등 검색 엔진이 주기적으로 해당 페이지의 색인 작업을 합니다. 이미 색인된 고유주소를 임의로 변경하면 해당 글이 검색 엔진에 노출되기가 어렵습니다.

CHAPTER 02

워드프레스
관리자 화면

워드프레스 관리자 화면은 기본적으로 글을 쓰고 테마와 플러그인으로 웹사이트를 구성하기 위한 기능을 설정합니다. 관리자 화면의 기능을 제대로 사용할 줄 알면 워드프레스 웹사이트를 효율적으로 제작할 수 있습니다. 워드프레스의 장점 중 하나는 테마와 플러그인을 추가하는 방식으로, 시스템 자원에 따라 관리자 화면의 기능을 무한히 추가할 수 있다는 것입니다. 여기서는 워드프레스에서 제공하는 기본적인 관리 기능에 대해서 학습합니다. 이 정도 기능만 알아도 기본적인 웹사이트는 충분히 만들 수 있습니다.

SECTION

01

관리자 화면 살펴보기

워드프레스 관리자 화면은 ❶ 관리자 메뉴 영역, ❷ 실제 관리 화면 영역, ❸ 상단 툴바의 세 가지 영역으로 구성됩니다. 워드프레스에 로그인하면 기본값으로 알림판 페이지가 나타납니다. 관리자 메뉴 영역에서 메뉴를 클릭하고 실제 관리 화면 영역에서 해당 메뉴의 설정을 관리합니다.

ⓦ 관리자 화면 설정하기

01 관리자 화면의 각 메뉴를 클릭해서 어떤 페이지로 이동하는지 확인합니다. 화면 옵션은 현재 보이는 관리자 화면의 세부 구성을 변경합니다. 현재는 알림판 페이지이므로 알림판 페이지에 대한 화면 옵션이 나타납니다. [화면 옵션]을 클릭합니다.

02 화면에서 [빠른 임시글] 항목을 숨기겠습니다. [화면 요소] 항목에서 [빠른 임시글]의 체크를 해제합니다. [빠른 임시글] 항목이 화면에서 없어지고 워드프레스 이벤트 및 뉴스가 빠른 임시글이 있었던 자리를 차지합니다. 이처럼 화면 옵션은 해당 관리자 화면에 표시할 항목을 숨기거나 보여주는 설정입니다.

03 알림판 페이지의 각 항목은 드래그해서 쉽게 옮길 수 있습니다. ❶ [빠른 임시글]에 다시 체크하고 ❷ [활동] 항목을 화면 오른쪽 빈 공간으로 드래그하면 [활동] 항목이 해당 위치로 이동합니다.

SECTION 02

기본 테마 변경하여 웹사이트 꾸며보기

이번에는 워드프레스의 꽃인 테마를 설정하겠습니다. 워드프레스를 처음 설치하면 Twenty Twenty-Three와 같은 공식 테마가 설치되어 있습니다. 워드프레스에서는 원하는 테마를 검색하고 설치하여 웹사이트 디자인을 자유롭게 변경할 수 있습니다.

만들면서 배우기 | ⓦ 신규 테마 설치하고 활성화하기

01 관리자 메뉴에서 [외모]─[테마]를 클릭합니다. 설치된 세 개의 테마를 확인할 수 있습니다. 설치된 테마 가운데 맨 왼쪽 상단에 표시된 테마가 현재 활성화된 테마입니다. 여기서는 Twenty Twenty-Three 테마가 활성화된 상태입니다.

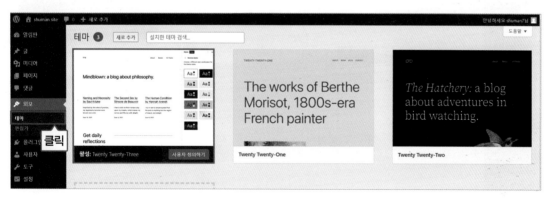

> **TIP** 워드프레스는 버전이 나올 때마다 메뉴나 용어의 번역이 변경되는 경우가 많습니다. 메뉴에 [외모]라는 용어가 처음에는 어색하게 느껴지지만 업데이트 시점에 따라서 [외모]가 [테마 디자인]으로 변경되기도 합니다. 언어 팩이 변경되는 것이고 기능에는 문제가 없으니 크게 신경쓰지 않아도 됩니다.

> **TIP** 워드프레스 테마와 플러그인은 설치한 후 활성화해야 시스템에 적용됩니다. 테마나 플러그인을 설치해놓고 활성화하지 않으면 해당 테마나 플러그인이 워드프레스 웹사이트에 반영되지 않습니다.

02 설치된 다른 테마를 활성화해보겠습니다. Twenty Twenty-One 테마 영역 위에 마우스 포인터를 올린 상태에서 [활성화]를 클릭하면 Twenty Twenty-One 테마가 활성화되어 웹사이트 테마가 바뀝니다.

TIP 기본 설치되는 테마는 변경될 수 있습니다. 만약 Twenty Twenty-One 테마가 보이지 않는다면 [새로 추가]를 사용합니다.

03 이번에는 기존에 설치된 테마가 아닌 다른 테마를 검색해서 설치하고 활성화해보겠습니다. 새로운 테마를 관리자 화면에 추가하려면 상단의 [새로 추가]를 클릭하거나 [새로운 테마 추가] 영역을 클릭합니다.

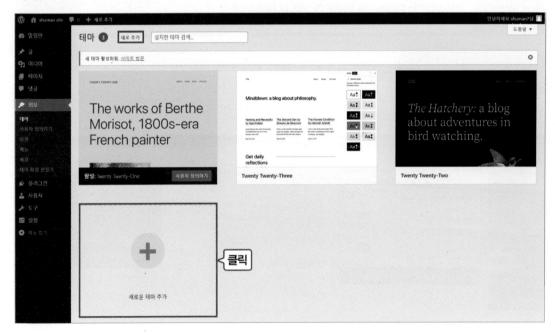

04 여기서는 워드프레스의 기본 기능을 배우는 데 최적화된 Twenty Sixteen 공식 테마를 설치해서 실습에 사용해보겠습니다. 검색창에 **Twenty Sixteen**을 입력해 검색합니다.

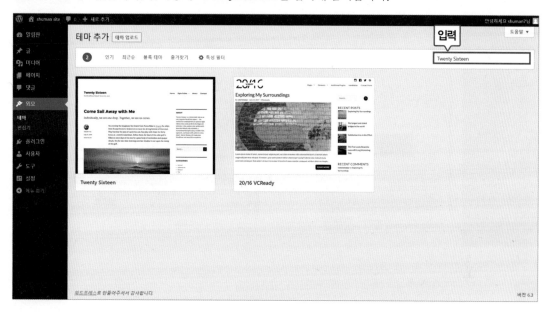

TIP 테마 파일을 직접 업로드해서 설치하려면 왼쪽 상단의 [테마 업로드]를 클릭해서 테마 파일을 선택합니다.

05 검색된 테마에 마우스 포인터를 올리면 테마를 설치하거나 미리 볼 수 있습니다. [설치]를 클릭해 테마를 설치합니다.

06 Twenty Sixteen 테마의 설치가 완료되면 [활성화]를 클릭해 테마를 활성화합니다.

TIP 워드프레스 4.5.x버전에서는 [활성화] 대신 [링크]가 나타납니다.

07 관리자 메뉴에서 ❶ [외모]-[테마]를 클릭하면 테마가 활성화된 것을 확인할 수 있습니다. Twenty Sixteen 테마가 웹사이트에서 어떻게 보이는지 확인하기 위해 ❷ Ctrl 을 누른 상태에서 웹사이트 제목을 클릭합니다.

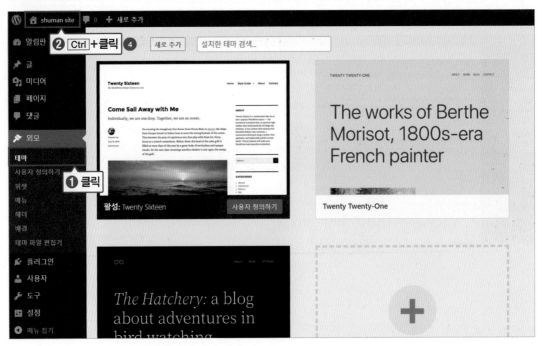

08 Twenty Sixteen 테마가 적용된 웹사이트가 다음과 같이 나타나는 것을 확인할 수 있습니다.

SECTION 03

글 쓰고 관리하며 콘텐츠 제작 시작하기

관리자 메뉴의 [글]에 마우스 포인터를 가져다 대면 [모든 글], [새로 추가]. [카테고리], [태그]와 같이 [글]의 하위 메뉴가 나타납니다. 각 하위 메뉴의 기능을 알아보겠습니다.

모든 글 페이지 살펴보기

모든 글 페이지에서는 글 목록이 나타나며 글을 편집하거나 삭제할 수 있습니다.

❶ **일괄 작업** | 여러 개의 글을 동시에 편집하거나 삭제합니다.

❷ **모든 날짜, 모든 카테고리, 필터** | 날짜나 카테고리 등 원하는 조건에 맞는 글만 조회합니다. 아직은 글이 없어서 글을 분류에 따라 조회할 필요가 없겠지만 글이 수십 개만 넘어가도 필터 기능이 없으면 원하는 콘텐츠를 찾기가 무척 불편합니다.

❸ **글 제목 메뉴** | 각 글을 편집하거나 삭제하려면 글 제목 아래에 마우스 포인터를 옮겨 [편집], [빠른 편집], [휴지통], [보기] 메뉴를 띄우고 원하는 항목을 클릭합니다.

❹ **발행 여부 확인** | 글 목록의 맨 오른쪽 항목을 보면 글의 중요한 상태 정보인 글의 발행 여부가 표시됩니다. 내가 작성한 글은 발행이라는 과정을 거쳐야만 다른 사람들이 웹에서 볼 수 있습니다. 글을 작성하고 [공개하기]를 클릭하면 글이 발행 상태로 변경됩니다.

🅦 글 목록에서 작성된 글 수정하기

01 관리자 메뉴에서 [글]-[모든 글]을 클릭합니다.

02 **워드프레스 첫 글입니다**를 편집해보겠습니다. 마우스 포인터를 글 제목에 올리면 나타나는 [빠른 편집]을 클릭합니다.

03 다음과 같이 글에 대한 간단한 정보를 수정할 수 있습니다. 제목, 슬러그, 카테고리, 태그, 상태 등 간단한 정보는 빠른 편집을 이용해서 변경하면 편리합니다. 다시 [취소]를 클릭해서 글 목록만 보이게 합니다.

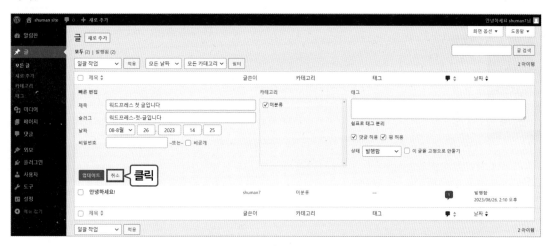

04 이번에는 글 목록에서 설정을 여러 글에 동시에 적용하겠습니다. ❶ 모든 글에 체크합니다. ❷ 펼침 메뉴에서 [편집]을 선택하고 ❸ [적용]을 클릭합니다.

05 다음과 같이 선택한 글 목록에 일괄 작업 기능이 적용됩니다. [일괄 편집] 항목에 있는 글에 대한 각종 설정 항목을 한 번에 변경할 수 있습니다. 일괄 작업으로 많이 사용하는 항목은 카테고리, 태그, 글쓴이, 댓글 허용 여부, 글 형식입니다. 원하는 항목을 수정하고 [업데이트]를 클릭합니다.

새 글 추가 페이지 살펴보기

워드프레스에서 글을 쓰기 위해 관리자 메뉴에서 [글]-[새로 추가]를 클릭합니다.

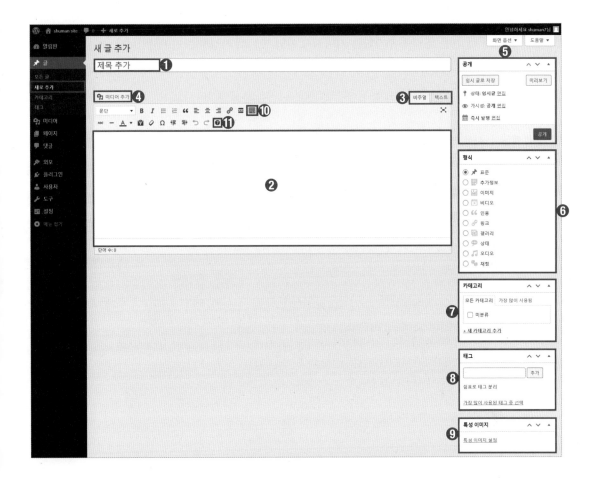

❶ **제목** | 글 제목을 입력합니다.

❷ **본문** | 본문 내용을 입력합니다.

❸ **글 작성 모드** | 글 작성 모드를 비주얼이나 텍스트로 지정할 수 있습니다. 비주얼 모드로 텍스트를 입력하면 자동으로 HTML 방식으로 변환되고 HTML 편집기에서 사용할 수 있는 툴바가 나타납니다. 텍스트 모드는 HTML 소스코드를 바로 입력하는 모드입니다.

❹ **미디어 추가** | 글에 이미지 등을 삽입합니다.

❺ **공개** | 작성하는 글을 임시 저장하거나 [공개]를 클릭해서 글을 발행합니다.

❻ **(글) 형식** | 기본값으로 [표준]을 선택합니다.

❼ **카테고리** | 글의 분류를 지정합니다. 미분류로 두거나 새로운 분류를 생성해서 지정할 수 있습니다.

❽ 태그 | 글에 붙이는 태그를 지정합니다.

TIP 콘텐츠를 작성할 때부터 카테고리와 태그를 활용해 글을 잘 분류해두는 것이 좋습니다. 카테고리와 태그로 글을 잘 정리한 워드프레스 웹사이트는 글이 많아져도 찾기 쉬워 편리할 뿐만 아니라 검색 엔진 최적화에도 도움이 됩니다.

❾ 특성 이미지 | 글 본문 영역에 추가하는 이미지가 아닌 별도로 지정하는 이미지입니다. 해당 글에 대한 대표 이미지 역할을 합니다.

TIP 테마에 따라 특성 이미지를 표현하는 방식이 다르지만 일반적으로 글 목록에 나타나는 대표 이미지로 보면 됩니다.

❿ 툴바 토글 | 사용 가능한 툴바를 모두 보여줍니다. [▦툴바 토글]을 클릭해야 숨겨진 ⓫ 키보드 단축키가 있는 줄의 툴바가 나타납니다.

⓫ 키보드 단축키 | [❷단축키]를 클릭하면 텍스트를 편집할 때 쓰는 단축키 목록이 나타납니다. 자주 사용하는 기능은 단축키를 외우는 것이 좋습니다.

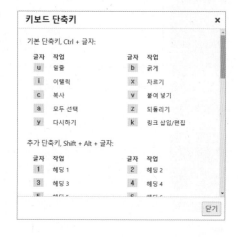

🔵 글 쓰고 발행하기

01 관리자 메뉴에서 ❶ [글]–[새로 추가]를 클릭합니다. ❷ [제목]에 **워드프레스란 무엇인가?**를 입력합니다. 만약 편집기 툴바가 보이지 않는다면 ❸ [▦툴바 토글]을 클릭해 편집기 툴바를 보이게 한 후 ❹ 본문 영역에 다음과 같이 본문 텍스트를 입력합니다.

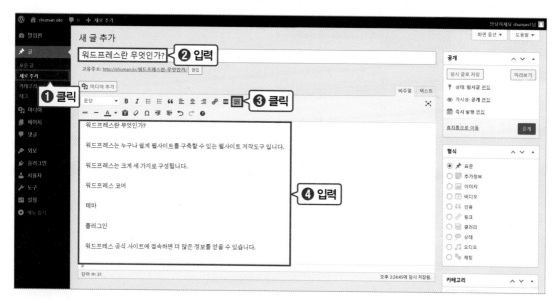

02 ❶ 본문의 첫 번째 줄 텍스트를 드래그해 선택한 후 ❷ [문단]을 클릭하고 ❸ [헤딩 2]를 선택합니다.

03 ❶ 두 번째 줄 텍스트를 드래그해 선택한 후 ❷ [" 인용]을 클릭해 인용구 서식을 적용합니다.

04 ❶ 세 번째 줄 텍스트 중 **워드프레스는**을 드래그해 선택한 후 ❷ [B 굵게]를 클릭해 글자를 굵게 변경합니다.

05 ❶ 세 번째 줄 텍스트 중 **크게**를 드래그해 선택한 후 ❷ [⸺ 취소선]을 클릭해 취소선을 적용합니다.

06 ❶ 세 번째 줄 텍스트 중 **세 가지로 구성됩니다**를 드래그해 선택한 후 ❷ [*I*이탤릭]을 클릭해 기울임
체를 적용합니다.

07 ❶ 그 아래 텍스트 세 줄을 드래그해 선택한 후 ❷ [숫자 있는 목록]을 클릭해 텍스트 앞에 숫자가
붙은 목록으로 만듭니다.

08 ❶ 맨 아래 텍스트인 **워드프레스 공식사이트**를 드래그해 선택한 후 ❷ [🔗링크 삽입/편집]을 클릭해서 해당 텍스트에 링크를 겁니다. ❸ 링크를 건 텍스트 주변에 링크 URL 입력창이 생성되면 **http://wordpress.org**를 입력합니다. 링크된 텍스트를 클릭하면 현재 화면에서 웹사이트 화면으로 이동하므로 텍스트 링크를 클릭할 때 새 탭에서 링크 사이트가 열리도록 설정하는 것이 좋습니다. ❹ [⚙설정]을 클릭합니다.

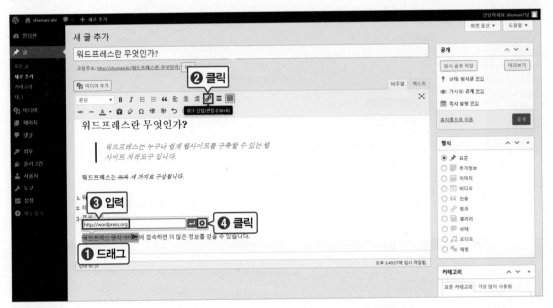

09 링크 삽입/편집 작업창에서 ❶ [새 탭에서 링크 열기]에 체크하고 ❷ [업데이트]를 클릭합니다.

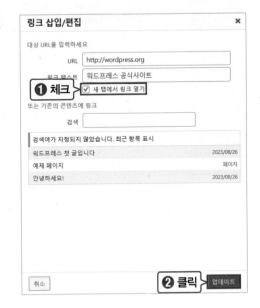

10 본문에 이미지를 추가하려면 미디어 기능을 이용합니다. ❶ 이미지를 배치할 지점에 마우스를 클릭한 후 ❷ [미디어 추가]를 클릭합니다.

11 미디어 추가 작업창에서 ❶ [파일 업로드] 탭을 클릭한 후 ❷ [파일 선택]을 클릭합니다. [열기] 대화상자에서 ❸ 예제 파일 **sample—01.png**를 선택하고 ❹ [열기]를 클릭합니다.

예제 파일   2부/sample—01.png

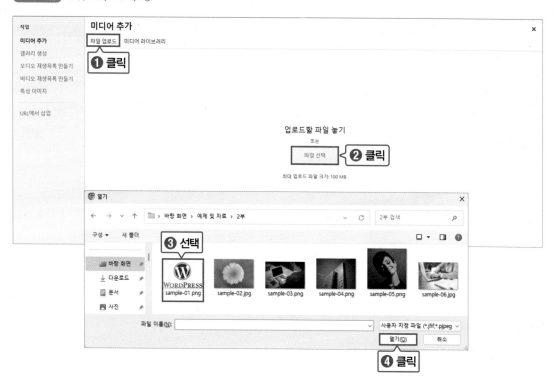

12 sample-01.png를 업로드했습니다. [글에 삽입하기]를 클릭합니다.

13 다음과 같이 본문에 이미지가 추가됩니다. 이미지 크기가 작으니 크기를 조금 키워보겠습니다. ❶ 이미지를 클릭한 후 ❷ [✎ 편집]을 클릭합니다.

14 이미지 세부정보 작업창이 나타나면 **❶** [크기]에서 [최대 크기]를 선택한 후 **❷** [업데이트]를 클릭합니다. 이미지가 실제 크기로 커집니다.

15 이제 글에 대한 카테고리와 태그를 지정해야 합니다. 현재 카테고리는 기본 분류인 미분류만 있으므로 신규 카테고리를 추가하고 태그를 지정하겠습니다. 카테고리 항목에서 **❶** [+ 새 카테고리 추가]를 클릭합니다. **❷** 입력창이 나타나면 **워드프레스**라고 입력한 후 **❸** [새 카테고리 추가]를 클릭합니다. **❹** 태그 항목의 입력창에도 **워드프레스**라고 입력한 후 **❺** [추가]를 클릭합니다.

16 카테고리와 태그를 지정했으면 ❶ [공개]를 클릭해서 글을 발행합니다. 글이 발행되면 기존의 [공개]가 즉시 [업데이트]로 변경됩니다. 글을 확인해보겠습니다. ❷ [Ctrl]을 누른 상태에서 상단의 [글 보기]를 클릭합니다.

17 작성한 콘텐츠가 다음과 같이 나타납니다. 글에서 [워드프레스 공식사이트]를 클릭하면 새 탭이 열리며 링크 페이지에 접속됩니다.

SECTION 04

콘텐츠 첨부 파일
업로드하고 관리하기

요즘에는 콘텐츠를 작성할 때 글 본문에 이미지나 동영상을 첨부합니다. 그러나 많은 포털형 블로그나 웹사이트에서는 하나의 글(포스트)에 미디어 파일(이미지나 동영상 등)을 첨부하면 미디어 파일이 글마다 각각 생성됩니다. 예를 들어 세 개의 글을 작성하고 각 본문에 동일한 이미지 파일을 첨부하면 시스템에 동일한 이미지를 세 번 중복해서 업로드합니다. 이처럼 동일한 미디어 파일을 여러 개 업로드한다는 것은 웹시스템에서 미디어 파일에 대한 관리를 포기하는 것과 같습니다. 어떤 파일이 어떤 글에 첨부되었는지 확인이 어렵기 때문입니다.

미디어 라이브러리

워드프레스는 웹사이트에 업로드하는 이미지와 동영상, 오디오 및 각종 첨부 파일을 미디어 라이브러리에서 효율적으로 통합 · 관리합니다. 미디어 라이브러리에서 모든 글의 이미지에 링크를 걸어 동일한 이미지를 중복해서 업로드하는 것이 아니라 업로드한 이미지 하나를 링크화해서 재사용합니다.

요즘은 포털형 블로그나 웹사이트에서도 클라우드 시스템(Cloud System)과 연동하는 기능을 제공하므로 이 기능을 워드프레스의 미디어 라이브러리처럼 활용하기도 합니다. 이와 같은 연동 기능은 파일을 구글 드라이브나 네이버 클라우드 등의 클라우드 시스템에서 통합 · 관리하고 첨부 링크 및 관리 기능을 추가하는 형태입니다. 워드프레스는 이런 미디어 관리 기능을 기본으로 제공하고 있습니다.

ⓦ 미디어 라이브러리에 이미지 업로드하기

01 ❶ 관리자 메뉴에서 [미디어]를 클릭합니다. 미디어 라이브러리 페이지에 글쓰기 실습에서 업로드한 워드프레스 로고 이미지가 나타납니다. ❷ 이미지를 클릭합니다.

02 첨부 상세 작업창이 나타납니다. 글쓰기 실습에서 이미지에 관한 정보를 별도로 입력하지 않았기 때문에 이미지 속성 정보가 비어 있습니다.

03 비어 있는 이미지 속성 정보 입력창에 다음과 같이 입력합니다. 정보를 입력하면 자동으로 저장됩니다.

Q 이미지 속성 정보에는 무엇을 입력하나요?

A ❶ 대체 텍스트 | 검색 엔진은 크롤링할 때 이미지의 속성 중 대체 텍스트를 참조합니다. 따라서 대체 텍스트는 검색 엔진에 노출되어 자신이 올린 이미지와 글이 검색되는 데 영향을 미칩니다. 또한 시각 장애인을 위한 음성 인식 소프트웨어 프로그램에서 대체 텍스트 정보를 확인하여 음성으로 읽어주는 기능을 합니다. 대체 텍스트는 이미지가 깨졌을 때 이미지를 텍스트로 설명하기도 합니다. 대체 텍스트는 HTML 소스에서 이미지 태그의 Alt 속성으로 추가되고 Alt 항목이 없으면 제목이 Alt 속성으로 들어갑니다.

> **TIP** 크롤링(Crawling)은 검색 엔진이 인터넷에 떠다니는 수많은 웹페이지와 문서들의 정보를 수집해서 검색 엔진 색인(Indexing)에 사용하는 기술적 행동으로 검색 엔진이 웹을 돌아다니면서 자료를 수집합니다.

❷ 제목 | 이미지의 제목입니다. 기본적으로 이미지 파일명이 들어갑니다. 파일명이 이미지와 맞지 않다면 변경할 수 있습니다. 미디어 라이브러리에서 미디어를 검색하면 제목을 기준으로 검색됩니다.

❸ 캡션 | 이미지 아래에 표시되는 설명입니다.

❹ 설명 | 이미지에 대한 상세 설명을 적을 수 있습니다.

❺ 이미지 편집 | 이미지의 크기를 조절하거나 원하는 영역만 자르는 등 간단한 편집 작업을 할 수 있습니다.

⊕ 웹 전문가의 멘토링

검색 엔진 최적화를 위해 이미지에 속성 정보를 입력합니다

검색 엔진 최적화(SEO) 측면에서 이미지에 속성 정보를 입력하는 것이 좋습니다. 검색 엔진은 웹사이트의 이미지 속성 정보를 파악해서 이미지와 웹사이트의 최적화 수준을 반영하고 검색 엔진에 노출할지 여부를 결정하기 때문입니다. 물론 이미지가 전체적인 검색 엔진 최적화에 결정적인 영향을 끼치지 않을 수도 있습니다. 그렇지만 콘텐츠를 정리한다는 측면에서도 이미지 속성 정보를 입력하는 습관을 들이는 것이 좋습니다.

이미지 편집하기

미디어 라이브러리 페이지에서는 간단한 이미지 편집도 할 수 있습니다. [이미지 편집]을 클릭하면 이미지 크기를 바꾸거나 특정 비율에 맞게 이미지를 자를 수 있고 섬네일을 지정할 수도 있습니다.

이미지 상단 툴바의 각 기능으로 이미지를 반전하거나 회전할 수 있습니다. [이미지 회전]을 클릭하면 이미지를 90도, 180도, 수직/수평 뒤집기가 가능한 것을 확인할 수 있습니다.

❶ 점선으로 표시된 부분을 드래그하면 자르기 기능이 활성화됩니다. 그림 안쪽이나 꼭짓점에서 드래그하고 자르는 영역을 조정할 수 있습니다. 편집한 이미지를 저장하려면 [자르기 적용]을 클릭하면 되지만 여기서는 이미지를 자르지 않을 것이므로 ❷ [편집 취소]를 클릭합니다.

신규 파일 업로드하기

미디어 라이브러리 페이지에서 신규 파일을 업로드하려면 ❶ [새로 추가]를 클릭합니다. 아래에 파일 업로드 영역이 나타나면 해당 영역 안에 업로드할 파일을 드래그해서 배치하거나 ❷ [파일 선택]을 클릭해서 신규 파일을 업로드합니다.

SECTION 05

글과 페이지의 차이 한눈에 보기

워드프레스에서 발행할 콘텐츠는 글과 페이지(Page)의 두 가지 형태로 작성할 수 있습니다. 글은 포스트(Post)라고도 부릅니다. 글(포스트)은 블로그에서 최근에 작성한 글이 맨 위에 나타나는 동적인(Dynamic) 콘텐츠를 작성할 때 사용하고, 페이지는 회사 소개나 담당자 소개, 인사말, 웹사이트 소개 등한번 작성하면 변하지 않는 정적인(Static) 콘텐츠를 작성할 때 사용합니다. 즉, 자주 변경되지 않는 정적인 콘텐츠는 페이지로 작성하고, 블로그의 포스트처럼 수시로 발행하는 동적인 콘텐츠는 글로 작성합니다.

구분	글(포스트)	페이지
특성	동적인 콘텐츠(시간 순서대로 위치 바뀜)	정적인 콘텐츠(자주 수정하지 않음)
예시	블로그, 뉴스	회사 소개, 오시는 길, FAQ
태그 여부	태그 있음	태그 없음
카테고리	카테고리로 묶어서 분류 가능	카테고리로 분류할 수 없음

워드프레스 페이지를 작성하려면 관리자 메뉴에서 [페이지]-[새로 추가]를 클릭합니다. 새 페이지 추가 페이지는 이전에 학습한 [새 글 추가] 페이지와 크게 다르지 않습니다. 다만 카테고리 및 태그 항목이 없고 [페이지 속성] 항목이 있습니다. [페이지 속성]의 [부모]에서 해당 페이지의 상위 페이지를 지정합니다. [순서] 입력창에서는 페이지 순서를 정할 수 있습니다.

SECTION 06
댓글 검토 기능으로 웹사이트의 평판 지키기

댓글 관리는 중요합니다. 일반적으로 스팸 글이 댓글을 통해서 등록되기 때문입니다. 스팸 댓글을 다는 로봇은 계속 진화하고 있습니다. 그렇지만 아직까지 로봇이 다는 댓글은 확연히 구별됩니다. 로봇이 아무리 자연어 기반으로 댓글을 달아도 사람의 눈에는 자연스럽지 않기 때문입니다. 웹사이트의 평판을 유지하려면 스팸 댓글을 잘 관리해야 합니다. 여력이 된다면 관리자가 댓글을 승인하는 프로세스를 유지하는 것도 좋은 방법입니다.

관리자 메뉴에서 [댓글]을 클릭하면 댓글 페이지가 나타납니다. 댓글 페이지는 글과 페이지의 댓글을 관리하는 곳입니다. 댓글에 대한 승인 처리를 할 수 있고, 부적절한 댓글은 스팸으로 처리해서 댓글을 관리할 수 있습니다.

워드프레스는 기본적으로 관리자가 승인하지 않은 댓글은 보이지 않도록 설정되어 있습니다. 글에 대한 관리자의 권한이 강화된 정책입니다. 그렇지만 관리자가 승인하지 않아도 방문자가 쓴 글이 바로 일반 사용자에게 보이게 설정할 수도 있습니다. 관리자 메뉴에서 [설정]-[토론]을 클릭해 설정합니다.

TIP 토론 설정 기능의 사용법은 128쪽을 참고합니다.

🅦 댓글 검토하고 처리하기

01 개별 댓글을 처리하려면 댓글 목록에서 먼저 처리할 댓글 위에 마우스 포인터를 둡니다. 개별 댓글 작업 옵션이 나타나면 [승인]/[승인 해제], [응답], [빠른 편집], [편집], [스팸], [휴지통] 가운데 하나를 클릭하여 댓글을 처리합니다. 아래 화면에 나온 댓글은 이미 승인된 글이기 때문에 [승인]이 나타나지 않지만 승인되지 않은 글이라면 해당 옵션이 나타납니다.

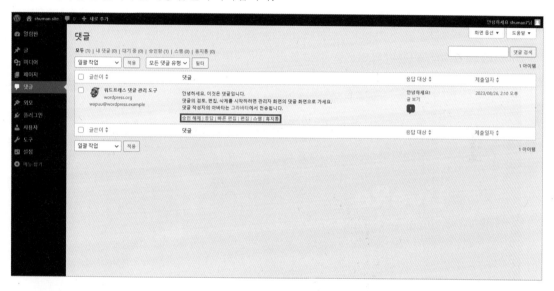

02 여러 개의 댓글을 한꺼번에 처리하려면 처리할 글에 체크합니다. ❶ [일괄 작업]에서 [승인해제], [승인], [스팸으로 표시], [휴지통으로 이동] 가운데 원하는 작업을 선택하고 ❷ [적용]을 클릭합니다.

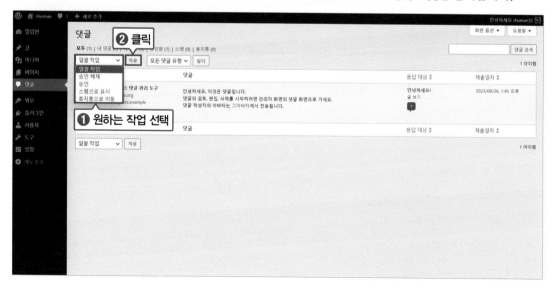

Q 다른 웹사이트나 블로그와 통합해서 댓글을 관리할 수 있나요?

A 워드프레스의 댓글 시스템을 사용하지 않고 라이브리(LiveRe) 같은 소셜 댓글 시스템을 사용하면 워드프레스와 함께 자신이 운영하는 다른 웹사이트나 블로그 댓글을 통합해서 관리할 수 있습니다. 소셜 댓글 서비스는 국내에는 라이브리, 해외에는 디스커스(Disqus) 등이 있습니다. 소셜 댓글 서비스의 장점은 제작사마다 조금씩 다르지만 국내에서 많이 사용하는 라이브리를 기준으로 설명하면 다음과 같습니다.

관리자 입장에서는 워드프레스 등 여러 가지 시스템의 댓글을 라이브리 한곳에서 통합·관리할 수 있습니다. 사용자 입장에서는 댓글을 딜기 위해 웹사이트에 별도로 로그인하지 않고 자신이 사용하던 기존의 SNS 계정으로 댓글을 달 수 있습니다. 또한 라이브리는 국내에서 많이 사용하는 카카오톡, 페이스북, 네이버 블로그, 트위터 등 대부분의 SNS로 콘텐츠를 공유하는 기능도 제공합니다.

▲ 라이브리 웹사이트(livere.com)

SECTION 07

시스템 설정하여 웹사이트 전반 관리하기

관리자 메뉴에서 [설정]을 클릭하면 워드프레스 시스템을 설정하는 페이지가 나타납니다.

일반 설정 페이지 살펴보기

일반 설정 페이지에서는 웹사이트 제목, 이메일 주소 등 웹사이트의 일반적인 사항을 설정합니다. 중요한 항목은 다음과 같습니다. 중요한 항목 외에는 기본값 상태로 둡니다.

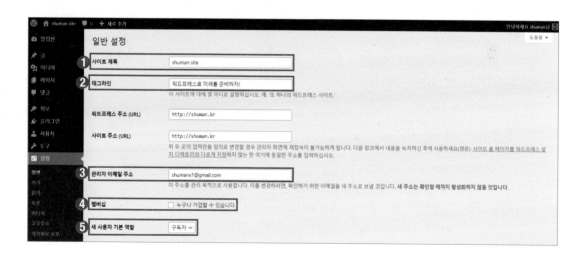

❶ **사이트 제목** | 웹사이트 제목입니다. 처음에는 설치할 때 입력한 이름이 표시됩니다. 자신의 웹사이트 특성에 맞게 수정합니다.

❷ **태그라인** | 웹사이트의 설명이나 부제목에 해당합니다. 태그라인은 방문자에게 웹사이트의 정체성을 요약해서 알려줄 수 있습니다.

❸ 관리자 이메일 주소 | 이메일 주소는 워드프레스를 관리하는 목적으로만 사용합니다. 비밀번호를 분실하였을 때 확인하는 이메일 주소이므로 반드시 실제로 사용하는 이메일 주소를 입력합니다.

❹ 멤버십 | [누구나 가입할 수 있습니다.]에 체크하면 방문자가 회원으로 가입할 수 있습니다.

❺ 새 사용자 기본 역할 | 관리자 외에 사용자를 추가하거나 승인해서 등록할 때 사용자의 권한을 설정합니다. [구독자], [기여자], [글쓴이], [편집자], [관리자]와 같이 5단계로 사용자 권한이 세분화되어 있습니다. 처음 등록된 사용자에게 많은 권한을 부여하는 것은 시스템 보안이나 운영의 효율성 면에서 좋지 않습니다. 따라서 처음 등록된 사용자는 웹사이트의 읽기 권한만 가진 [구독자]로 설정합니다.

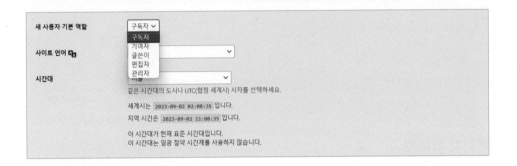

⊕ 웹 전문가의 Q&A

Q [멤버십] 항목에 체크했을 때 어디서 회원 가입을 하나요?

A 워드프레스 관리자가 일반 설정 페이지에서 [멤버십]에 체크하고 저장하면, 방문자가 로그인 화면에 접속했을 때 그림과 같이 로그인 화면 아래쪽에 [회원가입]이 표시됩니다. [회원가입]을 클릭하면 '이 사이트에 회원가입' 메시지가 나타납니다. 방문자는 간단하게 사용자명과 이메일을 입력하여 회원으로 가입할 수 있습니다.

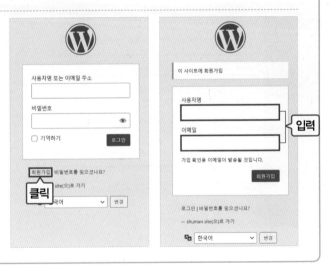

쓰기 설정 페이지 살펴보기

쓰기 설정 페이지에서는 특별히 변경할 것
이 없습니다. 기본값 설정 그대로 사용합니
다. 단, [기본 글 카테고리] 항목이나 [기본
글 형식] 항목은 필요에 따라 변경할 수 있
습니다.

읽기 설정 페이지 살펴보기

읽기 설정 페이지에서 중요한 부분은 [홈페
이지 표시] 항목과 [검색 엔진 가시성] 항목
입니다.

TIP 워드프레스 이전 버전에서는 [홈페이지 표
시] 대신 [전면 페이지 표시]라는 표현을 사용했습
니다. 앞으로 이 책에서 사용하는 [전면 페이지]란
용어는 웹사이트에 접속했을 때 처음 나타나는 '홈
페이지'를 의미합니다.

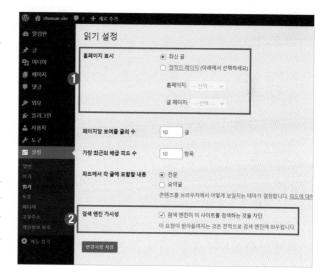

❶ **홈페이지 표시** | [최근 글]을 선택하면 작성한 시간 순서대로 글이 목록에 배치되어 최신 글이 맨 위에 보
   입니다. [정적인 페이지]는 웹사이트에 접속할 때 첫 화면에서 자신이 지정한 페이지를 볼 수 있게 고정
   합니다. [정적인 페이지]를 선택하고 [홈페이지]에서 특정 페이지를 선택합니다.

❷ **검색 엔진 가시성** | 웹사이트의 검색 엔진 노출 여부를 제어하는 옵션입니다. 검색 엔진에 노출하지 말아
   야 할 이유가 있다면 체크합니다.

토론 설정 페이지 살펴보기

토론 설정 페이지에서 확인해야 할 항목은 다음과 같습니다.

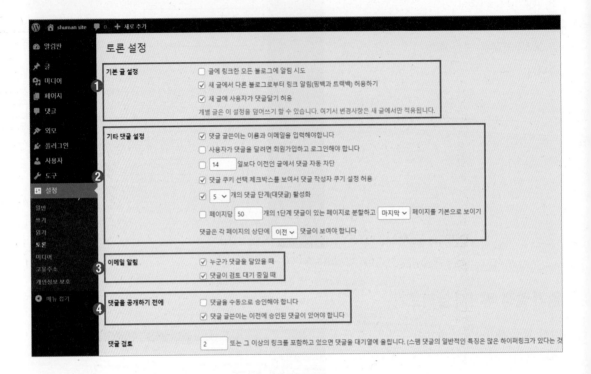

① 기본 글 설정 | [새 글에 사용자가 댓글달기 허용]에 체크하면 웹사이트의 모든 페이지와 글에 사용자가 댓글을 달 수 있습니다. 일반적으로는 댓글을 쓸 수 있게 체크하면 되지만 자신이 만드는 웹사이트가 회사 소개 등 페이지 위주로만 구성되어 있다면 체크를 해제해도 좋습니다. 다만 이곳의 댓글 달기를 비활성화해도 개별 페이지나 글에서 댓글 사용 여부를 별도로 설정할 수 있습니다. 개별 페이지나 글에서 설정한 댓글 설정이 우선적으로 적용됩니다.

② 기타 댓글 설정 | [댓글 글쓴이는 이름과 이메일을 입력해야합니다]에는 반드시 체크합니다. 스팸 댓글에 대한 작은 방어책입니다. [사용자가 댓글을 달려면 회원가입하고 로그인해야 합니다]는 특별한 사유가 없는 한 체크를 해제합니다. 요즘 사용자들은 수많은 웹사이트에 일일이 가입하는 것을 귀찮아하기 때문입니다.

③ 이메일 알림 | 두 항목에 체크합니다. 처음 웹사이트를 운영할 때는 관리자가 댓글을 확인하는 습관을 들이는 것이 좋습니다.

④ 댓글을 공개하기 전에 | [댓글을 수동으로 승인해야 합니다]의 체크를 해제합니다.

나머지 항목은 기본값으로 두고 [변경사항 저장]을 클릭합니다.

Q 개별 댓글 설정은 어디서 하나요?

A 개별 댓글 설정은 페이지나 글의 편집 화면에 있는 [화면 옵션] 탭에서 설정합니다. [화면 옵션]을 클릭한 후 상단에 나타나는 [토론]에 체크하면 본문 영역 아래에 토론 영역이 생성됩니다. 여기서 [댓글 허용]에 체크하면 해당 페이지나 글에 댓글을 달 수 있습니다.

SECTION 08

회원 프로필 설정하고 사용자 관리하기

관리자 메뉴에서 [사용자]-[모든 사용자]를 클릭하면 사용자 관리를 할 수 있는 사용자 목록이 나타납니다. 여기서는 현재 사용자 shuman7 한 명만 등록된 상태입니다. 목록 중에 역할 항목에는 해당 사용자의 권한이 표시됩니다. 여기서는 사용자 shuman7이 관리자 권한을 가지고 있습니다.

사용자 페이지에서 사용자에 대한 일괄 작업이 가능합니다. 사용자 목록에서 작업할 대상자에 체크하고 [일괄 작업]에서 원하는 작업을 선택한 후 [변경할 역할]에서 권한도 변경할 수 있습니다. 신규 사용자를 추가하려면 [새로 추가]를 클릭합니다. 사용자에 대한 정보를 수정하기 위해 사용자명을 클릭합니다.

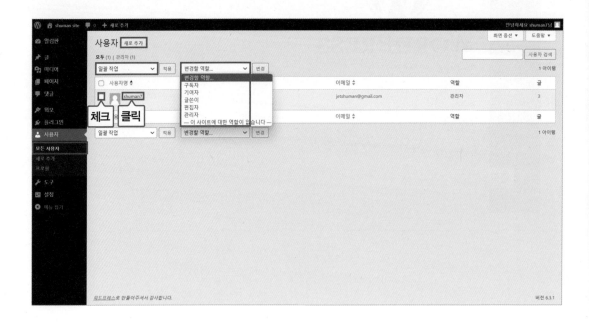

❶ **사용자명·별명** | 사용자명을 변경할 수는 없지만 다른 사람에게 보이는 별명은 변경할 수 있습니다. 가령 [별명]에서 기존의 명칭 shuman7을 shuman으로 변경하면 [공개적으로 보일 이름]에 [shuman]이 추가됩니다.

❷ **이메일** | 실제 사용하는 이메일로 변경합니다.

❸ **프로필 사진** | [그라바타의 프로필 그림을 변경할 수 있습니다.]를 클릭하여 그라바타로 자신의 프로필 사진을 꾸밉니다.

❹ **계정 관리** | 사용자의 비밀번호를 변경하려면 [새 비밀번호 설정]을 클릭하고 바꿀 번호를 입력합니다.

수정 내용을 모두 입력하면 하단의 [프로필 업데이트]를 클릭해 수정 내역을 저장합니다.

ⓦ 그라바타 서비스로 내 아바타 만들기

그라바타(Gravatar)는 Globally Recognized Avatar의 줄임말입니다. 그라바타 웹사이트에 아바타를 등록하면 여러 웹사이트나 SNS 계정에서 프로필 사진을 따로 등록할 필요 없이 편리하게 아바타를 이용할 수 있습니다. 먼저 그라바타 서비스에 가입하고 워드프레스에서 아바타를 연결해 사용하는 방법을 알아보겠습니다.

01 그라바타 웹사이트(ko.gravatar.com)에 접속합니다. 오른쪽 상단의 [Log in]을 클릭합니다.

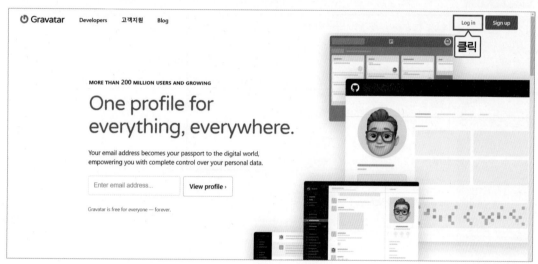

02 그라바타 서비스를 이용하려면 워드프레스닷컴(wordpress.com) 계정이 필요합니다. 계정이 있다면 ❶ 이메일 주소를 입력하고 ❷ [Continue]를 클릭한 후 비밀번호를 입력해 로그인합니다.

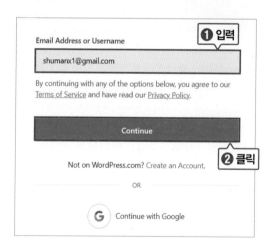

TIP 아직 워드프레스닷컴 계정이 없다면 [Create an Account]를 클릭해서 먼저 계정을 생성한 후 로그인을 진행합니다.

03 Gravatar 관리(Manage Gravatars) 페이지가 나타나면 아바타로 사용할 프로필 이미지를 등록합니다. [Upload image]를 클릭해서 등록할 이미지를 선택합니다.

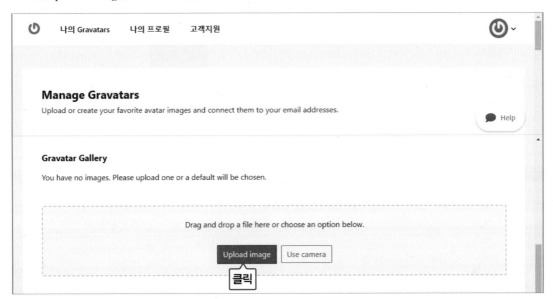

04 이미지에서 사용할 부분만 자르는 화면이 나타납니다. 이미지에서 사용할 부분을 마우스로 드래그해서 선택한 뒤에 [Crop Image]를 클릭합니다.

05 그라바타 이미지를 등록할 때 등급이 있는데, 모든 사용자에게 적합한 등급인 [G등급]을 선택합니다.

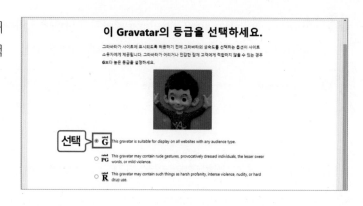

TIP 사용자의 등급에 따라 보기 권한이 달라집니다. 관리자 메뉴의 [설정]–[토론]을 클릭하고 해당 페이지에서 사용자의 아바타 등급을 G등급으로 설정하면 X등급의 사용자가 댓글을 달아도 G등급 사용자는 X등급의 그라바타 이미지가 보이지 않습니다.

06 등록이 완료되면 Gravatar 관리 페이지에 등록된 아바타가 보입니다. 이제 이 아바타를 자신의 웹사이트나 SNS에서 사용할 수 있습니다.

07 이제 워드프레스 화면에서 그라바타 이미지가 제대로 나타나는지 확인할 차례입니다. 관리자 메뉴에서 [사용자]–[프로필]을 클릭합니다. 그라바타 이미지가 정상적으로 나타납니다.

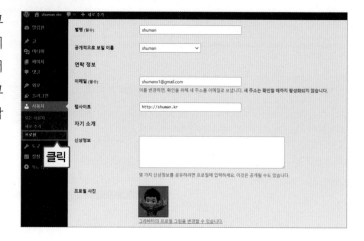

TIP 워드프레스 웹사이트에 그라바타 이미지가 나타나지 않는다면 이메일 주소가 그라바타 서비스에 등록한 이메일 주소와 동일한지 확인합니다. 그라바타 서비스는 이메일을 기준으로 제공되기 때문입니다.

웹사이트의 얼굴,
테마와 위젯

워드프레스 공식 테마에서 제공하는 기본 기능을 알아보고, 위젯을 통해 웹사이트에 필요한 기능을 배치하는 방법을 알아보겠습니다.

SECTION 01

사용자 정의하기로 테마 설정하기

워드프레스에서 테마를 설정하는 부분은 관리자 메뉴에서 외모의 하위 메뉴인 테마와 사용자 정의하기입니다. 이전 버전에서는 외모가 테마 디자인으로 번역되었습니다. 우리가 느끼기에는 테마 디자인 번역이 더 자연스럽긴 합니다. 워드프레스는 버전 업데이트가 잦고 그때마다 번역이 바뀌는 경우가 많으므로 용어 부분은 신경 쓰지 않아도 됩니다. 외모란 용어는 사람의 외모와 비슷한 의미로, 워드프레스의 겉모습을 꾸미는 곳입니다. 워드프레스 테마의 사용자 정의하기 설정은 테마마다 그 내용이 모두 다릅니다. 테마마다 웹사이트의 구조나 디자인이 다르니 설정도 달라집니다. 그러나 Twenty Sixteen과 같은 워드프레스 공식 테마의 사용자 정의하기 설정은 꼭 알아야 합니다. 모든 테마는 공식 테마를 기반으로 만들기 때문입니다.

만들면서 배우기 ⓦ 워드프레스 공식 테마의 사용자 정의하기

01 ❶ 관리자 메뉴에서 [외모]–[테마]를 클릭합니다. 워드프레스에서 활성화된 테마는 테마 목록에서 맨 왼쪽 상단에 나타납니다. 활성화된 테마의 옵션에 해당하는 사용자 정의하기 화면으로 이동하려면 관리자 메뉴에서 [외모]–[사용자 정의하기]를 클릭해도 되고 테마 페이지에서 [사용자 정의하기]를 클릭해도 됩니다. ❷ 여기서는 [사용자 정의하기]를 클릭합니다.

TIP 유료 테마에서는 [사용자 정의하기]를 사용하기도 하지만 [테마 옵션(Theme Option)] 등과 같이 따로 메뉴를 두고 테마를 관리하는 경우가 많습니다. 유료 테마에는 기능이 많기 때문에 별도의 메뉴로 분리한 것입니다.

02 왼쪽 메뉴에서 테마에 대한 옵션을 설정하고 오른쪽 화면에서 설정한 내용을 미리 볼 수 있습니다. 저장하기 전에는 웹사이트에 변경 사항이 반영되지 않기 때문에 여러 옵션을 변경할 수 있습니다. 또한 워드프레스 4.5버전부터는 레이아웃 토글 키가 생겨서 [🖥데스크톱 컴퓨터], [▯태블릿], [▯스마트폰]을 클릭하면 웹사이트가 해당 기기에서 어떻게 보이는지 미리 볼 수 있습니다.

▲ 데스크톱 화면

▲ 태블릿 화면

▲ 스마트폰 화면

사용자 정의하기

사용자 정의하기 화면에서 왼쪽에 있는 각 메뉴의 기능은 다음과 같습니다.

❶ **사이트 아이덴티티** | 웹사이트의 제목과 태그라인을 입력할 수 있습니다. 또한, 이미지로 만든 웹사이트 로고를 업로드해서 웹사이트에 적용하고 웹사이트 아이콘을 표시합니다.

❷ **색상** | 웹사이트의 전반적인 색상을 설정합니다.

❸ **헤더 이미지, 배경 이미지** | 웹사이트 상단, 배경에 적용할 이미지를 업로드합니다.

❹ **메뉴, 위젯, 홈페이지 설정** | **PART 04**에서 해당 기능을 학습하며 기능에 대한 설명을 확인할 수 있습니다.

❺ **추가 CSS** | CSS 코드를 추가합니다.

사이트 아이덴티티

사용자 정의하기 메뉴에서 [사이트 아이덴티티]를 클릭하면 다음과 같은 옵션이 나타납니다.

❶ **로고** | 웹사이트 로고가 있으면 [로고 선택]을 클릭해서 업로드할 수 있습니다.

❷ **사이트 제목 · 태그라인** | 입력창에 텍스트를 변경하면 미리보기 화면에서 바로 변경한 텍스트가 표시됩니다.

❸ **사이트 제목 및 태그라인 표시** | 체크를 해제하면 미리보기 화면에서 사이트 제목과 태그라인이 사라집니다. 웹사이트 이미지 로고를 업로드했다면 체크를 해제합니다.

❹ **사이트 아이콘** | 웹브라우저 상단 탭에 자신의 웹사이트 아이콘이 보이게 설정합니다.

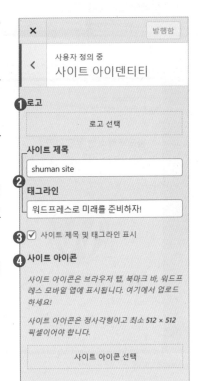

ⓦ 사이트 아이콘 업로드하기

01 사용자 정의하기 메뉴에서 [사이트 아이덴티티]를 클릭합니다.

02 [사이트 아이콘 선택]을 클릭합니다.

TIP 이전 버전에서는 사이트 아이콘 선택 대신 Select site icon으로 표시되었습니다. 워드프레스에서 영문으로 표시되어 있어도 시간이 지나면 한국어로 변경됩니다. 이런 부분 역시 크게 신경 쓰지 않아도 됩니다.

03 이미지 선택 화면이 나타나면 ❶ [파일 업로드] 탭을 클릭하고 ❷ [파일 선택]을 클릭합니다.
❸ [열기] 대화상자에서 예제 이미지를 찾아 선택한 후 ❹ [열기]를 클릭하여 웹사이트 아이콘으로 사용할
이미지를 업로드합니다.

예제 파일 2부/sample-02.jpg

04 ❶ [미디어 라이브러리] 탭에 업로드된 이미지를 클릭한 후 ❷ [선택]을 클릭합니다.

05 사이트 아이콘 이미지의 가장자리를 잘라서 다듬어보겠습니다. ❶ 꽃 이미지를 중심으로 왼쪽 상단 모서리와 오른쪽 하단 모서리에서 각각 안쪽으로 드래그하여 잘라낼 구역을 지정합니다. ❷ [이미지 자르기]를 클릭해 이미지를 자릅니다.

06 업로드한 사이트 아이콘이 표시되는지 확인한 후 [공개]를 클릭합니다. 사이트 아이콘이 표시되지 않더라도 저장한 후 시간이 조금 지나면 웹브라우저 상단 탭의 제목 앞에 웹사이트 아이콘이 적용된 것을 확인할 수 있습니다.

⊕ **웹 전문가의** **Q&A**

Q 브라우저 주소창에 표시되는 '주의 요함'은 무엇인가요?

A 이런 현상은 크롬 브라우저를 사용할 때 확인할 수 있습니다. '주의 요함' 문구가 보인다고 당황하지 마세요. 크롬 브라우저의 개발사인 구글은 보안을 강화하기 위해 HTTPS(보안 서버 프로토콜)를 사용하지 않는 서버에 대해서는 무조건 '주의 요함'을 표기하고 있습니다. 추후 필요하다면 업체에 비용을 지불하고 HTTPS 서비스를 받으면 됩니다.

색상

웹사이트의 색상을 변경하려면 사용자 정의하기 메뉴에서 [색상]을 클릭합니다.

❶ **기본 색상 구조** | 웹사이트의 전반적인 색상 톤을
결정하는 옵션입니다. [기본]을 클릭하면 웹사
이트의 주요 색상을 [기본], [어두움], [회색], [빨
강], [노랑] 가운데 하나로 선택할 수 있습니다.

❷ **배경 색상** | 웹사이트의 배경 색상을 설정합니다.
예를 들어, [색상 선택]을 클릭한 후 파랑을 선택
하면 미리보기 화면에서 웹사이트 테두리 색상이
파랑으로 변경된 것을 확인할 수 있습니다.

❸ **메인 텍스트 색상 · 보조 텍스트 색상** | 배경 색상
과 마찬가지로 항목별로 변경할 수 있습니다.

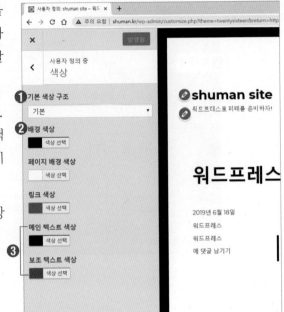

색상 팔레트에서 원하는 색상을 설정하고 명도를 조절할 수 있습니다.

헤더 이미지

워드프레스는 웹사이트의 화면 상단에 헤더 이미지를 추가할 수 있습니다.

만들면서 배우기 · 🅦 **헤더 이미지 추가하기**

01 ❶ 사용자 정의하기 메뉴에서 [헤더 이미지]를 클릭하면 헤더 이미지를 추가하는 화면이 나타납니다. ❷ [새 이미지 추가]를 클릭합니다.

02 이미지 선택 화면에서 ❶ [파일 업로드] 탭을 클릭하여 헤더 이미지로 추가할 예제 이미지를 선택하고 업로드합니다. [미디어 라이브러리] 탭에 이미지가 추가되면 ❷ [선택하고 자르기]를 클릭합니다.

예제 파일 2부/sample-03.png

03 이미지에서 헤더에 표시할 영역을 잘라보겠습니다. ❶ 이미지 자르기 영역을 원하는 위치로 드래그해서 웹사이트에서 사용할 영역을 선택합니다. ❷ [이미지 자르기]를 클릭합니다.

04 헤더 이미지를 자르면 관리자 메뉴의 [현재 헤더] 항목에도 헤더 이미지가 등록되고 웹사이트 미리보기 화면에서도 헤더 이미지가 표시됩니다. 헤더 이미지를 하나 더 추가하겠습니다. [새 이미지 추가]를 클릭합니다.

05 이미지 선택 화면에서 ❶ [파일 업로드] 탭을 클릭하여 두 번째로 업로드할 예제 이미지를 선택하고 업로드합니다. ❷ [선택하고 자르기]를 클릭합니다.

예제 파일　2부/sample—04.png

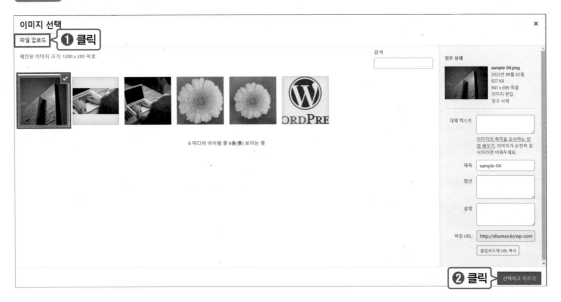

06 첫 번째 헤더 이미지를 자를 때와 같은 방법으로 ❶ 이미지 자르기 영역을 원하는 위치로 드래그해서 웹사이트에서 사용할 영역을 선택합니다. ❷ [이미지 자르기]를 클릭합니다.

07 두 번째 헤더 이미지가 웹사이트 미리보기 화면에 표시됩니다. 관리자 메뉴의 [현재 헤더] 항목에는 최근에 업로드한 두 번째 헤더 이미지가 등록되어 있습니다. 헤더 이미지를 첫 번째 헤더 이미지로 변경하려면 [이전에 업로드됨] 항목에서 해당 이미지를 클릭합니다. [현재 헤더] 항목의 이미지가 첫 번째 헤더 이미지로 변경되고 웹사이트 미리보기 화면에도 반영됩니다.

08 ❶ [업로드 된 헤더 랜덤화]를 클릭하면 [현재 헤더] 항목의 점선 영역에 [업로드 된 헤더 랜덤화]라는 표시가 나타나며, 웹사이트에 접속할 때 두 개의 헤더 이미지가 무작위로 보입니다. ❷ [공개]를 클릭해 변경한 내용을 웹사이트에 적용합니다.

SECTION 02

위젯과 화면 구성 살펴보기

워드프레스는 웹사이트에 배치하고 사용할 수 있는 위젯 기능을 제공합니다. 새로운 테마와 플러그인을 설치할 때 테마와 플러그인에서 특정 기능을 위젯으로 제공하기도 합니다.

워드프레스 6.3버전에서 위젯은 블록 에디터로 편집이 가능합니다. 블록 에디터를 사용한 위젯을 새롭게 블록 위젯이란 용어로 부르기도 합니다. 사실 블록 에디터가 등장함으로 인해서 워드프레스의 기존의 위젯 기능들이 블록 에디터로 통합되었다고 보아도 무방합니다.

이번에는 위젯을 만들고 배치해보면서 위젯을 이해하고 블록 에디터의 사용 방법을 학습하겠습니다. 세부적인 블록 에디터의 기능을 일일이 나열하지 않아도, 위젯 부분에서 블록 에디터를 사용해보면 손쉽게 블록 에디터를 어떻게 활용하는지 알 수 있을 것입니다. 웹사이트의 사이드바에 태그 구름과 비즈니스 일정, 캐치프레이즈 위젯 세 가지를 만들어서 추가해보는 실습을 해보겠습니다.

만들면서 배우기 | 🅦 **세 가지 위젯 만들고 추가하기**

01 ❶ 관리자 메뉴에서 [외모]-[위젯]을 클릭하면 위젯 페이지가 나타납니다. [블록 위젯] 안내 팝업창이 뜬다면 ❷ [다음]이나 [닫기]를 클릭해서 팝업창을 종료합니다.

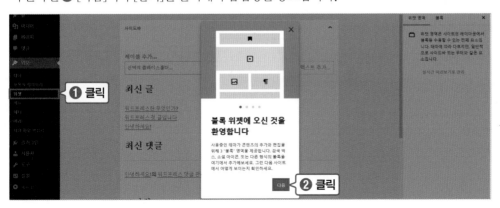

02 화면의 스크롤을 내리면 위젯을 배치할 수 있는 영역이 사이드바와 콘텐츠 하단 1, 콘텐츠 하단 2로 나뉘어진 것을 확인할 수 있습니다. 사이드바는 웹사이트 오른쪽에, 콘텐츠 하단은 웹사이트의 아래쪽에 위젯을 배치하는 영역입니다. 영역은 배치되는 위치일 뿐이므로 실습에서는 사이드바 영역에 태그 구름과 비즈니스 일정, 캐치프레이즈 위젯을 추가하겠습니다.

03 먼저 태그 구름 위젯을 사이드바에 만들어보겠습니다. 화면의 스크롤을 내려 사이드바에 블록 요소를 추가합니다. ❶ [+]를 클릭하고 ❷ 검색창에 **컬럼**을 입력합니다. ❸ [컬럼] 요소 아이콘을 클릭합니다.

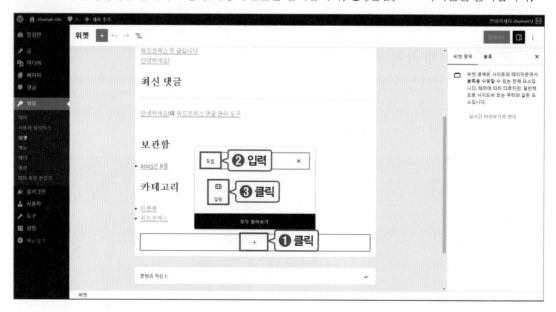

04 컬럼 요소가 나오면 첫 번째 [1컬럼]을 클릭합니다.

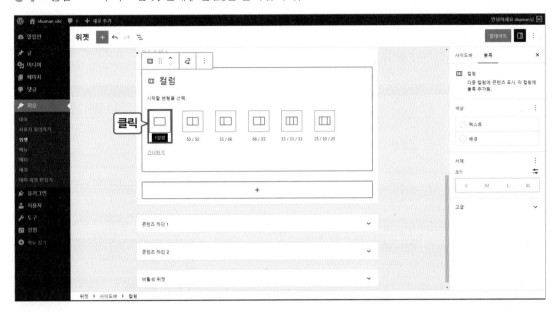

> **TIP** 컬럼을 먼저 만드는 이유는 태그 구름 위젯의 제목 요소와 태그 클라우드 요소 두 가지를 하나로 묶어서 만드는 실습을 해보기 위해서입니다. 만약 제목이 필요 없다면 컬럼 요소 없이 한 가지 블록 요소만 사용하면 됩니다.

05 컬럼 요소가 생성된 것을 확인할 수 있습니다. 컬럼 요소 안에 제목 요소를 추가하기 위해 ❶ [+]를 클릭하고 ❷ 검색창에 **제목**을 입력합니다. ❸ [제목] 요소 아이콘을 클릭합니다.

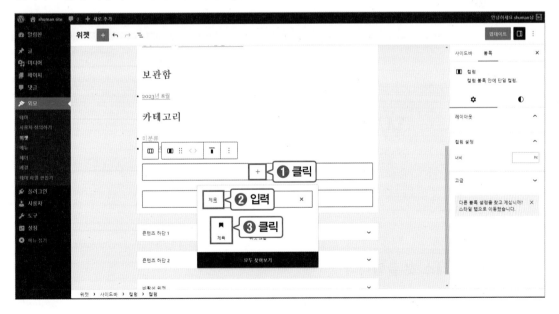

06 ❶ 제목 요소에 **태그 구름**을 입력하고 [Enter]를 누릅니다. 다음 줄의 블록 오른쪽에 ❷ [+]를 클릭하고 ❸ 검색창에 **태그**를 입력합니다. ❹ [태그 클라우드] 요소 아이콘을 클릭하여 태그 구름 위젯을 만듭니다. 변경 내용을 저장하고 웹사이트에 어떻게 적용되었는지 확인하기 위해 ❺ [업데이트]를 클릭합니다. ❻ [Ctrl]을 누른 상태에서 왼쪽 상단의 웹사이트 이름을 클릭합니다.

07 웹사이트 화면의 오른쪽 하단 사이드바에 태그 구름 위젯 영역이 나타나는 것을 확인할 수 있습니다.

08 이번에는 독자 여러분 스스로 비즈니스 일정과 캐치프레이즈 위젯을 만들어보겠습니다. 태그 구름 위젯을 만들었던 것과 동일하게 컬럼 요소를 만들고 그 안에 제목 요소를 생성합니다. 비즈니스 일정은 다음과 같이 ❶ 캘린더 요소를 추가하면 되고, 캐치프레이즈 위젯 역시 ❷ 제목 요소에 캐치프레이즈에 해당하는 내용을 입력하고 이미지 요소를 추가해서 ❸ 예제 이미지를 선택하면 됩니다.

예제 파일 2부/sample-05.png

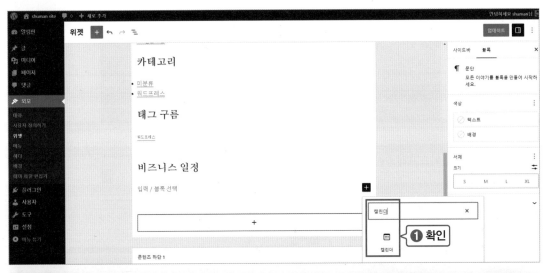

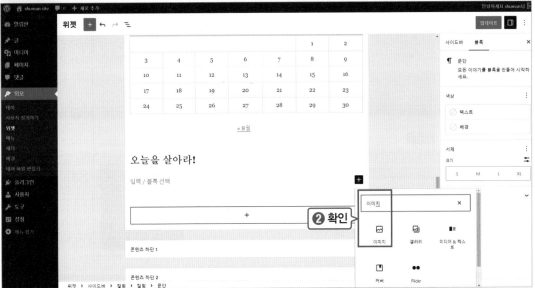

09 변경 내용을 저장하고 웹사이트 화면으로 돌아옵니다. 이번에는 글의 상세 화면을 확인해보겠습니다. 글의 제목인 **❶ 워드프레스란 무엇인가?**를 클릭합니다. 상세 화면의 사이드바에 **❷** 비즈니스 일정과 캐치프레이즈 위젯이 추가된 것을 확인할 수 있습니다.

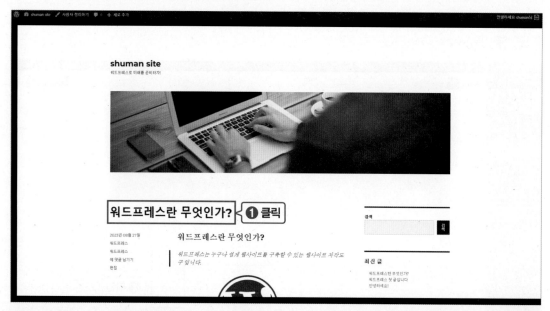

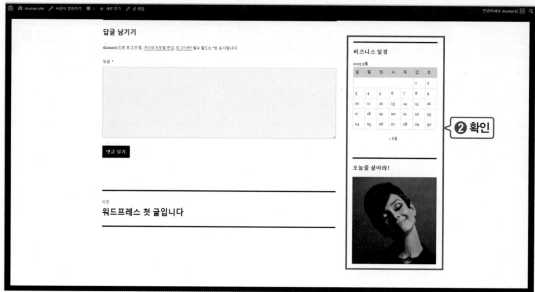

CHAPTER 04

짜임새 있는
웹사이트 기획하기

워드프레스 웹사이트를 만들려면 기능을 잘 익히는 것도 중요하지만 무엇보다 워드프레스를
활용해서 어떤 웹사이트를 만들 것인지 스스로 계획할 줄 알아야 합니다. 물론 학습 단계부
터 구체적인 웹사이트 기획이 뚝딱 나올 수는 없겠지만, 나만의 웹사이트를 상상하면서 먼저
기획한 후 만드는 공부를 한다면 앞으로 실제 웹사이트를 제작할 때 더 좋은 결과를 얻을 수
있을 것입니다. 여기서는 웹사이트를 기획하는 방법과 웹사이트를 구성하는 메뉴 및 카테고
리에 대해서 학습하겠습니다.

SECTION 01

내 손으로 직접
웹사이트 기획하기

웹사이트 기획은 전문가만 할 수 있는 거창한 일이 아닙니다. 웹사이트가 필요한 사람이면 누구든지 자신이 만들 웹사이트의 콘텐츠와 구조를 미리 그려볼 수 있습니다. 웹사이트 기획을 할 때 추천하는 방법은 엑셀이나 구글 스프레드시트 등을 이용하여 직접 사이트맵이나 메뉴 구조도를 만드는 것입니다. 물론 종이와 볼펜만 있어도 웹사이트를 기획하는 데는 아무런 문제가 없습니다. 머릿속으로만 생각하는 것보다 종이 위에 웹사이트의 메뉴를 항목별로 기술하고 한눈에 보이도록 그림을 그려 정리하면, 자신이 생각하는 웹사이트가 어떤 모습인지 미리 예상할 수 있습니다.

마인드맵

사이트맵이나 메뉴 구조도를 만들 때는 마인드맵이 효과적인 방법입니다. 마인드맵은 '마인드(Mind)'와 '맵(Map)'의 합성어로, 말 그대로 '생각의 지도'를 만드는 그림입니다. 요즘에는 마인드맵을 만들 수 있는 좋은 프로그램이 많습니다. 그중 대표적인 마인드맵 프로그램은 전 세계에서 사용하고 오픈소스 프로젝트로 만들어진 XMind(xmindkorea.net)입니다. 그중에 무료로 다운로드할 수 있는 XMind 2023 프로그램은 평가판으로 일부 기능이 비활성화되어 있습니다. 더 많은 기능을 사용하려면 개인용이나 상업용으로 구매해야 합니다. 라이선스와 관련된 내용은 XMind 홈페이지를 참고합니다. 이제 XMind 2023을 설치하고 웹사이트를 기획해보겠습니다.

ⓦ XMind 2023으로 메뉴 구조도 그리기

01 XMind 웹사이트(www. xmindkorea.net)에 접속합니다. ❶ [XMind 2023]을 클릭하고 ❷ 무료 버전인 [XMind 2023 (ZEN) for Windows]의 [다운로드]를 클릭합니다. 설치를 진행합니다.

02 Xmind 2023 프로그램을 설치하는 과정에서 다음과 같은 로그인 화면이 나타납니다. 기존 Xmind 계정이 있다면 ❶ 계정과 암호를 입력한 후 [로그인]을 클릭합니다. 신규 계정을 만들려면 ❷ [계정 만들기]를 클릭합니다. 기존 계정이 없고 신규 계정도 만들지 않으려면 ❸ [닫기]를 클릭합니다. 현재까지는 로그인을 하지 않아도 이용이 가능합니다.

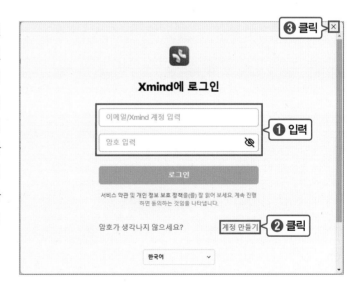

03 [Pro로 업그레이드] 팝업창이
뜨면 [취소]를 클릭합니다.

04 [새로 만들기]를 클릭해서 마
인드맵을 만들 수 있는 XMind 페이
지로 이동합니다.

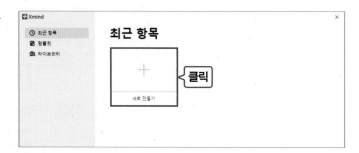

05 [기본 구조] 항목의 ❶ [마인드맵]을 클릭하면 일반적인 마인드맵과 논리흐름도, 조직도 등 여러 종
류의 마인드맵을 선택할 수 있습니다. 웹사이트의 메뉴 구조도를 만드는 데 가장 적합한 ❷ [논리흐름도]
의 첫 번째 항목을 선택합니다. ❸ [색 테마]는 다음과 같이 선택합니다.

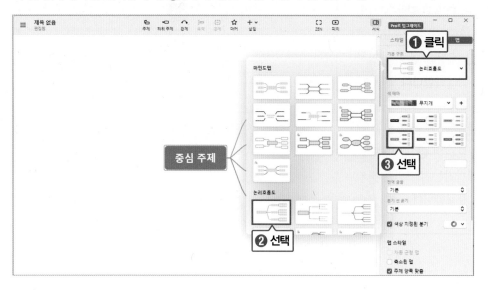

TIP XMind 2023은 여러 가지 마인드맵 및 라이브러리를 제공하고 있습니다. 기본 옵션만으로도 충분히 보기 좋게 설
계할 수 있습니다. 다른 업무에도 유용하게 활용해봅니다.

06 프로그램이 시작되면 '중심 주제'라는 기본 토픽에서 시작합니다. XMind를 쓸 때는 기본적으로 두 가지 기능만 알아도 작성하는 데에는 문제가 없습니다. XMind에서는 하나의 상자 단위를 '토픽'이라고 부릅니다. ❶ Enter 를 누르면 동일한 레벨의 새로운 토픽이 생성되며 ❷ Tab 을 누르면 하위 레벨의 토픽이 생성됩니다.

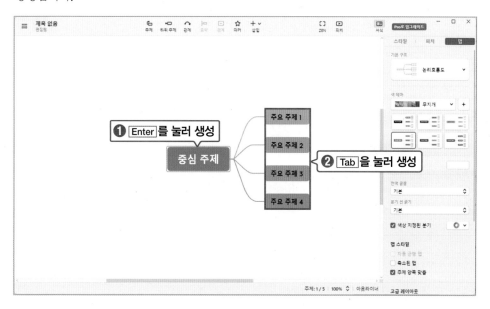

07 회사 웹사이트를 만든다고 가정하고 메뉴 구조도를 작성하겠습니다. ❶ '중심 주제'를 클릭하고 **메뉴 구조도**를 입력합니다. ❷ '주요 주제 1'을 클릭하고 **회사 소개**를 입력합니다. ❸ '주요 주제 2'를 클릭하고 **제품 서비스 안내**를 입력한 후에 Tab 을 누릅니다. '주요 주제 2'의 하위 토픽이 생성되면 ❹ **금주 제품 서비스 안내**를 입력합니다.

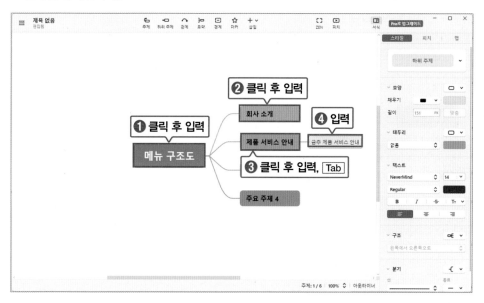

08 ❶ '주요 주제 3'을 클릭하고 **서비스 채널**을 입력합니다. '주요 주제4'를 클릭하고 **문의하기**를 입력합니다. ❷ 다음과 같이 하위 토픽을 생성해 내용을 입력하고 ❸ ☰ 을 클릭합니다. ❹ [다른 이름으로 저장]을 클릭하여 메뉴 구조도 내용을 저장합니다.

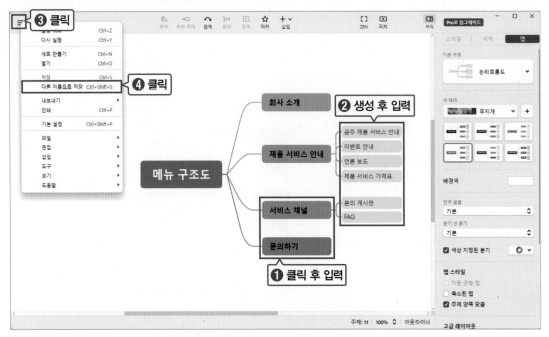

⊕ 웹 전문가의 Q&A

Q [문의하기] 토픽이 다른 방향으로 생성되었어요

A 프로그램 알고리즘에 따라 새 토픽이 다른 방향으로 생성될 수 있습니다. [문의하기] 토픽을 오른쪽으로 드래그해 메뉴 구조도를 완성합니다.

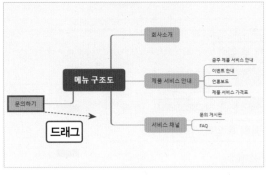

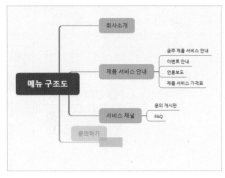

메뉴 구조도에 따라 콘텐츠 분류하기

XMind 2023을 활용해서 회사 웹사이트의 메뉴 구조도를 만들어보았습니다. 기획했던 메뉴 구조도를 정리해보겠습니다.

상위 메뉴를 대분류로 묶고, 대분류의 하위 메뉴를 중분류로 두어 메뉴의 위상(깊이, Depth)을 2단계로 나누었습니다. 하위 분류를 추가하려면 대분류, 중분류, 소분류의 3단계로 나누면 됩니다.

대분류와 중분류로 구분한 메뉴에 연결할 콘텐츠 종류를 정해야 합니다. 동적인 콘텐츠는 글로, 정적인 콘텐츠는 페이지로 지정해야 합니다. 여기서는 메뉴에 연결할 콘텐츠를 글로 구성하는 것이 좋을지 페이지로 구성하는 것이 좋을지 판단해야 합니다. 이에 따라 메뉴의 콘텐츠 종류를 정리하면 다음과 같은 표를 그릴 수 있습니다.

대분류	중분류	구분 ❶		
회사소개		페이지		
❷ 제품 서비스 안내		카테고리		
	금주 제품 서비스 안내	카테고리		
	이벤트 안내	카테고리		
	언론보도	카테고리		
	제품 서비스 가격표	페이지		
서비스 채널		페이지		
	문의 게시판	페이지		
	FAQ	페이지		
문의하기		페이지		

▲ 메뉴 구조도에 따른 콘텐츠 종류

❶ [구분] 항목은 메뉴에 연결되는 콘텐츠의 종류입니다. 카테고리는 글(포스트)을 묶은 범주로 정의할 수 있습니다. 즉, 카테고리에는 해당 카테고리로 분류된 글들이 연결됩니다. 메뉴 구조도에서 [페이지]로 분류한 메뉴는 페이지로 작성된 콘텐츠가 연결되고, [카테고리]로 분류한 메뉴는 글로 작성된 콘텐츠가 연결됩니다.

❷ [제품 서비스 안내], [금주 제품 서비스 안내], [이벤트 안내], [언론보도] 메뉴를 [카테고리]로 지정한 까닭은 해당 메뉴의 콘텐츠가 지속적으로 변경되는 동적 콘텐츠이기 때문입니다.

TIP 여기서 만든 회사 웹사이트의 메뉴 구조도는 예시입니다. 각자 자신이 만들고자 하는 웹사이트의 특성에 맞게 메뉴 구조도를 짜고 세부 메뉴의 콘텐츠 종류를 지정합니다.

SECTION 02

웹사이트 메뉴 구성하기

워드프레스는 메뉴를 편리하게 만들 수 있는 메뉴 화면을 제공합니다. 메뉴 화면에서 신규 메뉴를 생성해 보겠습니다.

만들면서 배우기 ⓦ 신규 메뉴 생성하기

01 ❶ 관리자 메뉴에서 [외모]−[메뉴]를 클릭하면 [메뉴 편집] 탭이 나타납니다. 아직 메뉴를 생성하지 않았기 때문에 활성화된 메뉴가 보이지 않습니다. ❷ Ctrl 을 누른 상태에서 웹사이트 제목을 클릭합니다.

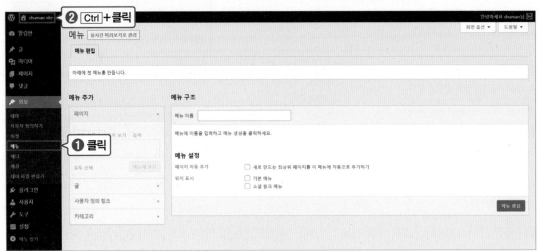

02 현재 웹사이트 화면이 나타납니다. 화면 오른쪽 상단 영역이 비어 있습니다. 앞으로 메뉴를 생성하면 이 영역에 메뉴가 배치됩니다.

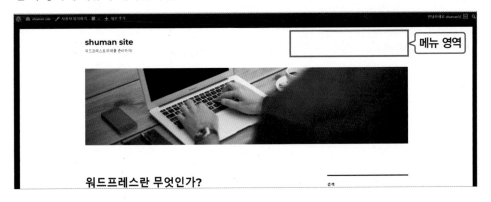

03 ❶ 관리자 메뉴에서 [외모]−[메뉴]를 클릭해 메뉴 페이지로 이동합니다. 신규 메뉴를 만들기 위해 ❷ [메뉴 이름]에 **기본 메뉴**라고 입력한 후 ❸ [메뉴 생성]을 클릭합니다.

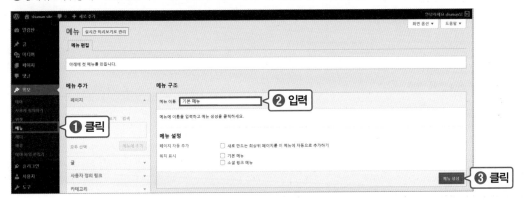

04 [기본 메뉴]가 생성되면 왼쪽의 [메뉴 추가] 영역이 활성화됩니다. [메뉴 추가] 영역에는 기본값으로 [페이지], [글], [사용자 정의 링크], [카테고리]라는 네 가지 항목이 나타나는데 이것은 메뉴에 연결하는 콘텐츠의 종류입니다. 메뉴 생성은 멈추고 먼저 메뉴에 연결할 콘텐츠의 종류를 생각합니다.

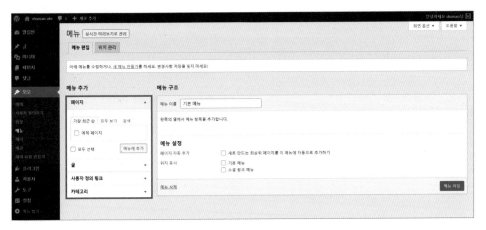

메뉴에 연결할 카테고리 만들기

워드프레스에서 카테고리는 동일한 주제로 분류된 글의 묶음입니다. 처음에 글을 쓰면 글의 개수가 많지 않아서 분류의 필요성을 느끼지 못합니다. 그러나 글을 태그나 카테고리로 분류하지 않을 경우 작성한 글의 개수가 많아졌을 때 글이 정리되지 않아 찾는 데 어려움이 생깁니다. 카테고리는 글을 정리하기 위한 도구인 셈입니다.

카테고리 페이지는 관리자 메뉴에서 [글]-[카테고리]를 클릭해 확인할 수 있습니다. 카테고리를 만드는 방법은 간단합니다. [이름]에 새 카테고리 이름을 입력하고, [슬러그]에는 해당 카테고리에 들어가는 글의 인터넷 주소에 포함될 슬러그를 입력합니다. [부모 카테고리]에서는 해당 카테고리의 부모, 즉 상위가 될 카테고리를 선택한 후 [새 카테고리 추가]를 클릭합니다. 오른쪽 카테고리 목록에서 [미분류]는 워드프레스를 설치할 때 제공되는 기본 카테고리이고, [워드프레스]는 앞서 글쓰기를 실습할 때 만들었던 분류입니다.

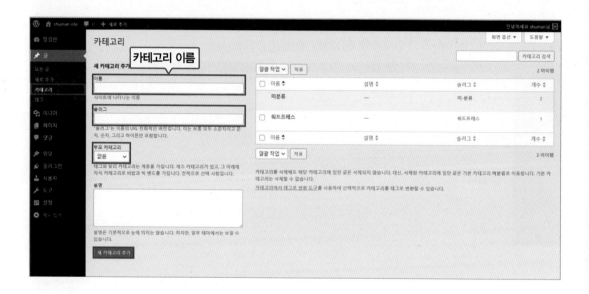

앞서 예시로 그린 회사 웹사이트 메뉴 구조도에서 카테고리에 해당하는 부분은 다음과 같습니다. 이에 따라 카테고리를 생성하고 카테고리의 이름과 슬러그 및 상위 카테고리를 지정하겠습니다.

대분류	중분류	슬러그
제품 서비스 안내		product-report
	금주 제품 서비스 안내	thisweek-product-report
	이벤트 안내	event-introduce
	언론보도	media-report

▲ 카테고리로 분류한 메뉴 항목과 임의로 지정할 슬러그

ⓦ 카테고리 생성하기

01 ❶ 관리자 메뉴에서 [글]-[카테고리]를 클릭합니다. 카테고리 가운데 최상위 대분류에 속한 [제품 서비스 안내] 메뉴를 등록해보겠습니다. ❷ [이름]에 **제품 서비스 안내**라고 입력하고 ❸ [슬러그]에는 **product-report**라고 입력합니다. ❹ [부모 카테고리]는 최상위 카테고리이므로 [없음]을 선택한 후 ❺ [새 카테고리 추가]를 클릭합니다.

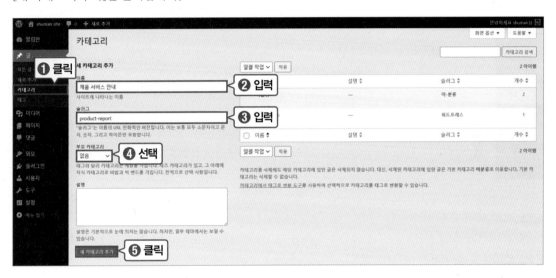

02 오른쪽 카테고리 목록에 [제품 서비스 안내] 카테고리가 추가되었습니다. 이제 중분류 카테고리인 [금주 제품 서비스 안내]를 추가합니다. ❶ [이름]에 **금주 제품 서비스 안내**를 입력하고 ❷ [슬러그]에 **thisweek-product-report**를 입력합니다. ❸ [부모 카테고리]에서는 대분류인 [제품 서비스 안내]를 선택한 후 ❹ [새 카테고리 추가]를 클릭합니다.

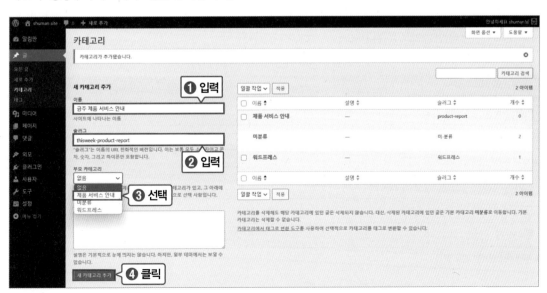

03 대분류인 [제품 서비스 안내]의 하위 메뉴로 [금주 제품 서비스 안내] 카테고리가 생성된 것을 확인할 수 있습니다. 나머지 [이벤트 안내]와 [언론보도] 카테고리도 앞서 실습한 내용을 참고하여 모두 등록합니다.

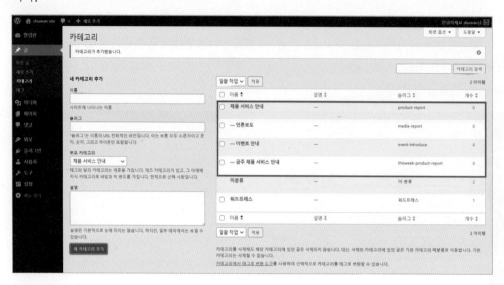

TIP 카테고리 목록에서 하위 메뉴는 이름 앞에 하이픈(Hyphen, '—')이 표시됩니다. 하위 카테고리의 순서는 신경 쓰지 않아도 됩니다. 카테고리 화면에서는 나중에 등록한 카테고리가 목록 맨 위에 표시되지만, 실제 메뉴를 구성할 때는 메뉴 구성 화면에서 순서를 조정할 수 있기 때문입니다.

메뉴에 연결할 페이지 만들기

메뉴 구조도를 참고해서 카테고리를 생성했고 이제 메뉴에 등록할 페이지를 생성할 차례입니다. 회사소개를 비롯하여 페이지로 등록할 메뉴는 주기적으로 내용을 수정할 필요성이 적은 정적인 콘텐츠입니다. 일단 제목만 입력한 빈 페이지라도 있어야 메뉴 화면에서 해당 페이지를 메뉴에 등록할 수 있습니다. 먼저 회사소개 페이지부터 만들어보겠습니다.

대분류	중분류	슬러그
회사소개		페이지
제품 서비스 안내	제품 서비스 가격표	페이지
서비스 채널		페이지
	문의 게시판	페이지
	FAQ	페이지
문의하기		페이지

▲ 페이지로 분류한 메뉴 항목

ⓦ 새 페이지 만들기

01 ❶ 관리자 메뉴에서 [페이지]-[새로 추가]를 클릭합니다. ❷ [제목]에 **회사소개**를 입력한 후 ❸ 본문 영역에 회사를 소개하는 텍스트를 간략히 입력합니다. 페이지에 이미지를 추가하기 위해 ❹ [미디어 추가] 를 클릭합니다.

02 ❶ 미디어 추가 화면에서 [파일 업로드] 탭을 클릭하고 ❷ 예제 이미지를 업로드합니다. 업로드한 이미지가 [미디어 라이브러리] 탭에 추가되면 ❸ [페이지에 삽입]을 클릭합니다.

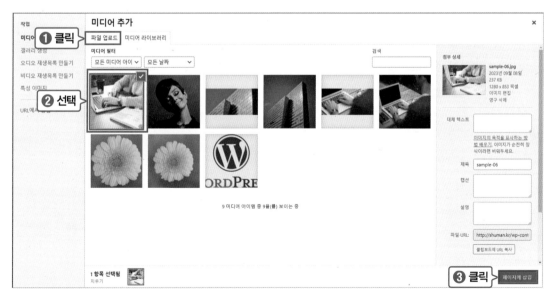

03 본문 영역에 이미지가 추가되었습니다. 이미지의 크기를 키우려면 ❶ 해당 이미지를 클릭한 후 ❷ [✎ 편집]을 클릭합니다.

04 ❶ 이미지 세부정보 작업창의 [크기]를 클릭하고 ❷ [최대 크기-840×559]를 선택합니다. ❸ [업데이트]를 클릭합니다.

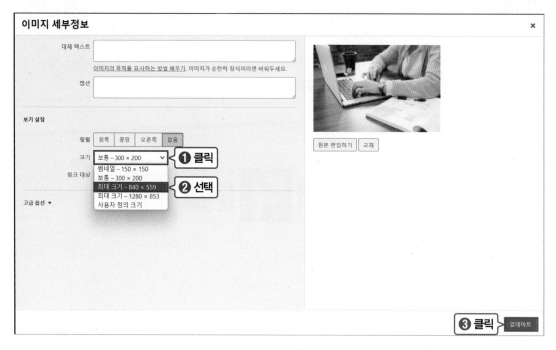

05 본문 영역에 확대된 이미지가 적용되었습니다. ❶ [공개]를 클릭해 [회사소개] 페이지를 생성합니다. 다른 페이지도 등록하기 위해 ❷ 관리자 메뉴에서 [페이지]-[새로 추가]를 클릭합니다.

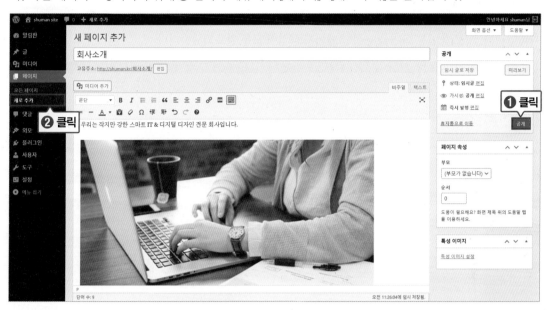

06 이번에는 [제품 서비스 가격표] 페이지를 생성하겠습니다. ❶ [제목]에 **제품 서비스 가격표**를 입력한 후 본문 영역은 비워둔 상태에서 ❷ [공개]를 클릭합니다.

07 [제품 서비스 가격표] 페이지를 만들 때와 동일한 방법으로 나머지 페이지인 [서비스 채널], [문의 게시판], [FAQ], [문의하기] 페이지를 만듭니다. 모두 제목만 입력하고 본문 영역은 비워둔 상태로 생성합니다. 모든 페이지를 만들면 관리자 메뉴에서 ❶ [페이지]-[모든 페이지]를 클릭합니다. ❷ 페이지 목록이 나타납니다. 이로써 메뉴 화면을 구성할 페이지 생성이 모두 완료되었습니다.

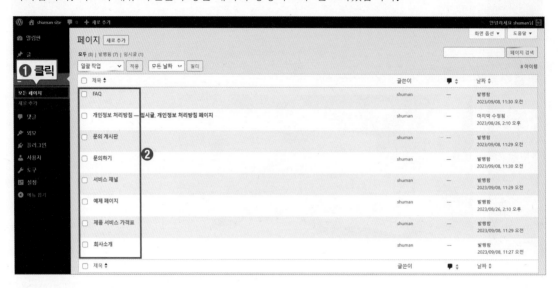

> **TIP** 페이지 목록에서 페이지의 순서는 가나다순으로 정렬됩니다. 웹사이트의 메뉴 순서와 달라도 괜찮습니다.

만들면서 배우기   ⓦ **웹사이트에 메뉴 등록하기**

이제 메뉴 구성을 위한 모든 준비를 마쳤습니다. 웹사이트에서 사용할 페이지와 카테고리를 등록했으면 메뉴를 구성하여 웹사이트 메뉴 영역에 메뉴가 보이도록 합니다.

01 ❶ 관리자 메뉴에서 [외모]-[메뉴]를 클릭합니다. 메뉴를 구성할 수 있는 ❷ [메뉴 편집] 탭이 나타납니다. [회사소개] 메뉴를 생성해보겠습니다. ❸ [페이지]에서 [모두 보기] 탭을 클릭합니다.

02 ❶ [회사소개]에 체크한 후 ❷ [메뉴에 추가]를 클릭합니다.

03 [회사소개] 메뉴가 오른쪽 [메뉴 구조] 영역에 배치됩니다. 다음으로 [제품 서비스 안내] 메뉴를 추가해보겠습니다. [제품 서비스 안내] 메뉴는 페이지가 아니라 카테고리입니다. 카테고리를 메뉴에 추가하려면 ❶ [카테고리]를 클릭하고 ❷ [모두 보기] 탭을 클릭합니다.

04 ❶ [카테고리]에서 [제품 서비스 안내], [금주 제품 서비스 안내], [언론보도], [이벤트 안내]에 체크한 후 ❷ [메뉴에 추가]를 클릭합니다.

05 [메뉴 구조] 영역에 앞서 지정한 카테고리가 추가됩니다. 그런데 여기서는 각 메뉴의 위상이 동일하게 표시됩니다. 메뉴 구조도에서 분류했듯이 대분류와 중분류에 따라 카테고리의 위상을 조정하겠습니다.

06 [금주 제품 서비스 안내] 메뉴를 오른쪽으로 드래그해 [제품 서비스 안내] 메뉴의 하위 메뉴로 배치합니다.

07 [이벤트 안내]와 [언론보도] 메뉴를 오른쪽으로 드래그해 [제품 서비스 안내] 메뉴의 하위 메뉴로 배치합니다.

08 다시 페이지를 추가하겠습니다. ❶ [페이지]를 클릭하고 ❷ [모두 보기] 탭을 클릭합니다. ❸ [FAQ], [문의 게시판], [문의하기], [서비스 채널], [제품 서비스 가격표]에 각각 체크한 후 ❹ [메뉴에 추가]를 클릭합니다.

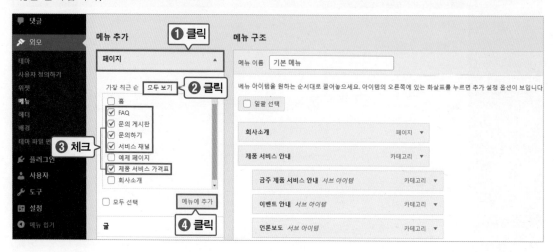

09 메뉴 구조도를 참고해서 ❶ 중분류인 [문의 게시판]과 [FAQ] 메뉴를 각각 오른쪽으로 드래그해 [서비스 채널] 메뉴의 하위 메뉴로 배치하고, [제품 서비스 가격표]도 동일한 방법으로 화면과 같이 배치합니다. ❷ 화면 하단의 [메뉴 설정] 영역에서 [기본 메뉴]에 체크하고 ❸ [메뉴 저장]을 클릭하면 메뉴 구성이 모두 완료됩니다. 웹사이트 화면에서 메뉴가 정상적으로 나타나는지 확인하기 위해 ❹ Ctrl 을 누른 상태에서 웹사이트 제목을 클릭합니다.

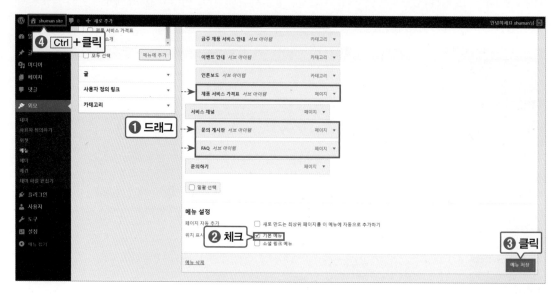

10 웹사이트 화면 오른쪽 상단에 앞서 등록한 메뉴가 정상적으로 표시됩니다.

11 마우스 포인터를 [제품 서비스 안내] 메뉴 위에 두면 하위 메뉴가 나타나는 것을 확인할 수 있습니다.

⊕ 웹 전문가의 멘토링

학습할 때는 워드프레스 최신 버전에 크게 연연하지 않습니다

워드프레스는 2016년에 4.4버전에서 시작하여 4.7버전까지 세 번의 업데이트를 거쳤습니다. 2018년 5.0 버전, 2019년 5.2버전을 지나 2024년 현재는 6.3버전까지 배포되었습니다. 앞으로도 버전은 계속 업데이트되겠지만 워드프레스 사용법의 큰 틀은 변하지 않습니다. 최신 버전이 아니더라도 워드프레스를 충분히 마스터할 수 있으므로 최신 버전에 연연할 필요가 없습니다.

따라서 이 책의 버전으로 학습한 이후 필요할 때 최신 버전을 적용해도 늦지 않습니다. 구버전을 지우거나 최신 버전을 설치하는 일도 걱정할 필요 없습니다. 워드프레스 최신 버전은 워드프레스 관리자 메뉴에서 [알림판]–[업데이트]를 클릭해 간단히 적용할 수 있습니다.

워드프레스에 날개를
달아주는 기술

PART 02에서 워드프레스 관리자 화면의 각종 옵션을 설정하고 테마를 변경하며 메뉴를 구성하는 방법을 학습했습니다. PART 02에서 다룬 내용만 알고 있어도 웹사이트에 글을 쓰고 메뉴를 만들어서 초보 수준의 웹사이트를 구축할 수 있습니다. 이전 단계에서 워드프레스의 기본기를 다졌다면 PART 03에서는 워드프레스 웹사이트를 운영할 때 꼭 필요한 플러그인의 사용법을 알아보고 검색 엔진 최적화와 보안 및 백업, 디자인에 대해서도 알아봅니다.

웹사이트에 힘을 실어주는 워드프레스 플러그인

워드프레스 플러그인을 사용하면 웹사이트에 필요한 기능을 손쉽게 구현할 수 있습니다. 여기서는 워드프레스 필수 플러그인을 활용해서 고객 문의하기 양식과 숏코드를 활용한 FAQ 페이지 구성, 가격표 페이지 및 게시판을 만들고 SNS를 웹사이트와 연동하는 기능을 학습합니다. 워드프레스 플러그인은 종류가 무척 많지만 몇 개의 필수 플러그인만 사용할 줄 알아도 워드프레스 웹사이트를 만들고 운영할 수 있습니다.

SECTION
01

방문자 소통을 책임지는
Contact Form 7 플러그인

'고객 문의하기 페이지'란 고객이 웹사이트에서 궁금하거나 문의할 내용이 있을 때 관리자에게 연락할 수 있는 페이지로, 'Contact Us'라고 쓰기도 합니다. Contact Form 7은 고객 문의하기 페이지를 만드는 플러그인입니다. Contact Form 7 플러그인을 사용하면 세부 문의 항목을 구성하기가 쉽습니다.

만들면서 배우기 · ⓦ 고객 문의하기 페이지 만들기

01 ❶ 관리자 메뉴에서 [플러그인]−[새로 추가]를 클릭합니다. ❷ 플러그인 추가 페이지의 검색창에 **contact form 7**을 입력해 플러그인을 검색합니다. ❸ [문서 양식 7]의 [지금 설치]를 클릭합니다.

예제 파일 활용 테마와 플러그인/contact-form-7.5.8.zip

02 플러그인의 설치가 완료되면 [활성화]를 클릭합니다.

TIP 워드프레스 구버전에서는 플러그인 설치가 완료되면 [플러그인을 활성화] 링크가 나타났지만, 워드프레스 4.6버전 이상부터는 플러그인 이름 오른쪽에 [활성화]가 나타납니다.

03 플러그인을 활성화한 후 관리자 메뉴에 새로 생성된 ❶ [문의]를 클릭하면 문의 양식 페이지가 나타납니다. 플러그인이 처음 설치되면 기본값으로 [문의 양식 1]이 생성됩니다. ❷ [문의 양식 1]을 클릭합니다.

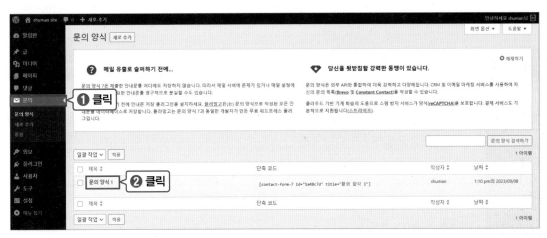

TIP 간혹 버전별로 '문의' 부분의 한국어 번역이 '연락처'로 되어 있어서 스마트폰의 연락처를 연상하기가 쉽지만 실제로는 시스템에서 메일로 문의하는 기능을 말합니다. 한국어 번역보다는 영어 단어인 'Contact'가 의미상 적절합니다. 또한 실무에서는 한국어 번역인 '연락처 양식'보다 '콘택트 폼(Contact Form)'을 더 많이 사용합니다.

04 문의 양식 편집하기 페이지에서 문의하기 양식을 만들고 문의 내용을 메일로 발송할 수 있습니다. ❶ [양식] 탭을 클릭합니다. [양식] 탭 하단의 여러 버튼은 문의하기 양식에 넣는 세부 항목(폼 태그)이며 그 아래 본문 영역에서 텍스트 코드를 수정합니다. 본문 영역에 다음과 같이 ❷ [이름], [이메일], [제목], [메세지] 부분의 텍스트 부분을 수정할 것입니다. 먼저 [연락처]와 [문의유형] 항목을 추가해보겠습니다.

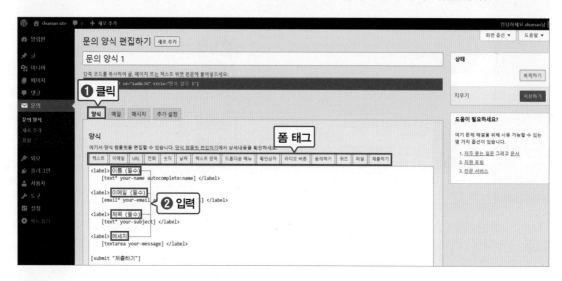

TIP 본문 영역 안에 '이름' '이메일' 등이 영문으로 표시된다면 위의 그림을 참고해서 동일하게 한글로 수정합니다.

05 본문 영역에서 [이름] 항목의 텍스트 코드와 [이메일] 항목의 텍스트 코드 사이를 클릭합니다. Enter 를 두 번 눌러서 행을 두 줄 띄어줍니다.

06 [연락처] 항목을 만들기 위해 ❶ [이름] 항목의 텍스트 코드를 드래그해 선택한 후 ❷ 마우스 오른쪽 버튼을 클릭합니다. ❸ [복사]를 선택합니다.

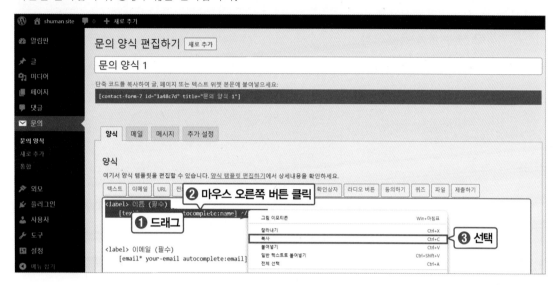

07 ❶ 복사한 텍스트 코드를 다음 줄에 붙여 넣고 **연락처**로 내용을 수정한 후 두 번째 줄의 **[text* your-name autocomplete:name]**을 삭제합니다. ❷ [연락처] 항목의 텍스트 코드에서 **</label>** 앞을 클릭한 후 문자열 커서를 두고 ❸ 전화번호 입력창을 만드는 [전화]를 클릭합니다.

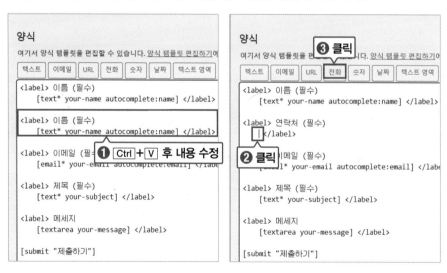

08 양식-태그 만들기 도구: 전화의 폼 태그 생성 작업창이 나타납니다. 연락처를 필수 입력 항목으로 설정하기 위해 ❶ [필수 항목]에 체크 하고 ❷ [태그 삽입하기]을 클릭합니다.

09 [tel*tel-113] 텍스트 코드가 본문 영역에 자동으로 입력됩니다. 이 코드는 연락처 입력창을 지칭하는 고유번호입니다. [tel*tel-113]을 외우기 쉽도록 [tel* your-tel]로 수정합니다.

TIP [tel*tel-113] 텍스트 코드는 폼 태그 생성기가 임의로 생성한 것입니다. 코드의 숫자는 무작위로 생성되기 때문에 다른 숫자가 나와도 당황할 필요 없습니다. 외우기에 어렵지 않다면 코드를 수정하지 않고 그대로 두어도 됩니다.

10 이번에는 [제목] 항목 아래에 [문의유형] 항목을 추가하겠습니다. [연락처] 항목을 만드는 방법과 같습니다. ❶ 먼저 [제목] 항목의 텍스트 코드를 드래그해 선택한 후 ❷ 마우스 오른쪽 버튼을 클릭합니다. ❸ [복사]를 선택합니다.

11 ❶ 복사한 텍스트 코드를 다음 줄에 붙여 넣고 **문의유형**으로 내용을 수정한 후 **[text* your-subject]** 를 삭제합니다. ❷ [문의유형] 항목의 텍스트 코드에서 **〈/label〉** 앞을 클릭하여 문자열 커서를 두고 ❸ 펼침 메뉴를 만드는 [드롭다운 메뉴]를 클릭합니다.

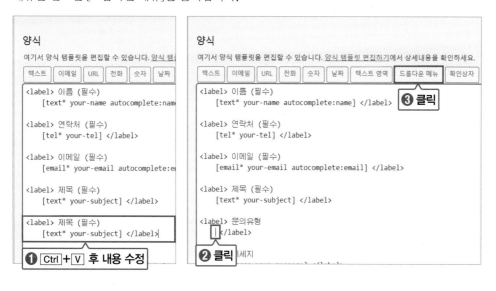

12 양식–태그 만들기 도구: 드롭다운 메뉴 작업창이 나타나면 ❶ [옵션]에 **제품서비스 문의, 고객 불만, 배송 문의, 건의하기**를 입력합니다. ❷ [첫 번째 옵션으로 빈 항목 삽입하기]에 체크하고 ❸ [태그 삽입하기]를 클릭합니다.

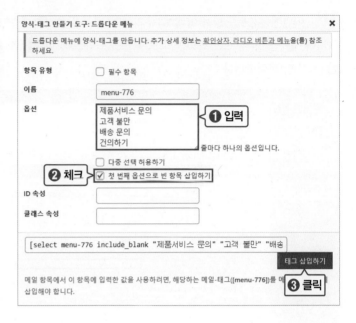

TIP [첫 번째 옵션으로 빈 항목 삽입하기]에 체크하면 펼침 메뉴의 첫 번째 항목이 공백을 나타내는 [– – –]로 표시됩니다. 이처럼 옵션이 선택되지 않았음을 표시해서 사용자 스스로 선택하도록 유도합니다. 그렇게 하지 않으면 사용자가 시스템에 미리 선택된 항목을 확인하지 않고 저장하는 경우가 발생합니다. 그런 경우 관리자가 해당 문의 사항의 옵션을 사용자가 진짜 선택한 것인지 확인할 방법이 없습니다.

13 [문의유형] 항목이 정상적으로 생성되었습니다. 이제 문의하기 양식의 [이메일] 항목을 설정할 차례입니다. [메일] 탭을 클릭합니다.

14 [메일] 탭에서는 문의 메일이 전송될 관리자 이메일 주소를 입력하고 관리자가 실제 이메일로 받을 문의하기 양식을 텍스트 코드로 설정합니다. 현재는 메시지 본문에 기본값인 [your-message] 코드뿐입니다. 이곳에 앞서 입력했던 [이름]과 [연락처], [문의유형] 폼 태그를 추가하겠습니다.

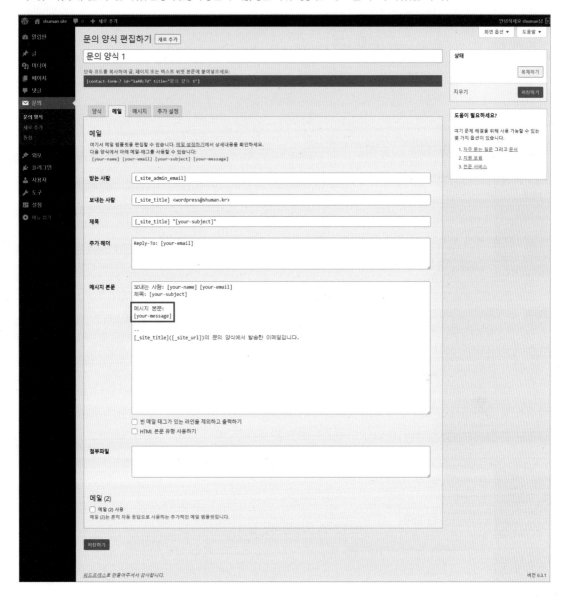

15 ❶메시지 본문 영역에 다음과 같이 텍스트 코드를 입력합니다. ❷코드를 모두 입력하면 하단의 [저장하기]를 클릭합니다.

TIP 여기서 [문의유형] 항목의 텍스트 코드 [menu−776]을 똑같이 입력하면 안 됩니다. 폼 태그 생성기는 텍스트 코드를 무작위로 생성합니다. 따라서 자신이 [문의유형] 항목을 추가할 때 나타난 텍스트 코드를 입력해야 합니다.

16 이제 문의하기 양식 작성 및 메일 설정이 완료되었습니다. ❶[제목]을 **문의하기**로 수정한 후 ❷[저장하기]를 클릭해서 문의하기 양식을 저장합니다. ❸[제목] 아래 텍스트 코드를 마우스 오른쪽 버튼으로 클릭한 후 ❹[복사]를 선택해 [문의하기] 텍스트 코드를 복사합니다.

17 텍스트 코드를 [문의하기] 페이지의 본문 영역에 붙여 넣습니다. ❶ 관리자 메뉴에서 [페이지]─[모든 페이지]를 클릭합니다. ❷ 목록 중 앞서 작성했던 [문의하기]를 클릭합니다.

TIP 이번 실습에 사용한 텍스트 코드는 '숏코드'라고도 부릅니다. 워드프레스는 이 같은 숏코드를 사용해서 편리하게 화면을 구현합니다. 숏코드에 대해서는 189쪽에서 자세히 확인할 수 있습니다.

18 ❶ 페이지 편집의 본문 영역에 [문의하기] 텍스트 코드를 붙여 넣습니다. ❷ [업데이트]를 클릭해 내용을 저장합니다. 이제 Contact Form 7 플러그인을 활용한 문의하기 양식이 웹사이트에 잘 적용되었는지 확인할 차례입니다. ❸ Ctrl 을 누른 상태에서 웹사이트 제목을 클릭합니다.

19 웹사이트가 나타납니다. 상단 메뉴에서 [문의하기]를 클릭해 문의하기 페이지를 확인합니다.

20 사용자가 입력한 문의 메일이 관리자에게 제대로 발송되는지 확인합니다. ❶ 다음 예시 글을 참고해서 각 항목의 내용을 임의로 입력합니다. ❷ [제출하기]를 클릭해서 문의 내용을 전송합니다.

21 문의 메일이 정상적으로 전송되면 다음과 같은 안내문이 표시됩니다.

TIP 문의하기 전송에 오류가 발생하면 [제출하기] 아래에 붉은색 상자가 생성되고 오류 메시지가 나타납니다.

22 문의 메일이 정상적으로 접수되었는지 확인합니다. 관리자 이메일을 확인하면 고객이 워드프레스 웹사이트에서 문의한 내용이 메일로 전송된 것을 확인할 수 있습니다.

⊕ 웹 전문가의 Q&A

Q 왜 고객의 문의 메일이 오지 않나요?

A 고객이 문의 내용을 전송하면 [메일] 탭–[받는 사람]의 이메일 주소로 문의 메일이 전송됩니다. 여기에서 [_site_admin_email]로 이메일 주소가 표시된 것은 워드프레스 관리자 이메일 주소를 시스템이 자동으로 읽어오게 하는 코드입니다. 또한, 카페24와 같은 웹호스팅에 워드프레스를 설치하지 않고 자신의 로컬 컴퓨터에만 워드프레스를 설치했다면 메일 서버가 따로 없으므로 당연히 문의 메일이 전송되지 않습니다. 또 메일은 전송되었지만 메일함에서 스팸 메일로 분류될 수도 있습니다. 스팸함을 확인한 후 해당 메일의 스팸 설정을 해제합니다. Gmail을 사용한다면 [설정]–[모든 설정 보기]–[필터 및 차단된 주소]에서 스팸 분류를 설정할 수 있습니다.

모바일 기기에서 웹페이지를 확인합니다

작업한 페이지를 스마트폰 등 모바일 웹브라우저로 접속하면 다음과 같은 화면의 UI가 나타납니다. 워드프레스는 반응형 웹디자인으로 구성되어 모바일용 웹페이지를 별도로 제작하지 않아도 모바일 기기 해상도에 최적화된 화면을 만들어냅니다. 앞서 제작한 문의하기 페이지를 모바일 기기에서 확인해보겠습니다.

❶ 스마트폰으로 워드프레스 웹사이트에 접속합니다. 웹사이트 첫 화면에서 [메뉴]를 터치합니다. ❷ 메뉴가 나타나면 [문의하기]를 터치합니다. ❸ [문의하기] 페이시가 모바일 웹사이트에 최적화된 형태로 표시됩니다.

헤더 이미지를 변경해봅니다

앞서 살펴본 문의하기 양식 만들기를 복습하고 웹사이트의 느낌을 변경하기 위해서 헤더 이미지를 변경해보겠습니다. 헤더 이미지가 공간을 많이 차지한다고 생각하면 삭제할 수도 있습니다.

헤더 이미지를 변경하려면 ❶ 관리자 메뉴에서 [외모]–[사용자 정의하기]–[헤더 이미지]를 클릭합니다. ❷ [이전에 업로드됨] 항목의 이미지를 하나 클릭해 현재 헤더에 적용한 후 ❸ [공개]를 클릭합니다.

SECTION 02

글 작성을 돕는 Shortcodes Ultimate 플러그인

워드프레스는 여러 가지 형태의 숏코드를 제공합니다. 특히 워드프레스 웹사이트에서 페이지를 작성할 때 숏코드를 사용하면 페이지에 각종 기능을 쉽고 빠르게 추가할 수 있습니다. 여기서는 워드프레스 글 작성의 필수 플러그인인 Shortcodes Ultimate를 설치해서 FAQ 페이지를 만들어보겠습니다.

다음과 같은 FAQ 페이지에 어떤 숏코드를 사용하는지 미리 확인하고 실습하면 이해하기가 쉬울 것입니다. [Heading] 숏코드는 제목 부분에 사용됩니다. [탭] 숏코드는 질문의 분류를 탭 형태로 표시하며, [스포일러] 숏코드는 해당 분류의 질의 응답 내용을 배치합니다. 고객센터 전화번호 부분에는 [서비스] 숏코드를 사용합니다. [문의하기]처럼 클릭할 수 있는 버튼은 [단추] 숏코드로 만듭니다.

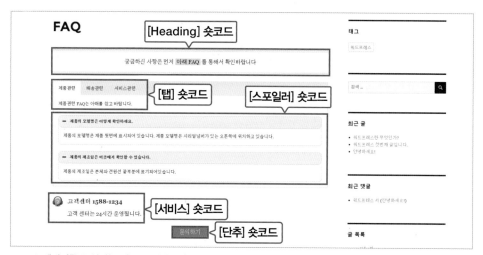

▲ FAQ 페이지를 구성하는 각 요소의 숏코드

TIP 숏코드(Shortcode)는 말 그대로 짧은(Short) 코드(Code)를 의미합니다. 프로그래밍에서 사용하는 긴 소스코드가 아닌 짤막한 코드를 사용해 원하는 기능을 구현한다는 의미에서 숏코드라고 부릅니다. 일반적으로 웹페이지를 제작할 때 사용하는 프로그래밍 코드는 긴 경우가 많습니다. 이렇게 긴 코드를 일반인이 바로 이해하고 사용하기는 어렵기 때문에 간단한 코드로 축약한 숏코드를 사용합니다.

🅦 숏코드로 FAQ 페이지 만들기

01 ❶ 관리자 메뉴에서 [플러그인]-[새로 추가]를 클릭합니다. ❷ 검색창에 **shortcodes**를 입력해 플러그인을 검색합니다. ❸ [WP 쇼트코드 플러그인-쇼트코드 얼티밋]의 [지금 설치]를 클릭해 플러그인을 설치합니다. 설치가 완료되면 ❹ [활성화]를 클릭합니다. 업데이트 관련 안내문이 표시되면 [Allow & Continue]를 클릭해서 업데이트를 진행합니다.

예제 파일 활용 테마와 플러그인/shortcodes-ultimate.5.13.2.zip

02 ❶ 관리자 메뉴에서 [페이지]-[모든 페이지]를 클릭합니다. ❷ 목록에서 [FAQ]를 클릭합니다. [FAQ]의 [페이지 편집]에 숏코드를 사용할 수 있는 [쇼트코드 삽입]이 생성됩니다. 숏코드를 본문 영역에 삽입하기 위해 ❸ [쇼트코드 삽입]을 클릭합니다.

TIP FAQ는 Frequently Asked Questions의 약자로 '자주 묻는 질문들'을 뜻합니다. 보통 웹사이트 방문자가 자주 묻는 질문과 답변을 모아 만든 페이지를 FAQ 페이지라고 말합니다. FAQ 페이지를 만들면 웹사이트의 담당자가 유사한 문의에 일일이 응대하지 않아도 됩니다.

03 숏코드 목록이 나타납니다. 숏코드를 분류하는 필터를 사용하면 많은 숏코드를 종류별로 구분해서 볼 수 있습니다. 필터 중에서 [콘텐츠]를 클릭하면 글을 작성하는 데 도움이 되는 숏코드가, [박스]를 클릭하면 상자 형태를 만드는 숏코드가 나타납니다. [미디어]를 클릭하면 동영상이나 음악 등 미디어 기능의 숏코드를, [갤러리]를 클릭하면 이미지 관련 기능의 숏코드를 확인할 수 있습니다.

04 먼저 페이지의 제목을 작성하겠습니다. [표제]를 클릭합니다.

TIP 숏코드의 한국어 번역이 표제로 되었지만 Heading이란 용어가 더 범용적으로 쓰이고 있습니다.

TIP Shortcodes Ultimate 플러그인에서 제공하는 숏코드 종류는 매우 다양합니다. 숏코드를 빨리 익히는 방법은 직접 사용해보는 것이니 이 책에서 다루지 않는 숏코드라도 한 번씩 사용해보는 것이 좋습니다.

05 표제 숏코드 작업창이 나타납니다. 여기서 제목의 스타일, 크기, 정렬 등의 옵션을 자신이 원하는 형태로 지정해서 만들 수 있습니다. ❶ 제목의 크기를 조절하는 [크기] 슬라이더를 오른쪽으로 드래그해 크기를 **16**으로 설정합니다. ❷ [콘텐츠]에 **궁금하신 사항은 먼저 아래 FAQ를 통해서 확인바랍니다.**와 같은 안내문을 입력한 후 ❸ [쇼트코드 삽입]을 클릭합니다.

06 앞서 추가한 [표제] 숏코드가 **[su_heading size="16"]궁금하신 사항은 먼저 아래 FAQ를 통해서 확인바랍니다.[/su_heading]** 형태로 표시됩니다. 웹사이트에 적용된 화면을 보기 위해서 ❶ [업데이트]를 클릭해 저장한 후 ❷ Ctrl 을 누른 상태에서 [페이지 보기]를 클릭합니다.

07 [표제] 숏코드가 다음과 같이 적용된 것을 확인할 수 있습니다. 다시 [FAQ]의 [페이지 편집] 페이지로 이동합니다.

08 새로운 숏코드를 추가하기 위해 ❶ 페이지 편집 페이지의 본문 영역에서 [표제] 숏코드 아래를 클릭한 후 Enter 를 눌러 줄을 바꾸고 ❷ [쇼트코드 삽입]을 클릭합니다.

09 이번에는 질문을 분류하는 탭을 만들어보겠습니다. 숏코드 목록에서 [탭]을 클릭합니다.

10 다른 옵션은 그대로 두고 ❶ [콘텐츠]에 다음과 같이 내용을 수정한 후 ❷ [쇼트코드 삽입]을 클릭합니다.

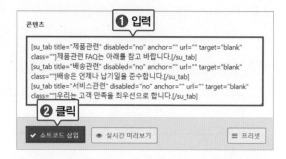

11 ❶ [탭] 숏코드가 추가된 것을 확인할 수 있습니다. 웹사이트에 적용된 화면을 보기 위해 ❷ [업데이트]를 클릭한 후 ❸ Ctrl 을 누른 상태에서 [페이지 보기]를 클릭합니다.

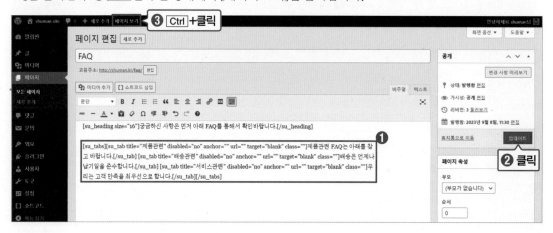

TIP 숏코드를 적용할 때마다 수시로 웹사이트 적용 화면을 확인하는 것이 좋습니다.

12 웹사이트에서 탭으로 구성된 FAQ가 정상적으로 나타납니다. 다시 페이지 편집 페이지로 이동합니다.

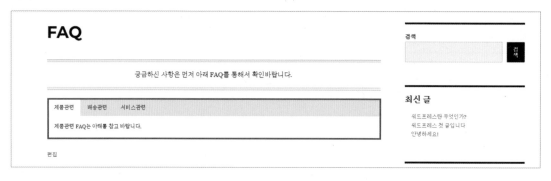

13 이번에는 탭 안에 펼침 상자(스포일러)를 만들어 질문과 답변을 구성하겠습니다. 페이지 편집 페이지의 본문 영역에서 ❶ [탭] 숏코드 아래를 클릭하고 Enter 를 눌러 줄을 바꿉니다. ❷ [쇼트코드 삽입]을 클릭합니다.

14 숏코드 목록에서 [스포일러]를 클릭합니다.

15 ❶ [제목]에 안내문인 **제품의 모델명은 이렇게 확인하세요.**를 입력한 후 ❷ [스타일] 항목의 펼침 메뉴에서 [멋진 스타일]을 선택합니다. ❸ [콘텐츠]에는 다음과 같이 안내문을 입력한 후 ❹ [쇼트코드 삽입]을 클릭해 설정을 완료합니다.

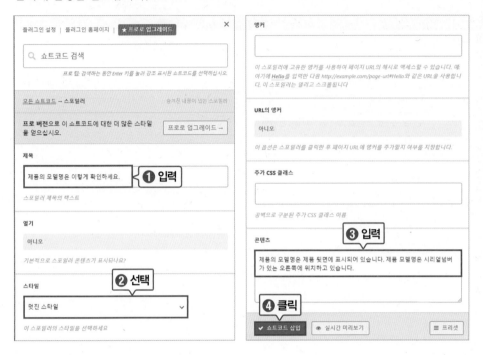

16 본문 영역에 [스포일러] 숏코드가 추가되었습니다. 비슷한 [스포일러] 숏코드를 하나 더 만들겠습니다. ❶ 앞서 만든 [스포일러] 숏코드를 복사한 후 ❷ Enter 를 눌러 줄을 바꾸고 숏코드를 붙여 넣습니다. 그런 다음 다음과 같이 내용을 수정합니다.

17 [탭] 숏코드 안에 [스포일러] 숏코드를 넣어보겠습니다. ❶ [탭] 숏코드에서 **[/su_tab]**의 앞부분을 클릭합니다. ❷ [Enter]를 두 번 눌러 줄을 바꾸고 ❸ 앞서 만든 두 개의 [스포일러] 숏코드를 드래그해 선택한 후 잘라냅니다.

18 ❶ 줄을 바꾼 위치에 잘라낸 [스포일러] 숏코드를 붙여 넣습니다. ❷ [업데이트]를 클릭해서 내용을 저장한 후 ❸ [Ctrl]을 누른 상태에서 [페이지 보기]를 클릭하여 현재 웹사이트 화면을 확인합니다.

TIP [su_tab title]과 [su_tab] 사이에 붙여 넣습니다.

19 웹사이트에 [탭] 숏코드와 [스포일러] 숏코드를 통해 구현된 FAQ 페이지가 나타납니다.

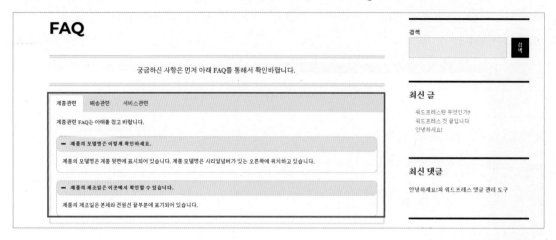

TIP 펼침 상자는 제목 앞의 [+]를 클릭하면 펼쳐집니다.

20 이번에는 [가장 밝은 부분] 숏코드로 텍스트에 형광펜 강조 표시를 해보겠습니다. [FAQ]의 [페이지 편집]에서 숏코드 목록을 불러온 후 [가장 밝은 부분]를 클릭합니다.

21 ❶ 다른 옵션은 그대로 두고 [콘텐츠]에 **아래 FAQ**를 입력합니다. ❷ [쇼트코드 삽입]을 클릭합니다.

22 [가장 밝은 부분] 숏코드인 **[su_highlight]아래 FAQ[/su_highlight]**가 본문 영역에 입력됩니다. 이 숏코드는 '아래 FAQ'라는 텍스트에 강조 표시를 적용하라는 명령입니다. 글의 제목 부분에 있는 '아래 FAQ'에 강조 표시해보겠습니다. ❶ [가장 밝은 부분] 숏코드를 드래그해 Ctrl + X 를 눌러 잘라냅니다. ❷ 맨 첫 줄의 **아래 FAQ**를 드래그해 Ctrl + V 를 눌러 붙여 넣습니다.

23 ❶ 고객센터를 안내하는 [서비스] 숏코드와 [문의하기]를 추가하는 [단추] 숏코드는 지금까지 학습한 내용을 바탕으로 예제 파일을 참고하여 추가합니다. 최종 완성된 FAQ 페이지의 숏코드는 다음과 같습니다. ❷ [업데이트]를 클릭한 후 ❸ Ctrl 을 누른 상태에서 [페이지 보기]를 클릭합니다.

[예제 파일] 3부/FAQ 예제페이지 숏코드.txt

[TIP] 숏코드 한국어 번역이 [단추]로 되었지만 [Button]이 일반적으로 사용하는 용어입니다.

24 웹사이트 상단에서 [서비스 채널]-[FAQ]를 클릭하면 숏코드로 만든 간단한 FAQ 페이지가 나타납니다.

⊕ **웹 전문가의** **Q&A**

Q 문의하기 를 클릭해서 문의하기 페이지로 이동하려면 어떻게 해야 하나요?

A [단추] 숏코드의 [링크]에 이동하고자 하는 페이지의
URL을 붙여 넣고 옵션을 저장합니다. 이후 [문의하기]를
클릭하면 앞서 붙여 넣은 URL로 이동합니다.

SECTION 03

가격표를 만드는 Pricing Tables 플러그인

제품이나 서비스의 값을 표시하는 가격표 플러그인 중에서 대표적인 플러그인은 Pricing Table - Easy Pricing Tables 플러그인입니다. 다른 가격표 플러그인에 비해 직관적인 인터페이스를 갖추고 있어서 오랜 기간 사랑을 받아온 플러그인입니다.

TIP Pricing Table - Easy Pricing Tables 플러그인의 이름은 원래 Easy Pricing Tables였다가 Pricing Tables WordPress Plugin으로 변경되기도 하였습니다. 워드프레스에서는 플러그인 이름이 종종 바뀌고는 합니다. 이름이 달라져도 플러그인의 제작자와 사용자 설치 및 활성화 건수 등을 확인하면 쉽게 찾을 수 있습니다.

만들면서 배우기   ⓦ 가격표 페이지 만들기

01 ❶ 관리자 메뉴에서 [플러그인]-[새로 추가]를 클릭합니다. ❷ 검색창에 **easy pricing**을 입력해 플러그인을 검색합니다. ❸ [Pricing Table - Easy Pricing Tables]의 [지금 설치]를 클릭해서 플러그인을 설치한 후 활성화합니다.

예제 파일 활용 테마와 플러그인/easy-pricing-tables.zip

TIP 검색 결과에 이름이 비슷한 플러그인이 많다면 왼쪽 하단에 표시된 설치 건수와 업데이트 현황을 확인하여 가장 신뢰성 있는 플러그인을 찾습니다. Pricing Table - Easy Pricing Tables 플러그인의 세부 정보를 보면 이미 2만 명이 넘는 사용자가 설치하고 활성화해서 사용하고 있는 것을 확인할 수 있습니다.

02 플러그인을 설치한 후 활성화하면 관리자 메뉴에 [Pricing Tables] 메뉴가 생성됩니다. **❶** 관리자 메뉴에서 [Pricing Tables]를 클릭합니다. 가격표를 생성하고 관리하는 Easy Pricing Tables 페이지가 나타납니다. 가격표를 만들기 위해 **❷** [Add New]를 클릭합니다.

03 가격표의 옵션을 선택하라는 [Choose an Option] 팝업창이 나타납니다. 우리는 비주얼화된 위자드 화면에서 바로 작업할 것이므로 첫 번째 [New Shortcode]를 선택합니다.

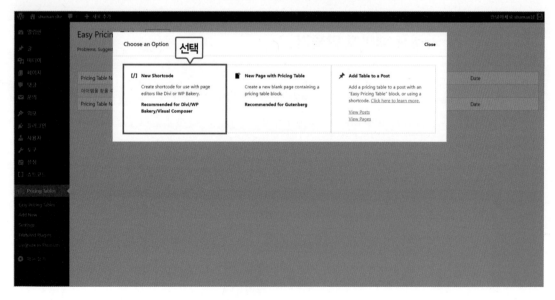

04 Choose a template 화면이 나타나면 첫 번째 템플릿을 선택합니다.

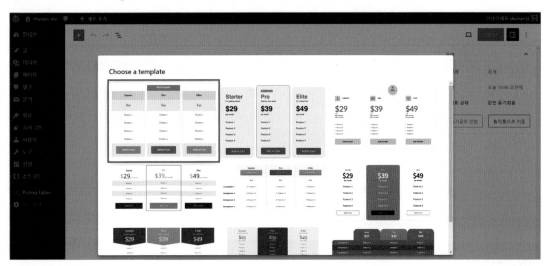

05 가격표 템플릿이 화면에 나타납니다. 본격적으로 가격표를 만들어보겠습니다. ❶ [제목] 부분을 마우스로 클릭하고 입력창에 **우리의 서비스 가격표**를 입력합니다. ❷ [상품/서비스 이름] 부분을 마우스로 클릭하고 다음과 같이 각각 입력합니다. ❸ 가격과 제공하는 상품/서비스 내역을 다음과 같이 입력합니다. 셀 안에서 줄 바꾸기를 할 때는 Shift + Enter 를 누릅니다. ❹ [버튼] 부분을 클릭하고 **구매하기**로 변경합니다.

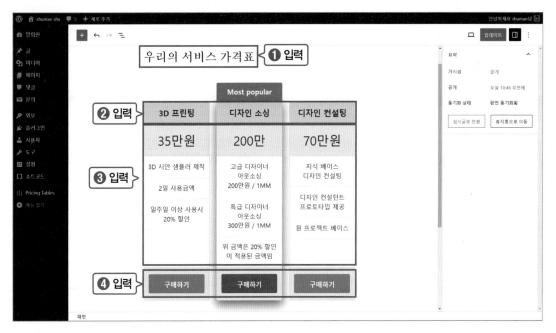

06 가격표의 기본 폰트 크기가 크므로 조금 작게 변경하겠습니다. ❶ 글자 크기를 줄일 부분을 클릭하면 나타나는 옵션 툴바에서 ❷ [T–]를 한 번 클릭하여 크기를 줄입니다. ❸❹ 글자 크기를 줄일 부분을 각각 클릭해서 옵션 툴바에서 크기를 줄입니다. ❺ [업데이트]를 클릭하여 저장합니다.

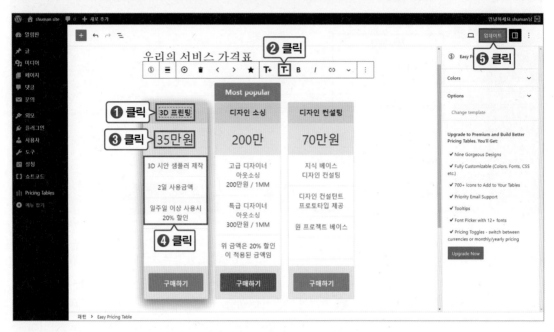

07 조금 전에 만든 가격표를 이전에 만든 [제품 서비스 가격표] 페이지에 붙여 넣기 위해서는 가격표의 숏코드를 복사해야 합니다. 관리자 메뉴에서 ❶ [Pricing Tables]를 클릭하고 ❷ 숏코드 부분을 마우스 오른쪽 버튼으로 클릭합니다. ❸ [복사]를 클릭해서 숏코드를 복사합니다.

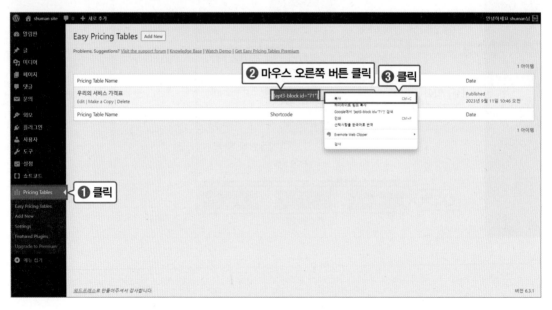

08 제작한 가격표를 이전에 만든 [제품 서비스 가격표] 페이지에 붙여 넣기 위해서 해당 페이지로 이동합니다. ❶ 관리자 메뉴에서 [페이지]-[모든 페이지]를 클릭합니다. ❷ 페이지의 목록에서 [제품 서비스 가격표]를 클릭합니다.

09 [제품 서비스 가격표]의 페이지 편집 페이지가 나타납니다. 이 페이지에 복사한 숏코드를 붙여 넣겠습니다. ❶ 본문 편집 영역을 마우스로 클릭하고 숏코드를 붙여 넣습니다. ❷ [업데이트]를 클릭하여 변경 내용을 저장합니다. ❸ Ctrl 을 누른 상태에서 [페이지 보기]를 클릭해 웹사이트에 적용된 모습을 확인합니다.

10 웹사이트의 상단 메뉴에서 [제품 서비스 안내]–[제품 서비스 가격표]를 클릭합니다. 제품 서비스 가격표 페이지가 정상적으로 나타나는 것을 확인할 수 있습니다.

SECTION 04

한국인에게 익숙한 KBoard 플러그인

웹사이트를 만들 때 꼭 필요한 기능 중 하나는 게시판입니다. 우리나라 사람들에게는 게시판이 익숙하지만 외국에서는 게시판 대신 포럼 형태의 웹사이트 기능을 주로 사용합니다. 그렇다 보니 워드프레스 게시판 플러그인은 외국 제품보다 국내에서 제작된 Mang Board나 KBoard 플러그인을 주로 사용합니다. 두 플러그인 모두 기능은 비슷합니다. 여기에서는 KBoard 플러그인으로 문의 게시판을 만들어보겠습니다.

만들면서 배우기 🅦 문의 게시판 만들기

01 KBoard 플러그인은 제작사인 코스모스팜의 웹사이트(cosmosfarm.com)에서 다운로드합니다. 코스모스팜 웹사이트에서 코스모스팜 제품 중 [워드프레스 게시판 KBoard]를 클릭합니다.

TIP 예전에는 워드프레스 공식 웹사이트에 등록된 KBoard 플러그인을 검색하여 바로 설치할 수 있었으나 현재는 검색되지 않습니다. 이렇듯 플러그인 및 테마 제작자나 회사의 상황에 따라 해당 플러그인과 테마를 자신의 웹사이트에서만 배포하는 경우가 있습니다. 물론 설치해서 운용하는 데에는 별문제가 없습니다.

02 KBoard 플러그인은 두 가지 플러그인으로 구성됩니다. KBoard 게시판 6.4는 게시판 플러그인이고 KBoard 댓글 5.3은 댓글 플러그인입니다. 두 플러그인의 [다운로드]를 각각 클릭해 설치 파일을 다운로드합니다.

예제 파일 활용 테마와 플러그인/kboard-wordpress-plugin-6.4.zip

예제 파일 활용 테마와 플러그인/kboard-comments-wordpress-plugin-5.3.zip

TIP 플러그인 이름 뒤에 붙은 6.4나 5.3은 플러그인의 버전입니다.

03 다운로드한 플러그인 설치 파일을 워드프레스로 가져와 직접 설치하겠습니다. ❶ 관리자 메뉴에서 [플러그인]-[새로 추가]를 클릭합니다. 플러그인 추가 페이지에서 ❷ [플러그인 업로드]를 클릭합니다.

04 ❶ [파일 선택]을 클릭합니다. [열기] 대화상자에서 ❷ KBoard 게시판 플러그인 **kboard-wordpress-plugin-6.4.zip** 파일을 선택하고 ❸ [열기]를 클릭합니다. ❹ [지금 설치]를 클릭해 설치를 진행합니다.

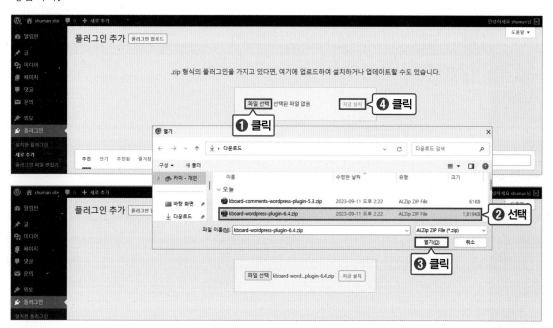

05 플러그인 설치가 완료되면 ❶ [플러그인 활성화]를 클릭해 플러그인을 활성화합니다. ❷ [새로 추가]를 클릭해 댓글 플러그인 **kboard-comments-wordpress-plugin-5.3.zip** 파일도 설치합니다.

TIP 워드프레스 4.7버전 이후부터 플러그인을 설치하면 [플러그인 활성화]가 표시됩니다.

06 ❶ 관리자 메뉴에서 [KBoard]-[게시판 생성]을 클릭합니다. KBoard : 게시판 관리 페이지에서 다른 옵션은 기본값 상태로 두고 ❷ [게시판 이름]에 **고객문의 게시판**을 입력합니다. ❸ [게시판 자동설치]에서 [문의 게시판]을 선택하고 ❹ [댓글 사용]은 [활성화]를 선택합니다. ❺ [변경 사항 저장]을 클릭합니다.

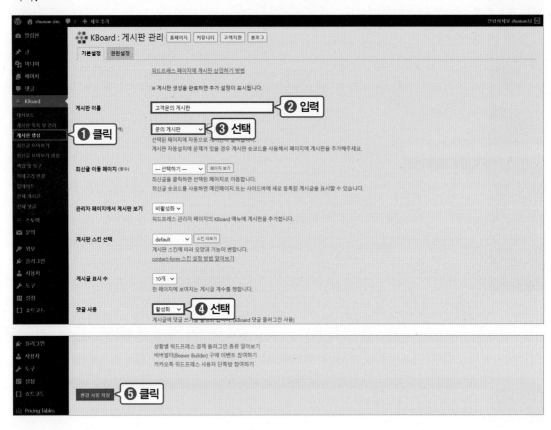

07 변경 사항이 저장되면 [게시판 숏코드(Shortcode)]가 새로 나타납니다. 게시판이 정상적으로 연결되었는지 확인하기 위해 Ctrl 을 누른 상태에서 웹사이트 제목을 클릭합니다.

게시판을 수동으로 설치해봅니다

게시판 숏코드를 복사해서 페이지에 수동으로 붙여 넣어도 페이지를 게시판으로 만들 수 있습니다. 게시판을 자동 설치하지 않고 게시판 숏코드를 직접 붙여 넣으려면 게시판 숏코드를 복사한 후 ❶ 관리자 메뉴의 [페이지]-[모든 페이지]를 클릭합니다. ❷ 문의 게시판의 본문 영역에 붙여 넣고 ❸ [업데이트]를 클릭합니다.

🅦 문의 게시판에서 글쓰기

01 웹사이트의 상단 메뉴에서 ❶ [서비스 채널]-[문의 게시판]을 클릭하면 다음과 같이 KBoard 문의 게시판이 생성된 것을 확인할 수 있습니다. 게시판에 글을 써보겠습니다. ❷ [글쓰기]를 클릭합니다.

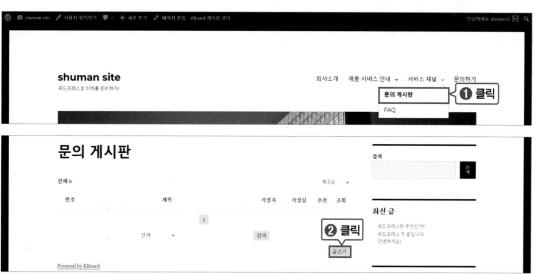

02 공지사항을 작성해보겠습니다. ❶ [제목]에 **공지사항을 알려드립니다.**를 입력합니다. ❷ [옵션] 항목의 [공지사항]에 체크합니다. ❸ 본문 영역에 텍스트를 입력한 후 ❹ [저장하기]를 클릭해 게시글을 저장합니다.

03 작성한 공지사항 글이 정상적으로 저장되면 다음과 같이 게시글이 나타납니다. 게시판 목록에서 글을 보려면 [목록보기]를 클릭합니다.

04 게시판 글 목록에는 공지사항이 다음과 같이 표시됩니다. 이제 공지사항 글이 아닌 일반 게시글을 작성하고 댓글을 달아보겠습니다. [글쓰기]를 클릭합니다.

05 ❶ [제목]에 **제품 A86에 대한 서비스 문의드립니다.**를 입력합니다. ❷ 관련된 본문 내용을 작성한 후 ❸ [저장하기]를 클릭해 게시글을 저장합니다.

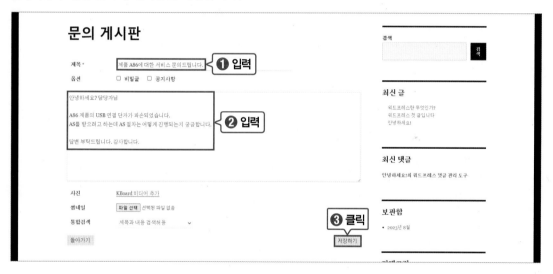

06 게시글이 발행되었습니다. 관리자가 서비스 문의에 댓글을 달려면 ❶ 내용을 입력하고 ❷ [입력]을 클릭합니다.

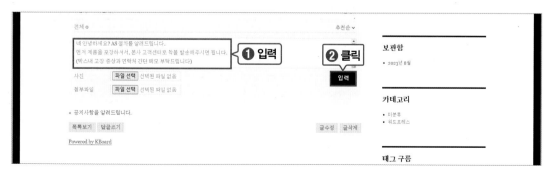

07 댓글에 답글을 달 수도 있습니다. ❶ [답글]을 클릭해 ❷ 다음과 같이 내용을 입력한 후 ❸ [입력]을 클릭합니다.

08 [목록보기]를 클릭하면 공지사항과 문의 글이 등록된 게시판이 나타납니다.

Q KBoard 플러그인 사용 시 웹사이트 메뉴나 레이아웃이 보이지 않아요

A KBoard 플러그인을 설치해서 활성화한 후 특정 테마에서 메뉴나 레이아웃이 보이지 않는 현상이 발생할 수도 있습니다. 이때는 관리자 메뉴에서 ❶ [KBoard]–[대시보드]를 클릭한 후 시스템 설정 페이지가 나타나면 ❷ [Font Awesome 비활성화]를 클릭합니다.

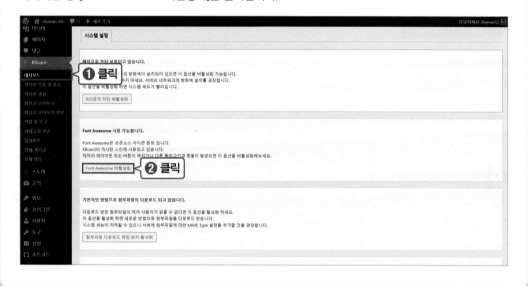

SECTION 05

콘텐츠를 퍼뜨리는 Korea SNS 플러그인

아무리 좋은 콘텐츠를 생산하더라도 다른 사람들에게 알려지지 않는다면 무용지물입니다. 워드프레스에는 SNS(Social Network Service) 공유를 돕는 플러그인이 있습니다. 예전에는 카카오스토리나 네이버밴드, 네이버 블로그, 네이버 라인 같은 국내 SNS 전용 플러그인이 개발되지 않았습니다. 이 때문에 페이스북 등 해외 SNS만 지원하는 플러그인을 사용해야 하는 제약이 있었습니다. 현재는 Korea SNS 플러그인이 등장하여 카카오스토리와 네이버 블로그 등 국내 SNS를 지원하고 있습니다.

만들면서 배우기 ⓦ 워드프레스 웹사이트와 SNS 연동하기

01 Korea SNS 플러그인을 설치하기 위해 ❶ 관리자 메뉴에서 [플러그인]-[새로 추가]를 클릭합니다. ❷ 검색창에 **korea sns**를 입력해 플러그인을 검색합니다. ❸ [Korea SNS]의 [지금 설치]를 클릭해 플러그인을 설치한 후 활성화합니다.

예제 파일 활용 테마와 플러그인/korea—sns.zip

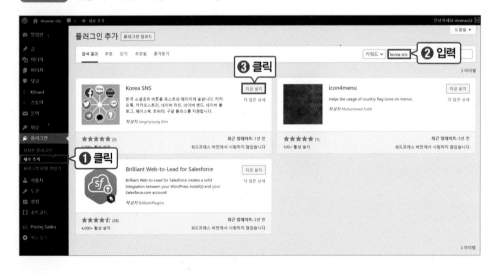

02 [Korea SNS] 플러그인을 활성화하면 다른 플러그인처럼 관리자 메뉴에 바로 나타나지 않고 [설정] 메뉴의 하위 메뉴로 생성됩니다. 관리자 메뉴에서 [설정]-[Korea SNS]를 클릭합니다.

03 Korea SNS 설정 페이지가 나타납니다. 위치 항목에서 ❶ [오른쪽]을 선택하고 ❷ [보이기] 항목은 [글]과 [홈]에만 체크를 합니다. ❸ [카카오톡]과 [네이버 라인]은 체크를 해제하고 ❹ [변경사항 저장]을 클릭합니다. ❺ Ctrl 을 누른 상태에서 웹사이트 제목을 클릭합니다.

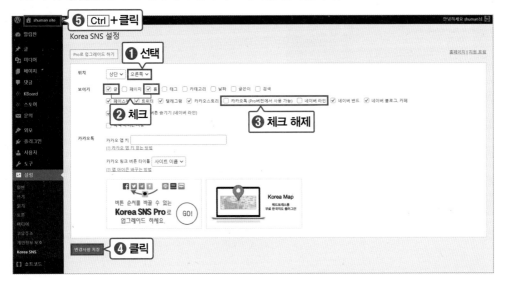

04 웹사이트 화면에서 ❶ 글 제목을 클릭합니다. 글의 상세 화면 오른쪽 상단에 SNS 아이콘이 정상적으로 나타나는 것을 확인할 수 있습니다. 페이스북, 트위터, 카카오스토리, 네이버 밴드 등 해당하는 SNS 아이콘을 클릭하면 작성한 콘텐츠를 공유할 수 있습니다. 여기에서는 ❷ 카카오스토리 아이콘을 클릭합니다.

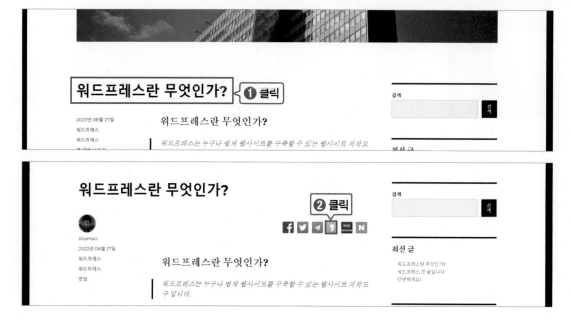

05 카카오스토리 로그인을 하기 위해 ❶ 이메일과 비밀번호를 입력한 후 ❷ [로그인]을 클릭합니다. ❸ 로그인되면 [카카오스토리로 공유]를 클릭해 콘텐츠를 공유합니다.

워드프레스
검색 엔진 최적화

워드프레스는 인터넷 공간에서 사용하는 웹시스템이므로 최적화가 중요합니다. 워드프레스의 최적화에는 시스템 성능 최적화와 검색 엔진 최적화(SEO) 두 가지가 있습니다. 성능 최적화는 말 그대로 워드프레스 자체 성능을 높이는 최적화이며, 검색 엔진 최적화는 인터넷에서 콘텐츠가 잘 검색되도록 하는 검색 엔진 노출 최적화입니다. 워드프레스는 초보자도 최적화에 쉽게 접근할 수 있도록 플러그인을 제공합니다. 이번 CHAPTER에서는 워드프레스 검색 엔진 최적화에 대해 알아보겠습니다.

SECTION 01

검색 엔진 최적화(SEO) 파헤치기

혼신의 힘을 다해 워드프레스 웹사이트를 구축해도 다른 사람들이 찾지 않는다면 그 웹사이트는 죽은 웹사이트나 다를 바 없습니다. 다른 사람들이 내가 만든 웹사이트를 볼 수 있게 하려면 어떤 일을 해야 할까요? 누군가 인터넷 주소창에 웹사이트 주소를 직접 입력해 들어오는 경우는 거의 없습니다. 대부분의 사용자들은 구글, 네이버, 다음 등의 검색 엔진을 통해 웹사이트에 접속합니다. 따라서 검색 엔진 최적화(Search Engine Optimization, SEO)라는 개념을 알아야 합니다.

검색 엔진 최적화를 쉽게 설명하면, 인터넷 사용자가 구글이나 네이버의 검색창에서 키워드를 입력하고 검색할 때 자신의 콘텐츠가 검색 결과 상위에 나타나도록 콘텐츠를 작성하고 웹사이트를 운영하는 작업을 말합니다. 웹 또는 마케팅 업계에서는 특정 콘텐츠가 검색 결과의 상위에 나타나는 것을 '검색 상위 노출'이라는 용어로 부릅니다. 다양한 검색 엔진이 있지만 여기서는 구글 기준의 최적화 방법을 알아보겠습니다. 대부분의 워드프레스 최적화 플러그인들이 구글 검색 엔진을 기준으로 만들어지는 등 구글과 가장 잘 맞기 때문입니다.

검색 엔진 최적화의 중요한 요소

워드프레스 웹사이트를 검색 상위에 노출하는 요소는 매우 많습니다. 그중 일반적으로 중요하게 생각하는 요소를 네 가지로 정리했습니다. 다음 사항만 잘 지켜도 자신의 웹사이트를 상위로 노출할 수 있습니다.

❶ 외부 링크를 통해 다른 웹사이트를 내 웹사이트에 연결하기

내 웹사이트에 좋은 콘텐츠가 많다면 방문자가 늘 것이며, 유명한 웹사이트에서 내 웹사이트 콘텐츠를 링크하거나 공유할 가능성이 높습니다. 유명 웹사이트에 방문한 사용자들이 링크를 통해 내 웹사이트에 들어올 것이고 웹사이트에 방문한 사용자가 웹사이트의 다른 글을 볼 수도 있습니다. 그러다가 좋은 콘텐츠를 찾는다면 사용자는 그 콘텐츠 링크를 자신의 웹사이트나 유명 웹사이트 게시판 등에 게시하게 됩니다. 이것이 선순환을 일으키는 최적의 과정입니다.

다른 웹사이트에서 내 웹사이트에 접속하는 링크를 '외부 링크'라 합니다. 사람들이 많이 모이는 유명 웹사이트나 공공기관 등 권위 있는 웹사이트에서 연결된 외부 링크는 구글이 좋은 웹사이트를 판단하는 중요한 기준입니다. 구글은 이런 외부 링크가 많이 걸린 웹사이트를 검색할 때 검색 결과 상위에 노출되도록 검색 순위 가중치를 줍니다. 그러나 신생 웹사이트의 콘텐츠를 링크해줄 사람은 많지 않습니다. 따라서 내가 먼저 다른 사람의 좋은 콘텐츠를 내 웹사이트에 링크하는 것입니다.

❷ 좋은 콘텐츠를 제작하기

좋은 콘텐츠를 많이 보유한 웹사이트는 다른 웹사이트에서 외부 링크로 연결될 가능성이 높습니다. 요즘에는 광고 수익만 노려 큰 노력을 기울이지 않고 남의 글을 복사해 대충 만들어낸 콘텐츠가 여기저기에 넘쳐납니다. 사람들은 그렇게 대충 만든 콘텐츠를 바로 알아보고 외면합니다. 또한 인공지능 기술이 발달하면서 검색 엔진 역시 콘텐츠의 가치를 정확하게 판단할 수 있도록 계속 진화하고 있습니다. 따라서 시간을 충분히 들여 제대로 된 콘텐츠를 제작하는 것이 무엇보다 중요합니다.

❸ 도메인 이름과 도메인 등록 기간에 신경 쓰기

워드프레스 웹사이트 제작을 위해 도메인을 등록할 때 특히 중요한 요소는 도메인 이름과 도메인 등록 기간입니다. 가능하다면 자신의 웹사이트에서 주로 다루는 키워드가 도메인 이름에 포함되는 것이 좋습니다. 도메인 등록 기간은 구글 검색 엔진이 도메인 등록 기간 1년인 도메인과 5년 혹은 10년인 도메인을 비교하기 때문에 중요합니다. 5년이나 10년짜리 도메인인 경우 미리 비용을 지불하고 웹사이트를 오래 정성껏 운영할 것이라고 판단합니다. 반면 1년짜리 도메인은 1년만 쓰고 버릴 도메인이라고 판단할 수 있습니다. 사람이 상식적으로 생각하는 것처럼 구글 검색 엔진의 인공지능도 그렇게 생각하는 것입니다.

❹ 웹사이트 접속 속도를 향상시키기

웹사이트의 접속 시간이 길다면 이는 방문자를 쫓아내는 지름길입니다. 누구나 접속이 느린 웹사이트를 싫어할 것입니다. 구글 검색 엔진 역시 느린 웹사이트의 상위 노출 순위를 낮춥니다. 따라서 워드프레스 웹사이트 관리자는 주기적으로 웹사이트 접속 속도를 확인하고 성능을 최적화해야 합니다. 가장 쉬운 방법은 최적화 플러그인을 이용하여 정기적으로 최적화를 진행하는 것입니다.

Q 호스팅을 받는 내 워드프레스 시스템의 메모리 용량은 어떻게 확인하나요?

A 워드프레스 시스템의 자원 정보는 phpinfo.php에서 확인할 수 있습니다.

예제 파일　3부/phpinfo.php

01 파일질라를 실행한 후 **phpinfo. php** 파일을 호스팅 서버에 업로드합니다.

02 서버에 업로드가 완료되면 웹브라우저를 열고 주소창에 자신의 웹사이트 주소/phpinfo.php를 입력합니다. 여기서는 **shuman.kr/phpinfo.php**를 입력합니다. 다음과 같은 웹페이지를 확인할 수 있습니다.

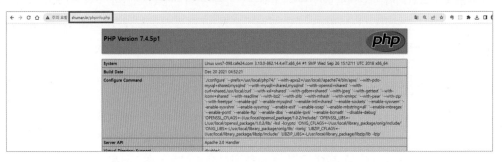

03 Ctrl + F 를 누르고 검색창에 **memory_limit**를 입력하여 해당 항목을 검색합니다. 메모리 용량이 128M로 나타난 것을 확인합니다.

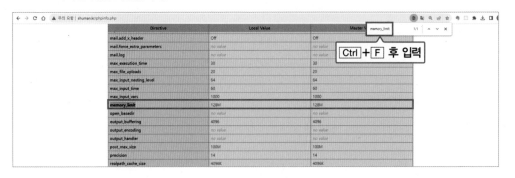

SECTION 02

검색 엔진 최적화를 위한 Yoast SEO 플러그인

Yoast SEO 플러그인은 작성하는 콘텐츠의 검색 엔진 최적화 정도를 신호등 색상 표시로 알려줍니다. 콘텐츠를 검색 엔진 최적화에 맞게 잘 작성했다면 초록 신호등으로 표시하고, 잘못 작성되었다면 빨강 신호등으로 표시합니다. 최적화 정도가 중간으로 양호한 정도라면 주황 신호등으로 표시해 가이드를 제공합니다. 예를 들어, 콘텐츠에 포커스 키워드(Focus Keyword)와 메타 정보(Meta Description)가 없으면 빨강 신호등을 표시하며 수정 가이드를 제시합니다. 이런 가이드에 따라 콘텐츠를 수정해서 빨강 신호등을 없애면 손쉽게 검색 엔진을 최적화할 수 있습니다.

TIP 포커스 키워드(Focus Keyword)는 작성하는 콘텐츠의 대표 단어를 의미합니다. 포커스 키워드는 구글 검색 노출과 관련이 있으므로 Yoast SEO 플러그인의 가이드에 맞게 포커스 키워드를 입력해야 합니다.

만들면서 배우기   🆆 웹사이트 검색 엔진 최적화하기

01 ❶ 관리자 메뉴에서 [플러그인]-[새로 추가]를 클릭합니다. ❷ 검색창에 **yoast seo**를 입력해 플러그인을 검색합니다. ❸ [Yoast SEO]의 [지금 설치]를 클릭해서 플러그인을 설치한 후 활성화합니다.

예제 파일 활용 테마와 플러그인/wordpress-seo.21.1.zip

02 Yoast SEO 플러그인을 활용해 콘텐츠를 작성해보겠습니다. ❶ 관리자 메뉴에서 [글]−[모든 글]을 클릭합니다. ❷ 글 목록에서 이전에 작성한 글을 클릭합니다. 여기서는 [워드프레스란 무엇인가?]를 클릭합니다.

03 글 편집 페이지 오른쪽에 ❶ Yoast SEO 플러그인 옵션이 생성되었습니다. ❷ [SEO analysis]를 클릭해 펼쳐보면 ❸ Yoast SEO 플러그인의 최적화 가이드와 최적화 정도가 신호등 색상으로 표시되어 있습니다. 빨강 신호등의 가이드에 따라서 콘텐츠를 수정합니다. 두 번째 가이드인 **No focus keyphrase was set for this page.** 는 콘텐츠 본문에 포커스 키워드가 없다는 의미입니다.

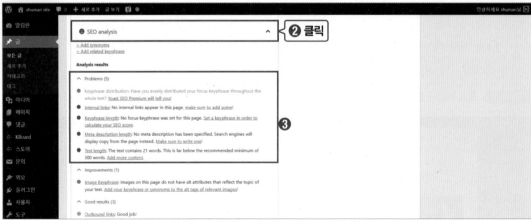

04 [Focus keyphrase]에 포커스 키워드를 입력합니다. ❶ 여기서는 **최적화**를 입력하겠습니다. ❷ 포커스 키워드를 입력했는데 빨강 신호등이 여섯 개로 늘어납니다. 두 번째와 세 번째, 다섯 번째 항목 때문입니다. 두 번째 가이드 **Your keyphrase or its synonyms do not appear in the first paragraph.**는 본문 첫 번째 단락에, 세 번째 가이드 **Not all the words from your keyphrase "최적화" appear in the SEO title.**은 글 제목에, 다섯 번째 가이드 **Keyphrase in subheading**은 소제목에 각각 포커스 키워드가 없다는 의미입니다.

05 가이드에 따라 ❶ [제목]에 포커스 키워드가 들어가도록 **워드프레스 최적화 알아보기**로 제목을 변경합니다. 그리고 ❷ 소제목에 포커스 키워드를 입력하고, 첫 번째 단락에 포커스 키워드를 입력하기 위해 줄바꿈을 합니다. ❸ 다음과 같이 입력하고 ❹ [업데이트]를 클릭합니다.

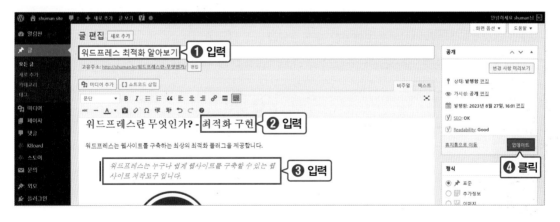

TIP Yoast SEO 플러그인이 포커스 키워드를 구분해 인식하는 단위는 띄어쓰기(공백)입니다. 따라서 제목을 '워드프레스최적화알아보기'처럼 붙여서 쓰면 각각의 단어를 포커스 키워드로 인식하지 못합니다. 반드시 '워드프레스 최적화 알아보기'와 같이 포커스 키워드 단어의 앞뒤 모두를 공백으로 띄어야 합니다.

06 ❶ 이제 빨강 신호등이 세 개로 줄었습니다. 두 번째 가이드 **No meta description has been specified. Search engines will display copy from the page instead.**는 메타 정보가 없다는 뜻입니다. 메타 정보를 추가하기 위해서는 ❷ [Meta dscription] 항목에 메타 정보에 해당되는 내용을 입력하면 됩니다.

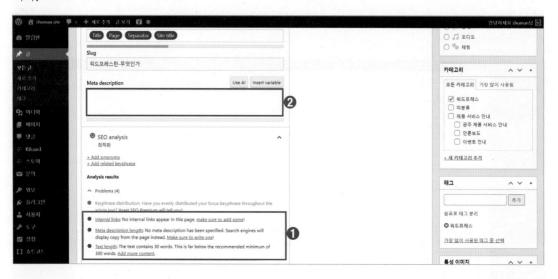

TIP 메타 정보(Meta Description)는 콘텐츠의 요약 정보입니다. 구글이나 네이버에서 검색했을 때 검색된 콘텐츠 목록이 나오고 그 아래 각 콘텐츠의 설명이 나오는데 이것이 바로 메타 정보입니다. 다음은 구글에서 '워드프레스 강의'를 검색한 결과입니다. 웹사이트 제목과 URL 아래에 있는 설명문이 메타 정보입니다.

워드프레스엑스 – 워드프레스 강의 강좌, 홈페이지 만드는 법 ...
wordpressx.kr
워드프레스 강의 강좌, 홈페이지 만드는 법 끝판왕, 워드프레스 책 추천 ［메타 정보］

07 [Meta description] 항목에 콘텐츠를 소개하는 글을 ❶ 다음과 같이 입력합니다. 입력이 끝나자마자 ❷ 빨강 신호등 두 개가 남는 것을 확인할 수 있습니다.

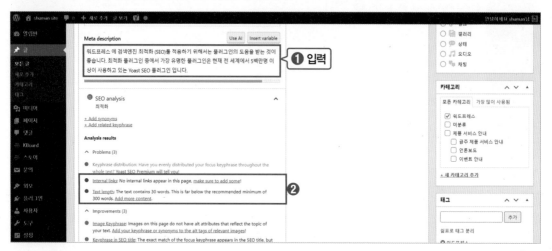

08 ❶ Yoast SEO 플러그인 옵션에 **OK**와 **Good** 표시가 나타납니다. ❷ 전체적인 최적화 상황이 주황 (양호)으로 표시됩니다. ❸ 빨강 신호등의 가이드 중 **The text contains 30 words. This is far below the recommended minimum of 300 words.**는 콘텐츠 분량이 부족하며 콘텐츠에 적어도 300 단어 정도가 있어야 한다는 의미입니다.

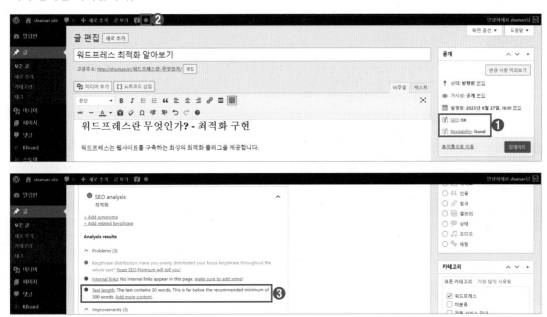

09 콘텐츠 분량을 늘리겠습니다. 텍스트를 작성하려면 오래 걸리므로 여기서는 예제 파일을 활용하겠습니다. **Yoast SEO 샘플데이터.txt** 파일을 열고 텍스트를 모두 복사합니다. ❶ 복사한 텍스트를 본문 영역에 붙여 넣고 ❷ **워드프레스 SEO** 텍스트를 드래그해 선택한 후 ❸ [헤딩 2]로 설정하고 [업데이트]를 클릭해 내용을 저장합니다.

[예제 파일] 3부/Yoast SEO 샘플데이터.TXT

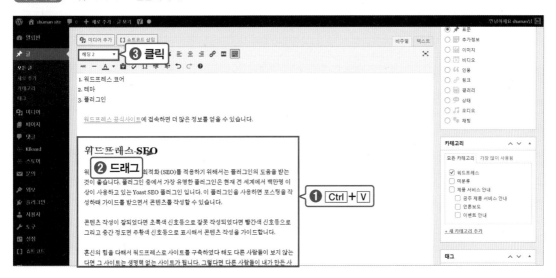

10 ❶ 전체적인 최적화 상황이 초록(좋음)으로 표시됩니다. ❷ 하단의 빨강 신호등이 한 개 남았습니다. 가이드 내용은 **No internal links appear in this page, make sure to add some!**으로 페이지에 내부 링크가 있으면 최적화에 좋다는 의미입니다. 추후 홈페이지를 완성한 후 적용하도록 합니다.

TIP 다른 콘텐츠를 작성할 때도 Yoast SEO의 가이드를 따라 문제점을 하나씩 수행하면서 해결합니다.

CHAPTER 03

소중한 콘텐츠를 지키는 워드프레스 보안과 백업

워드프레스의 보안과 백업은 매우 중요합니다. 우리는 워드프레스로 콘텐츠를 제공하거나 비즈니스를 운영하는 등 자신만의 웹서비스 공간을 만들 수 있습니다. 그러나 웹에는 해커와 자동 해킹용 로봇, 콘텐츠 불법 복제자처럼 시시때때로 웹사이트를 공격하거나 정보를 빼내는 불청객들도 있습니다. 이들을 막기 위해 웹사이트의 보안을 강화해야 합니다. 또 혹시나 웹사이트가 망가졌을 때 데이터를 복원할 수 있도록 시스템을 백업해두어야 합니다. 일반적으로 기업에서 사용하는 웹사이트는 기업의 IT 보안 담당자들과 전산팀의 개발자들이 해킹을 대비해 보안 및 백업 프로그램을 개발하고 적용합니다. 시스템 관리자들 역시 일 단위로 시스템 백업을 하는 등 웹사이트 운영의 위험 요소(Risk)에 대비하고 있습니다. 일정 규모 이상의 기업들은 웹사이트의 보안이나 백업을 위해서 적지 않은 비용을 씁니다. 워드프레스를 사용하면 보안 및 백업을 막강한 무료 플러그인으로 손쉽게 처리할 수 있습니다. 이번에는 소중한 콘텐츠를 불법으로 복제하지 못하게 막는 방법과 워드프레스의 보안을 유지하고 데이터를 백업하는 플러그인의 사용법을 학습하겠습니다.

SECTION

01

무단 복사를 막는 플러그인

다른 사람이 내 콘텐츠를 링크로 공유하는 것은 좋은 일입니다. 하지만 콘텐츠 자체를 무단으로 복제하는 일은 블로그나 웹사이트 관리자의 골칫거리입니다. 특히 네이버나 티스토리 등에서 대략 일 방문자수 5,000~10,000명 이상의 블로그 관리자라면 누구나 불법 복제와의 전쟁을 치러보았을 것입니다.

네이버 블로그와 마찬가지로 워드프레스 웹사이트 역시 인지도가 높아질수록 콘텐츠 불법 복제의 위험에 노출됩니다. 웹사이트의 글을 불법 복제하는 가장 일반적인 방법은 텍스트를 드래그하거나 마우스 오른쪽 버튼을 클릭해서 복사하는 것입니다. 다른 웹사이트에서는 이런 종류의 불법 복제를 막기 위해 일반적으로 자바스크립트 프로그래밍 기술을 사용합니다. 워드프레스에서는 직접 코딩할 필요 없이 플러그인을 설치하고 활성화하는 것만으로 콘텐츠를 복제하지 못하게 막는 기능을 구현할 수 있습니다.

만들면서 배우기 ⓦ WP Content Copy Protection 플러그인 설치하기

01 ❶ 관리자 메뉴에서 [플러그인]-[새로 추가]를 클릭합니다. ❷ 검색창에 **content copy**를 입력해 플러그인을 검색합니다. ❸ [WP 콘텐츠 복사 방지 및 우클릭 방지]의 [지금 설치]를 클릭해 플러그인을 설치한 후 활성화합니다.

예제 파일 활용 테마와 플러그인/wp-content-copy-protector.3.5.7.zip

02 WP 콘텐츠 복사 방지 및 우클릭 방지 플러그인이 설치되고 정상적으로 활성화되면 화면 상단에 [보호]가 표시됩니다. 실제 웹사이트에서 복사 방지가 제대로 되는지 확인하기 위해 Ctrl 을 누른 상태에서 웹사이트 제목을 클릭합니다.

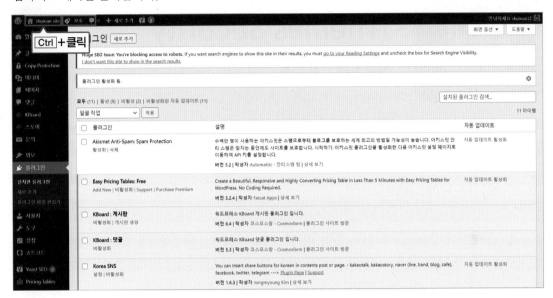

03 웹사이트에서 텍스트를 드래그해도 선택되지 않습니다. 또 마우스 오른쪽 버튼을 클릭해도 작동하지 않으며 여러 차례 클릭하면 다음과 같은 경고 메시지가 나타납니다.

SECTION 02

보안 지킴이 iThemes Security 플러그인

iThemes Security는 이미 90만 개 이상의 웹사이트에서 사용하고 있을 정도로 신뢰할 수 있는 대표적인 보안 플러그인입니다. 실제 웹사이트를 운영하다 보면 한 달에 한두 번 정도는 해커나 해킹용 프로그램의 공격을 받기도 합니다. iThemes Security 플러그인이 설치되어 있다면 해킹 공격을 효율적으로 차단하고 해킹 시도 내역을 이메일로 알리기 때문에 안심할 수 있습니다. iThemes Security 플러그인의 몇 가지 보안 설정만으로도 워드프레스 웹사이트는 전보다 훨씬 안전한 웹사이트가 될 것입니다.

만들면서 배우기 ⓦ 보안 설정 활성화하기

01 ❶ 관리자 메뉴에서 [플러그인]–[새로 추가]를 클릭합니다. ❷ 검색창에 **ithemes security**를 입력해 플러그인을 검색합니다. ❸ [iThemes 시큐리티]의 [지금 설치]를 클릭해 플러그인을 설치한 후 활성화합니다.

예제 파일 활용 테마와 플러그인/better–wp–security.8.1.8.zip

02 [iThemes Security] 플러그인이 활성화되면 관리자 메뉴에 [Security]가 생성됩니다. [Security] 를 클릭합니다.

03 iThemes Security 페이지가 나타납니다. iThemes Security 플러그인을 사용해서 웹사이트의 보안 시스템을 가동하기 위해서는 설정이 필요합니다. 초기 설정을 하는 과정이 길지만 끝까지 따라 합니다. 먼저 [Skip Setup]을 클릭합니다.

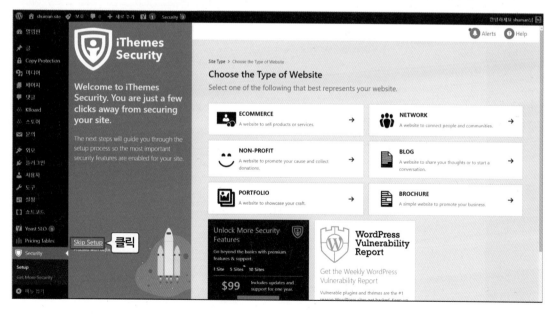

04 [Features] 항목은 기본값이 설정된 상태 그대로 두고 [Next]를 클릭합니다. 이후에도 [Features] 항목은 전부 [Next]를 클릭하여 [User Groups] 항목으로 넘어갑니다.

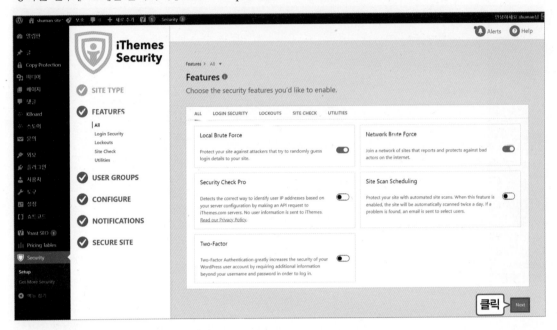

05 [User Groups] 항목이 나타나면 [DEFAULT]를 클릭합니다.

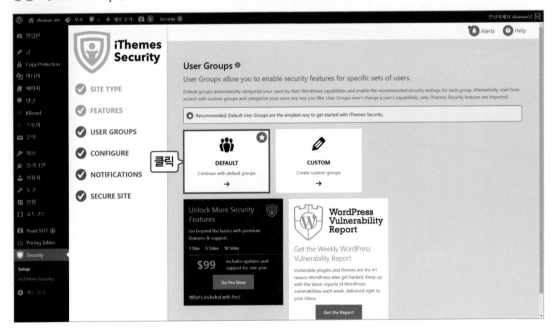

06 [User Groups] 항목에서는 워드프레스 관리자와 각 유저의 역할별로 보안 설정이 가능합니다. 현재 페이지는 [Administrators] 관리자에 대한 보안 설정인데 만약 ❶ [Strong Passwords]를 [ON]으로 설정하면 강력한 비밀번호를 사용해서 비밀번호로 인한 취약점은 막을 수 있습니다. 실제 운영 시점에서는 이 기능을 사용하면 좋습니다. 여기에서는 일단 [OFF] 상태로 두고 진행합니다. 유저의 역할별로 설정이 가능하다는 점 또한 이해하고 ❷ [Skip User Groups]을 클릭하여 다음 단계로 넘어갑니다.

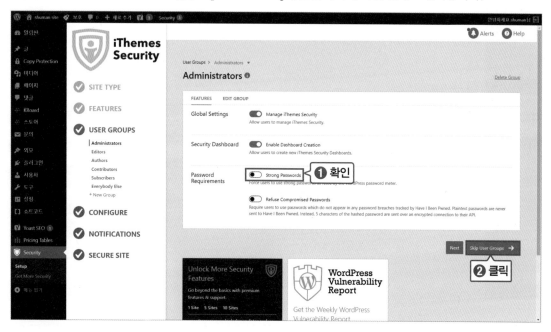

07 [Configure] 항목이 나타나면, [RECOMMENDED]를 클릭합니다.

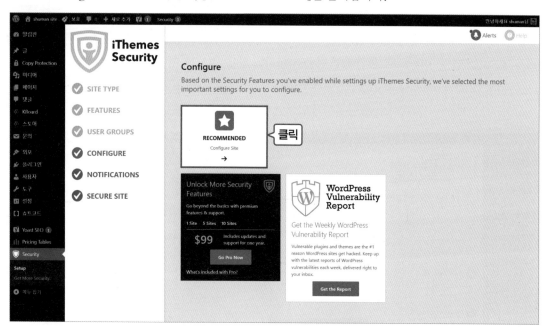

08 [Global Settings] 항목에서 하는 보안 설정은 자신의 웹사이트에 로그인할 때 실수로 암호를 잘못 입력해서 웹사이트에 접속하지 못하는 상황을 막고자 자신의 컴퓨터 IP를 화이트 리스트에 등록하는 것입니다. ❶ [Add my current IP to the authorized hosts list]를 클릭하면 자신의 IP가 [AUTHORIZED HOSTS] 필드에 입력되며 화이트 리스트에 등록되는 것을 확인할 수 있습니다. ❷ [Next]를 클릭합니다.

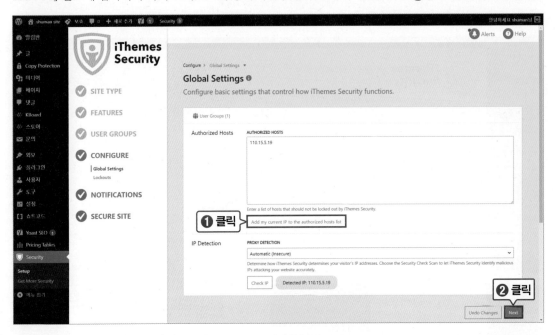

TIP 화이트 리스트란 블랙 리스트와 반대되는 개념으로, 내 컴퓨터 IP를 미리 등록하여 관리자가 로그인할 때 비밀번호를 잘못 입력해도 차단하지 않도록 하는 기능입니다.

09 [Network Brute Force] 항목은 다른 웹사이트에서 무차별 대입 공격을 했던 이력이 있는 해커가 웹사이트에 접속했을 때 사전에 공격을 차단하고 해당 정보를 메일로 알려주는 역할을 합니다. [Network Brute Force] 항목에 ❶ 워드프레스 관리자 이메일 주소를 입력하고 ❷ [Next]를 클릭합니다. [Notification Center] 항목에도 ❸ 동일하게 입력하고 ❹ [Continue]를 클릭합니다.

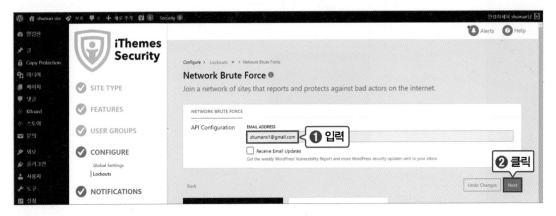

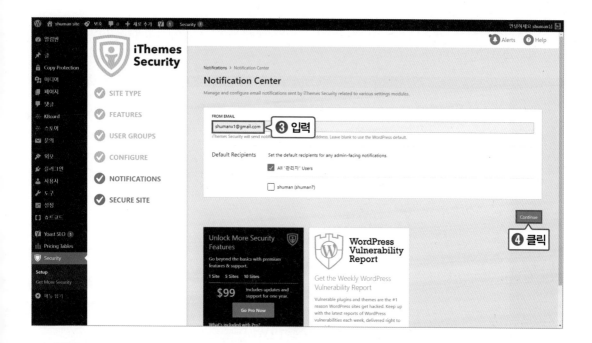

10 이제 웹사이트에 보안 시스템을 가동할 차례입니다. [Secure Site]를 클릭합니다.

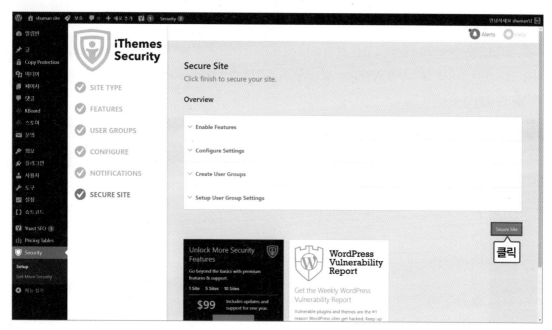

11 ❶ 다음과 같이 웹사이트에 보안 시스템이 가동되었다는 메시지가 나타나면 ❷ [Finish]를 클릭하여 설정을 마무리합니다.

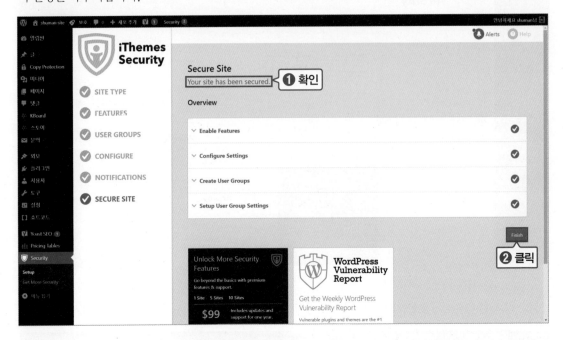

12 iThemes Security 플러그인은 현재 보안 상태를 확인할 수 있는 대시 보드 기능을 제공하고 있습니다. [Dashboad]를 클릭하여 각자 확인합니다. 지금까지 설정한 보안 내역을 시각화해서 리포트한 화면으로 이해하면 됩니다.

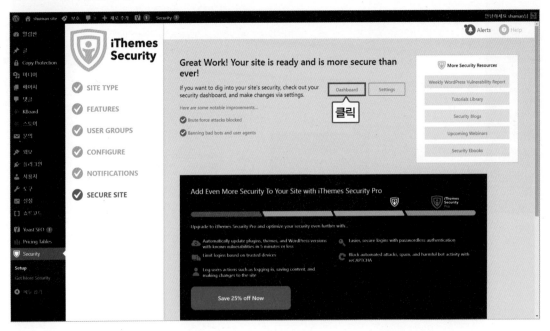

🅦 무차별 대입 공격 예방하기

무차별 대입 공격(Brute Force Attack)은 로그인 페이지의 접속 주소를 알아낸 후 해킹 프로그램으로 로그인 페이지에 ID와 비밀번호를 무작위로 대입해서 로그인을 시도하는 공격입니다. iThemes Security 플러그인으로 무차별 대입 공격을 차단하는 방법은 앞서 언급했던 [Network Brute Force] 항목과 [Local Brute Force] 항목의 보안 설정입니다. 이러한 유형의 공격이 감지되었을 때는 자동으로 시스템에서 로그인을 차단하도록 설정하는 것이 좋습니다.

01 [Local Brute Force] 항목의 톱니 바퀴 모양을 클릭합니다.

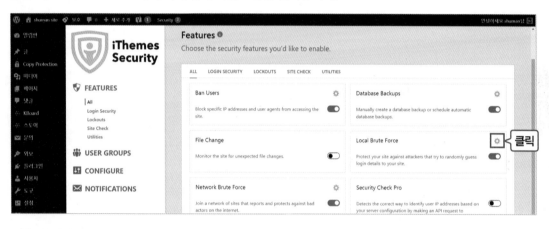

02 웹사이트에 무차별 대입 공격을 예방하기 위해 ❶ 호스트 컴퓨터별 로그인 시도 제한 횟수를 뜻하는 [MAX LOGIN ATTEMPTS PER HOST]에 **5**를 입력하고 ❷ 사용자 ID별 로그인 시도 제한 횟수를 뜻하는 [MAX LOGIN ATTEMPTS PER USER]에 **8**을 입력합니다. ❸ [MINUTES TO REMEMBER BAD LOGIN(CHECK PERIOD)] 항목에 **5**를 입력합니다. 이 항목은 로그인 제한 사항에 걸리면 5분 동안 로그인 기능을 막는다는 뜻입니다. 각 항목의 시간과 횟수는 관리자가 상황에 맞게 변경합니다. ❹ [Save]를 클릭해 저장합니다.

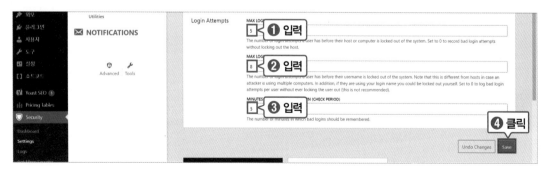

Q Local Brute Force와 Network Brute Force의 차이가 무엇인가요?

A [Local Brute Force] 항목을 [ON]으로 활성화하면 해커가 웹사이트 공격을 시도하는 시점에 공격을 확인하고 차단합니다. [Network Brute Force] 항목을 [ON]으로 활성화하면 다른 웹사이트에서 해킹 공격을 시도한 이력이 있는 해커의 IP 목록을 네트워크 지식화합니다. 따라서 해킹 이력이 있는 해커가 웹사이트에 접속하면 공격을 하지 않아도 사전에 접속을 차단합니다.

만들면서 배우기 ⓦ 로그인 페이지 접속 주소 변경하기

워드프레스 로그인 페이지(관리자 화면)의 접속 주소는 자신의 웹사이트 주소에 /wp-admin이 붙은 주소입니다. 예를 들어 이 책의 예제인 슈만의 웹사이트 로그인 페이지로 접속하는 주소는 http://shuman. kr/wp-admin입니다. 그러나 로그인 페이지의 접속 주소가 노출되는 것은 웹사이트 보안상 바람직하지 않습니다. 다른 사람이 로그인 페이지의 접속 경로를 유추할 수 없도록 iThemes Security 플러그인을 사용하여 접속 경로를 변경하는 것이 좋습니다.

01 관리자 메뉴에서 ❶ [Security]-[Settings]를 클릭하고 ❷ [Advanced]를 클릭합니다.

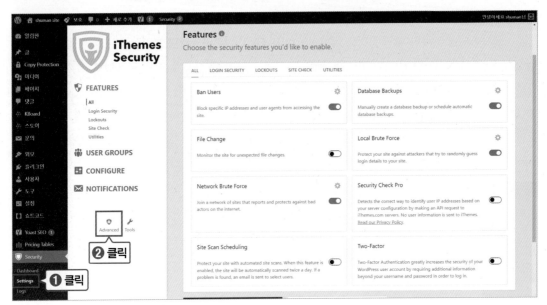

02 [System Tweaks] 항목이 나타납니다. System Tweaks는 워드프레스에 중요하게 관활하는 시스템 파일 접근 권한과 PHP 실행 권한을 제한해서 해킹을 통한 시스템 손상을 보호하게 하는 옵션입니다. ❶ 기본값으로 모두 선택되어 있습니다. 여기에서 우리는 로그인 접속 주소를 변경하게 할 것이므로 해당 기능을 제공하는 ❷ [HIDE BACKEND] 탭을 클릭합니다.

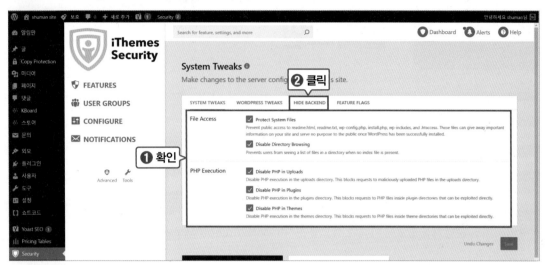

03 ❶ [Hide Backend]에 체크하고 로그인 접속 주소 변경 기능을 활성화합니다. ❷ [LOGIN SLUG]에 자신이 원하는 접속 경로명을 입력한 후 ❸ [Save]를 클릭해 저장합니다. 변경한 로그인 주소로 접속하면 로그인 페이지가 나타납니다.

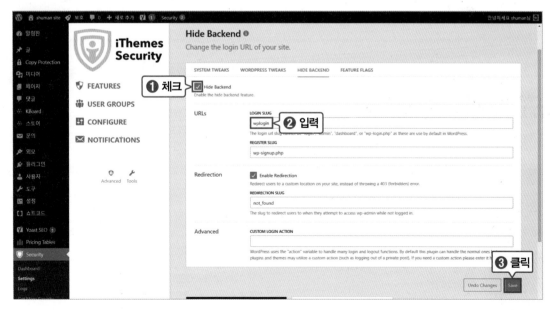

TIP 자신이 변경한 [LOGIN SLUG] 접속 주소를 기억하지 않으면 워드프레스 관리자 화면에 접속하지 못한다는 점에 주의합니다.

SECTION 03

워드프레스 시스템을 백업하는 BackWPup 플러그인

워드프레스를 포함한 모든 웹사이트 운영에서 가장 중요한 것은 시스템 백업입니다. 인터넷에서 서비스를 하고 있는 웹사이트는 언제나 위험 요소를 안고 있습니다. 외부의 공격을 받아 웹사이트가 다운될 수도 있고 시스템 업데이트나 개편 시 버전이 충돌하는 문제가 생겨 시스템이 가동되지 않을 수도 있습니다. 이런 상황이 닥치면 운영이 원활했던 이전의 시스템 형상(Configuration)으로 복원해야 합니다.

워드프레스에는 강력한 시스템 백업 기능을 지원하는 BackWPup 플러그인이 있습니다. BackWPup 플러그인은 무료 기능만으로도 수동 백업, 주기적인 백업 등을 지원하는 값비싼 유료 백업 프로그램 못지않은 훌륭한 플러그인입니다.

만들면서 배우기 ⓦ 워드프레스 수동 백업하기

01 ❶ 관리자 메뉴에서 [플러그인]–[새로 추가]를 클릭합니다. ❷ 플러그인 추가 페이지의 검색창에 **backwpup**을 입력해 [BackWPup] 플러그인을 검색합니다. ❸ [지금 설치]를 클릭해 설치한 후 활성화합니다.

예제 파일 활용 테마와 플러그인/backwpup.4.0.0.zip

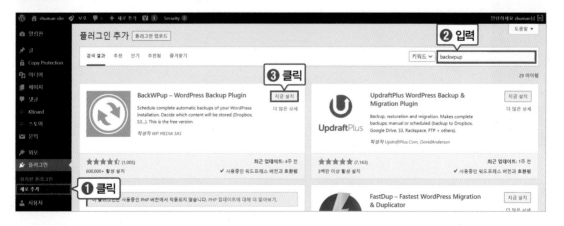

02   BackWPup 플러그인의 활성화가 완료되면 관리자 메뉴에 [BackWPup]이 생성됩니다. 백업 작업을 만들어보고 시스템의 백업을 실행해보겠습니다. 관리자 메뉴에서 [BackWPup]-[Add new job]을 클릭합니다.

TIP   BackWPup 플러그인에서는 백업 작업을 'job'이라고 부릅니다. 여러 종류의 백업 작업을 만들면 job이 여러 개 생기는 것입니다.

03   백업 작업을 생성하는 페이지가 나타나고 [General] 탭이 기본값으로 열립니다. [Job Name] 항목은 백업 작업의 이름을 말합니다. 관리자가 직접 클릭해서 백업을 진행하는 수동(Manual) 백업 작업을 생성할 것이므로 **수동 전체 백업**이라고 입력합니다.

04 ❶ [Archive Format] 항목은 압축 파일 형식을 지정하는 부분으로 [Zip]을 선택합니다. [Job Destination] 항목은 백업 파일을 어디에 저장할지 정하는 옵션입니다. ❷ 여기서는 호스팅 서버의 별도 폴더에 보관하는 옵션인 [Backup to Folder]에 체크합니다.

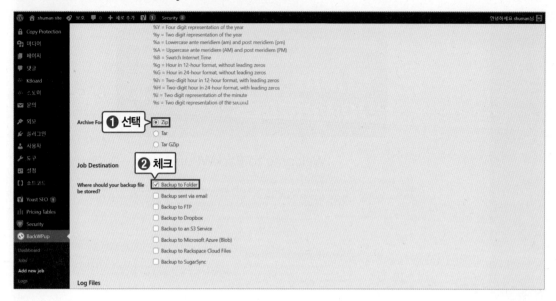

TIP [Archive Format] 항목으로 [Zip]을 선택하는 것을 권장합니다. [Tar]은 간혹 오류가 발생하는 경우가 있습니다. 또 .zip은 일반인에게 가장 친숙한 압축 형식이기도 합니다.

05 [Send log to email address] 항목은 백업 작업을 하다 오류가 발생할 때 오류 사유가 표시되는 로그를 이메일로 발송하는 기능입니다. ❶ 실제 사용하는 이메일 주소를 입력합니다. ❷ [Save changes]를 클릭해 변경한 내용을 저장합니다.

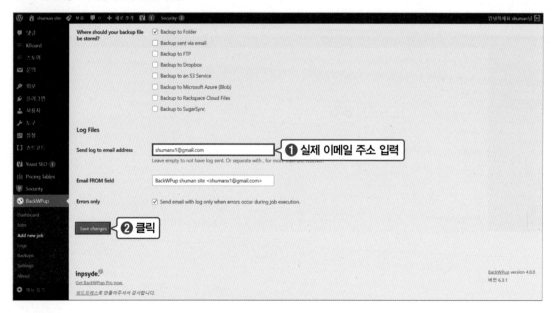

06 저장이 완료되면 ❶ 백업 작업 주기를 확인하기 위해 [Schedule] 탭을 클릭합니다. [Schedule] 탭에서 백업 작업을 수동으로 할지, 주기적으로 자동으로 할지를 결정합니다. 여기서는 수동으로 백업할 것이므로 ❷ [Start Job]에서 [manually only]를 선택하고 서버 내 백업 파일의 저장 위치를 확인하기 위해 ❸ [To: Folder] 탭을 클릭합니다.

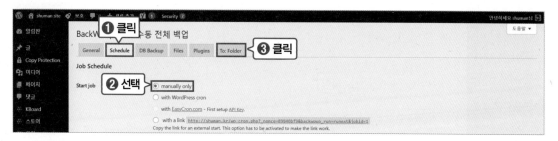

07 백업을 완료하면 백업 파일이 [Folder to store backups in]에서 확인할 수 있는 서버 경로에 저장됩니다. ❶ 백업 파일 경로를 확인한 후 ❷ [Save changes]를 클릭합니다. ❸ 관리자 메뉴에서 [BackWPup]-[Jobs]를 클릭합니다.

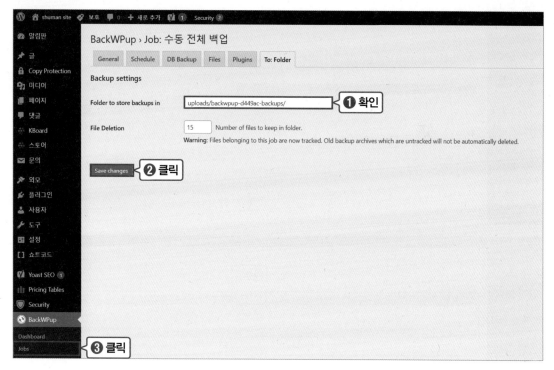

TIP [Folder to store backups in]의 백업 파일 경로에서 **uploads/** 다음의 폴더 이름은 시스템에서 무작위로 생성되므로 사용자마다 다르게 보입니다. 원하는 폴더 이름이 있다면 직접 입력합니다.

08 BackWPup › Jobs 페이지에 그동안 생성한 백업 작업의 목록이 나타납니다. 앞서 생성한 [수동 전체 백업] 작업도 나타납니다. 백업 작업을 실행해보겠습니다. 마우스 포인터를 [수동 전체 백업]에 올리면 작업 관리 옵션이 나타납니다. [Run now]를 클릭합니다.

09 백업 작업이 진행됩니다. 두 개의 작업 진행바에 100%가 나타나면 백업이 완료된 것입니다.

10 백업을 확인하기 위해 파일질라를 실행합니다. ❶ 호스팅 서버의 **/www/wp-content/uploads/backwpup-d449ac-backups** 경로를 확인하면 ❷ **2023-09-13_10-54-55_GPKETLFV01.zip** 시스템 백업 파일이 정상적으로 생성된 것을 확인할 수 있습니다.

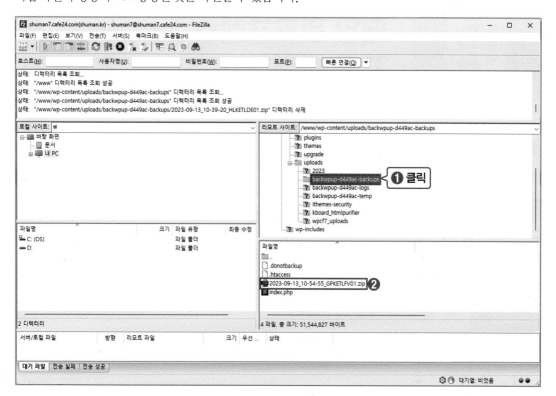

TIP /www/wp-content/uploads/ 경로 다음의 폴더 이름은 사용자마다 다릅니다. [backwpup-d449ac-backups] 폴더가 아닌 다른 이름의 폴더가 생성될 수 있습니다. 만들어진 백업 파일 이름도 사용자마다 다르게 생성됩니다.

SECTION 04

드롭박스로
매일 워드프레스
자동 백업하기

앞서 BackWPup 플러그인을 사용한 시스템 수동 백업을 확인했습니다. 하지만 실제로 웹사이트를 운영할 때 관리자가 매번 수작업으로 시스템을 백업하기는 무척 번거롭습니다. 따라서 드롭박스와 BackWPup 플러그인을 연동해 매일 자동으로 시스템에 백업하는 방법을 살펴보겠습니다.

만들면서 배우기 ⓦ 일 단위 백업 설정하기

01 일 단위 백업 작업을 만들기 위해 ❶ 관리자 메뉴에서 [BackWPup]-[Add new job]을 클릭합니다. ❷ [Job Name] 항목의 [Please name this job]에 **일단위 스케줄 전체 백업**을 입력합니다. ❸ [Job Tasks] 항목에서 [WordPress XML export]의 체크를 해제하고 나머지는 모두 체크한 후 전체 백업 구성을 지정합니다.

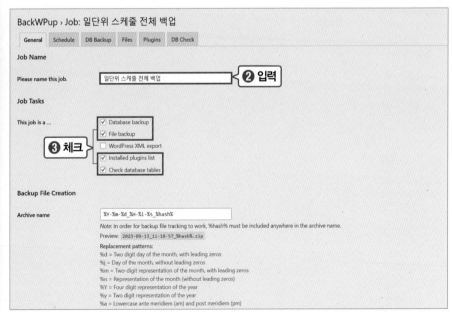

02 ❶ [Archive Format] 항목은 압축 형식입니다. [Zip]을 선택합니다. ❷ [Job Destination] 항목에서 [Backup to Dropbox]에 체크한 후 ❸ [Save changes]를 클릭해 일 단위 백업 작업을 생성합니다.

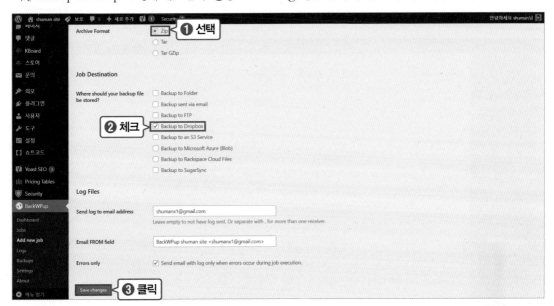

03 백업 스케줄을 설정하기 위해 ❶ [Schedule] 탭을 클릭합니다. 여기에서 정기적인 백업 스케줄 작업을 설정합니다. ❷ [Start job] 항목에서 [with WordPress cron]을 선택합니다.

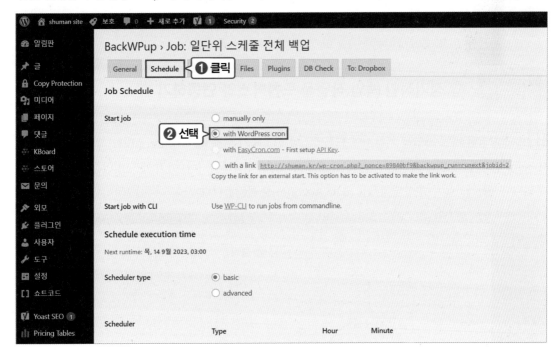

04 [with WordPress cron]을 선택하면 [Scheduler] 항목이 나타납니다. 매일 새벽 2시에 자동으로 백업하도록 설정하겠습니다. ❶ [Type]은 [daily]를 선택하고 ❷ [Hour]는 [2]를 선택한 후 ❸ [Save changes]를 클릭해 백업 스케줄을 저장합니다.

만들면서 배우기	🅦 **정기적인 백업 작업을 드롭박스와 연동하기**

01 정기적인 백업 작업을 저장소인 드롭박스와 연동하기 위해 ❶ [To: Dropbox] 탭을 클릭합니다. [Login] 항목의 [Authentication]에 **Not authenticated!**가 나타납니다. 아직 계정이 인증되지 않았기 때문입니다. ❷ Ctrl 을 누른 상태에서 [Create Account]를 클릭합니다.

02   Dropbox 홈페이지가 나타나면 오른쪽 상단의 [가입]을 클릭해서 가입을 진행합니다. 홈페이지는 유료 요금제 가입을 유도하지만, 현재 드롭박스는 무료 요금제를 제공하고 있습니다. 따라서 [Dropbox의 최고 기능을 무료로 사용해 보기] 화면이 나타나면 하단의 ❶ [2GB 용량이 제공되는 Dropbox Basic 요금제 계속 사용]을 클릭합니다. 계속 진행하다가 [데스크톱 앱 다운로드] 화면이 나타나면 ❷ [Dropbox 앱 다운로드]를 클릭해서 프로그램을 다운로드하고 설치합니다.

TIP   드롭박스 계정이 이미 있다면 드롭박스 홈페이지 오른쪽 상단의 [로그인]을 클릭해 로그인한 후 **03** 과정을 진행합니다.

03   드롭박스 가입과 설치가 완료되면 [App Access to Dropbox]에서 드롭박스를 인증할 수 있습니다. [Get Dropbox App auth code]를 클릭합니다.

04   BackWPup 플러그인이 드롭박스에 접근(Access)한다는 안내문이 나타나면 허용 여부를 선택합니다. ❶ [허용]을 클릭하면 나타나는 ❷ 인증 코드를 드래그해 선택하고 복사합니다.

05 ❶ [App Access to Dropbox]에 복사한 인증 코드를 붙여 넣은 후 ❷ [Save changes]를 클릭해 인증 코드를 저장합니다. 드롭박스 인증이 완료되면 [Authentication]에 **Authenticated!**가 나타납니다.

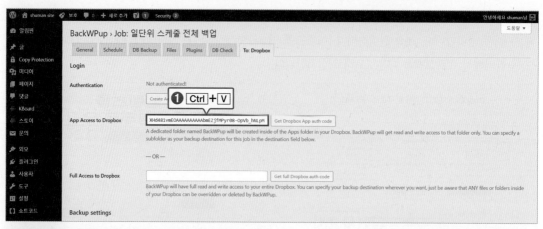

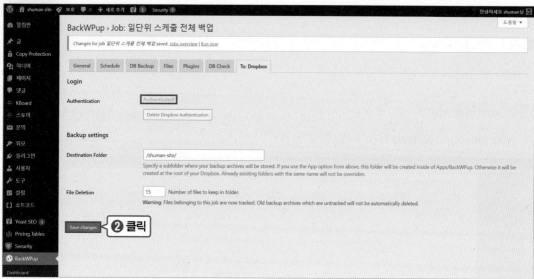

> ⊕ **웹 전문가의** **멘토링**
>
> ## 위험 관리를 위해 백업 계획을 세워둡니다
>
> 대부분의 건실한 IT 업체에서는 위험 관리(Risk Management) 측면에서 웹시스템에 여러 가지 백업 및 복원 계획을 마련하고 있습니다. 만약 사전에 백업 및 복원을 준비하지 않는다면 예상치 못한 문제로 웹사이트가 가동을 멈추었을 때 이를 정상적으로 복구할 방법이 없습니다. 웹사이트 중단은 애써 만들어놓은 고객과 웹사이트의 신뢰성을 함께 잃는 결과를 초래하여 웹사이트 생명력에 치명적입니다.
>
> 웹사이트의 안정성을 확보하려면 적어도 일 단위의 시스템 백업 계획이 반드시 필요합니다. 가령 어제 자신의 쇼핑몰에서 거래가 이루어졌는데 일주일 전에 백업한 시스템 복원 형상만 가지고 있다면, 문제가 발생했을 때 어제 거래한 고객의 내용은 찾을 수 없게 됩니다.

06 BackWPup과 드롭박스 연동으로 시스템의 자동 백업 설정이 완료되었습니다. 이제 BackWPup 플러그인이 매일 새벽 2시에 전체 워드프레스 시스템을 드롭박스에 자동으로 백업합니다. 이후 내 컴퓨터의 드롭박스 폴더에서 백업 파일을 확인할 수 있습니다. 시스템에 문제가 발생하면 백업 압축 파일을 풀어 파일질라 등으로 서버에 업로드해 시스템을 복원할 수 있습니다.

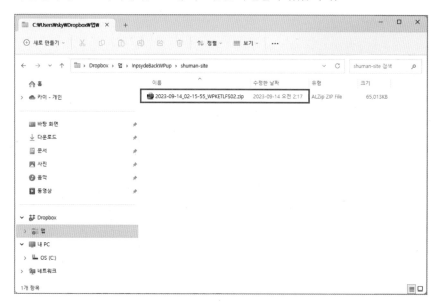

⊕ 웹 전문가의 멘토링

FTP 프로그램으로 파일을 복원할 때 데이터베이스도 함께 복원합니다

시스템을 복원할 때 파일을 서버에 업로드하는 것만으로 시스템이 모두 복원되지는 않습니다. 파일 복원과 함께 데이터베이스 복원도 병행해야 합니다. BackWPup 플러그인으로 백업한 압축 파일에는 파일 확장자가 .sql인 데이터베이스 백업 파일이 있습니다. 데이터베이스 복원은 다음과 같이 진행합니다.

01 데이터베이스 복원을 위해서 웹브라우저 주소창에 **자신의 웹사이트명/dbtool**을 입력해 phpMyAdmin에 접속합니다. 사용자명과 암호를 입력해 로그인합니다.

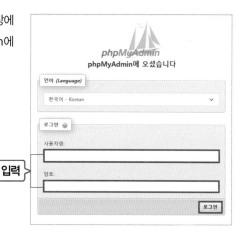

02 [가져오기] 탭을 클릭합니다.

03 ❶ [가져올 파일] 항목에서 [파일 선택]을 클릭합니다. BackWPup 플러그인으로 백업한 파일 중 파일 확장자가 .sql인 데이터베이스 파일을 선택한 후 ❷ [가져오기]를 클릭해서 데이터베이스를 복원합니다.

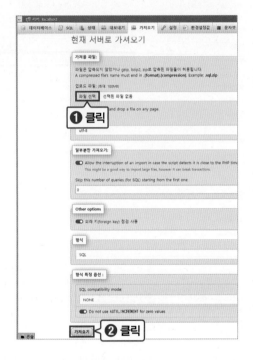

CHAPTER 04

웹사이트를 빛내는
디자인 기술

웹사이트에서 디자인이 차지하는 비중은 결코 무시할 수 없습니다. 시스템을 잘 구축한 웹사이트라도 디자인이 엉망이면 낮은 수준의 웹사이트로 인식됩니다. 세련된 웹사이트를 만들려면 전문적인 디자이너의 손길이 필요하지만 현실적으로 디자이너를 따로 고용하기란 어렵습니다. 따라서 쉬운 방법을 찾아야 하는데, 간단히 폰트만 변경해도 웹사이트의 전반적인 분위기를 바꿀 수 있습니다. 또 오픈소스인 워드프레스의 장점을 살릴 수도 있습니다. 전문 디자이너가 제작한 테마를 자신의 입맛에 맞게 선택해 사용하는 것입니다. 이번에는 세련된 무료 폰트를 설치하고, 포토스케이프를 사용해서 로고를 만들어보겠습니다. 저작권과 무료·유료 이미지에 대해 알아보면서 프리미엄 유료 테마를 선정하는 방법도 살펴보겠습니다.

SECTION
01
무료 폰트 사용하기

요즘은 웹사이트, 광고, TV 예능 프로그램, 유튜브 등 다양한 곳에서 유료 폰트를 사용합니다. 유료 폰트는 비교적 세련된 디자인과 감성을 통해 고객에게 메시지를 쉽게 전달합니다. 산돌구름(sandollcloud.com)이나 폰코(font.co.kr) 등에서 제공하는 폰트는 호소력이 강하고 멋집니다. 그러나 이런 유료 폰트를 사용하려면 비용이 발생합니다.

유료 폰트를 사용하지 않고 적절한 무료 폰트만 사용해도 충분히 세련된 웹사이트를 구성할 수 있습니다. 무료로 사용할 수 있는 폰트의 종류는 무척 많습니다. 하지만 폰트를 상업적으로 이용할 수 있는지 여부는 정확하게 확인해야 합니다. 개인 블로그 등에서 쉽게 찾을 수 있는 무료 폰트를 제대로 확인하지 않고 상업적인 목적으로 이용하면 안 됩니다. 간혹 블로그에서 특정 폰트를 무료라고 홍보하고서는 나중에 해당 폰트를 사용한 사람들을 찾아 고소하고 합의금을 요구하는 사기 사례도 있기 때문입니다.

여기서는 세련되면서 상업적으로 사용해도 저작권에 문제가 없는 폰트 몇 가지를 추천합니다. 이 몇 가지의 무료 폰트만 잘 사용해도 웹사이트의 분위기를 세련되게 바꿀 수 있습니다.

무료 폰트	제공	다운로드 경로
을지로체, 한나는 열한살체, 주아체, 도현체	우아한형제들	woowahan.com/fonts
청소년체	한국청소년활동진흥원	kywa.or.kr/about/about08.jsp
서울남산체, 서울한강체	서울특별시	seoul.go.kr/seoul/font.do
한겨레결체	한겨레	notice.hani.co.kr/customer_view.html?bid=notification&no=56&page=1
제주한라산체, 제주고딕체, 제주명조체	제주특별자치도	jeju.go.kr/jeju/symbol/font/infor.htm

▲ 저작권 문제없이 상업적으로 이용할 수 있는 무료 폰트

▲ 배달의민족 을지로체

▲ 한국청소년활동진흥원 청소년체

▲ 서울특별시 서울남산체

▲ 한겨레 한겨레결체

▲ 제주특별자치도 제주한라산체

여기에서는 추천 폰트 가운데 우아한형제들에서 배포하는 배달의민족 무료 폰트를 다운로드하고 설치하는 방법을 알아보겠습니다. 우아한형제들의 김봉진 대표는 자신의 자녀들 이름을 딴 한나는 열한살체, 주아체, 도현체를 만들고 무료로 사용할 수 있게 배포했습니다. 최근에는 한글날을 기념한 을지로체를 만들어 배포하기도 했습니다. 폰트를 개발하는 일은 많은 시간과 노력을 요하는 일입니다. 그런데도 노고의 결과물을 대가 없이 공유한 덕분에 많은 사람들이 멋진 폰트를 무료로 사용할 수 있는 것입니다.

TIP 폰트를 다운로드하는 웹페이지 주소나 화면 메뉴는 각 웹사이트의 내부 정책에 따라 언제든지 변경될 수 있으므로 직접 검색하여 다운로드하는 것을 추천합니다.

만들면서 배우기 · ⓦ 배달의민족 무료 폰트 설치하기

01 우아한형제들 웹사이트(woowahan.com)에 접속합니다. 우아한형제들에서 무료로 제공하는 모든 폰트를 다운로드해보겠습니다. 상단 메뉴에서 ❶ [글꼴]을 클릭하고 ❷ [글꼴 전체 패키지 다운로드]를 클릭합니다.

02 다운로드한 폰트의 압축 파일을 해제합니다. ❶ 다음과 같은 경로로 이동하고 ❷ 도현체인 **BMDOHYEON_ttf.ttf** 파일을 더블클릭합니다.

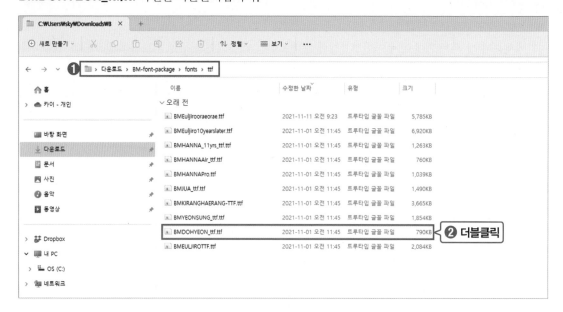

03 도현체를 실행하면 다음과 같이 폰트 설치 대화상자가 나타납니다. [설치]를 클릭해 폰트를 설치합니다.

04 같은 방법으로 한나는 열한살체(BMHANNA_11yrs_ttf.ttf)와 주아체(BMJUA_ttf.ttf)도 설치합니다.

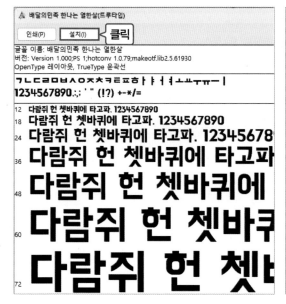

SECTION

02

가벼운 무료 포토샵
포토스케이프

포토샵은 이미지를 편집하는 가장 훌륭한 도구이지만 비용이나 난이도 측면에서 초보자가 사용하기엔 부담스럽습니다. 포토샵에 익숙하지 않다면 무료이면서 사용하기 쉬운 그래픽 도구인 포토스케이프를 추천합니다. 포토스케이프를 설치한 후 **PART 04**의 프로젝트에서 사용할 로고를 만들어보겠습니다.

만들면서 배우기 | ⓦ 웹사이트 로고 만들기

01 포토스케이프 웹사이트(photo scape.org/ps/main/index.php)에 접속합니다. ❶ [무료다운로드] 탭을 클릭한 후 ❷ [포토스케이프 3.7 다운로드]를 클릭해서 포토스케이프 설치 파일을 다운로드합니다.

❶ 클릭

다운로드 | HISTORY

다운로드

포토스케이프(PhotoScape)는 디카와 폰카 사진을 쉽게 향상.보정.편집하는 "재미있는 사진편집 프로그램" 입니다.

아래의 다운로드 버튼을 눌러 설치파일을 다운로드 받은 후 실행하면 가장 최신의 포토스케이프가 자동 설치됩니다.

☑ **포토스케이프 3.7 다운로드** **❷ 클릭** nload.com 에서
☑ **포토스케이프 3.7 다운로드** (20.0MB) Softonic 에서

포토스케이프는 윈도우 XP, Vista, 7, 8, 10, 2000, NT 에서 동작합니다.
윈도우 98, Me 사용자는 포토스케이프 3.4 버전을 사용해 주세요.
윈도우 10, 애플 맥(Mac) 사용자는 포토스케이프 X를 사용해 주세요.

버전 3.7 에서 추가된 기능 확인과
버그.의견제안은 블로그를 이용해 주세요.

포토스케이프는 집.회사.학교.학원에서 모두 무료로 사용하실 수 있습니다.
재미있는 사진편집 프로그램 "포토스케이프"는 언제나 업그레이드되고 있습니다.

이전 버전을 삭제하지 않고 새 버전을 설치해도 됩니다.

TIP 윈도우 10(64bit)을 사용한다면 포토스케이프 X를 사용할 수 있습니다. 하지만 사용 방법 및 기능에서 다소 차이가 있을 수 있으므로 여기서는 포토스케이프 3.7버전을 사용하겠습니다.

02 다운로드한 포토스케이프 설치 파일을 더블 클릭해 설치합니다. 설치 작업이 완료되면 [마침]을 클릭합니다.

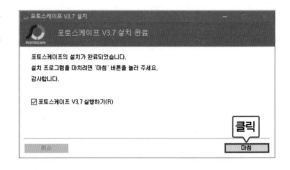

포토스케이프 V3.7 설치

포토스케이프 V3.7 설치 완료

포토스케이프의 설치가 완료되었습니다.
설치 프로그램을 마치려면 '마침' 버튼을 눌러 주세요.
감사합니다.

☑ 포토스케이프 V3.7 실행하기(R)

클릭

취소　　　　　　　　　　　　　마침

03 포토스케이프를 실행한 후 ❶ [사진편집] 탭을 클릭합니다. ❷ [메뉴]를 클릭한 후 ❸ [새 사진 만들기]를 선택합니다. ❹ [새 사진 만들기] 대화상자가 나타나면 [확인]을 클릭합니다.

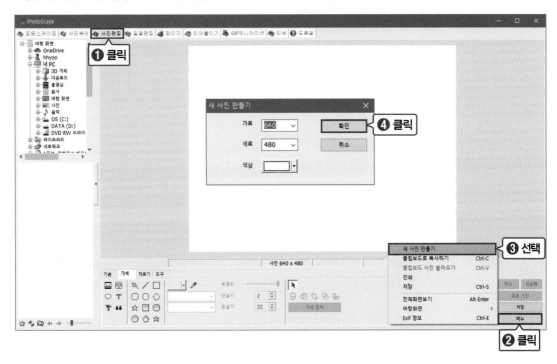

04 로고에 쓸 텍스트를 입력해보겠습니다. ❶ [개체] 탭을 클릭한 후 ❷ [Ｔ글]을 클릭합니다.

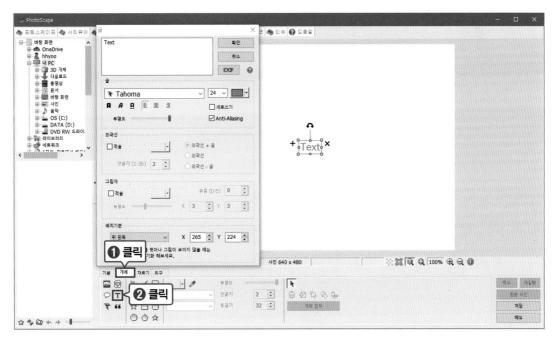

05 [글]의 펼침 메뉴에서 [배달의민족 도현]을 선택합니다.

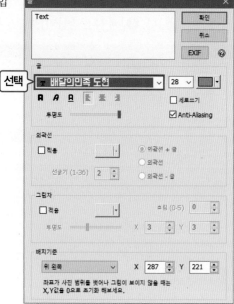

TIP 258쪽에서 폰트를 설치하는 방법을 확인할 수 있습니다.

06 ❶ 텍스트 입력란에 **회사로고 만들기**라고 입력한 후 ❷ [확인]을 클릭합니다. ❸ [+]를 클릭해서 텍스트를 복사한 후 ❹ 두 텍스트를 드래그하여 왼쪽 상단에 다음과 같이 배치합니다.

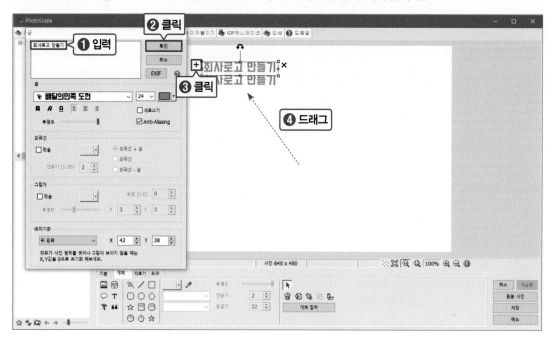

07 ❶ 아래에 위치한 텍스트를 마우스 오른쪽 버튼으로 클릭한 후 ❷ [속성 고치기]를 선택합니다.

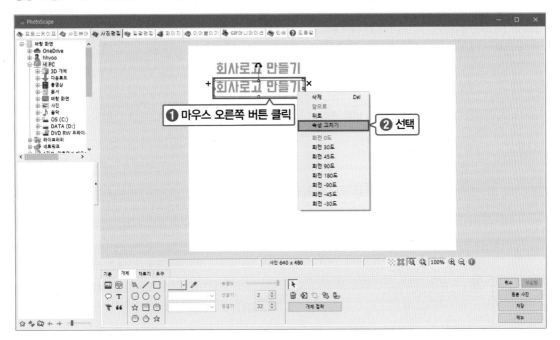

08 ❶ 텍스트 입력란에 **COMPANY**라고 입력합니다. ❷ 색상은 회색, ❸ 글자 크기는 **24**로 설정합니다. ❹ [확인]을 클릭합니다. ❺ [+]를 클릭해서 텍스트를 복사한 후 ❻ 복사한 텍스트를 아래로 드래그하여 배치합니다.

09 ❶ 복사한 텍스트를 마우스 오른쪽 버튼으로 클릭한 후 ❷ [속성 고치기]를 선택합니다.

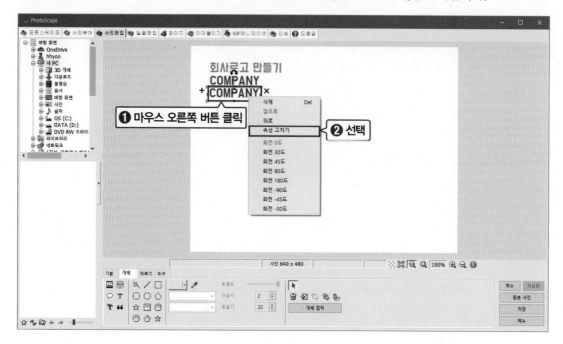

10 로고가 단색이면 단조로워 보이므로 다른 색상과 조합한 로고를 만들어보겠습니다. ❶ 텍스트 입력란에 **C**를 입력합니다. ❷ 색상을 오렌지색으로 설정한 후 ❸ [확인]을 클릭합니다. ❹ [+]를 클릭해서 텍스트를 복사한 후 ❺ 복사한 텍스트를 오른쪽으로 드래그하여 배치합니다.

11 ❶ 복사한 텍스트를 마우스 오른쪽 버튼으로 클릭한 후 ❷ [속성 고치기]를 선택합니다.

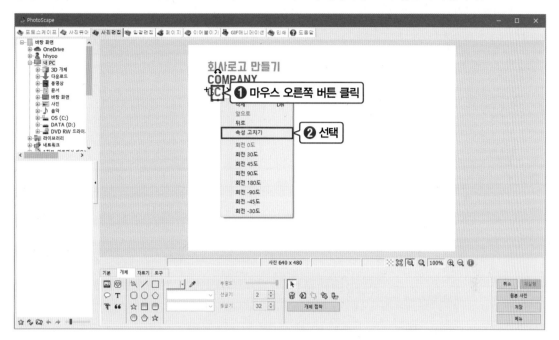

12 ❶ 텍스트 입력란에 **OMPANY**라고 입력합니다. ❷ 색상을 회색으로 설정한 후 ❸ [확인]을 클릭합니다.

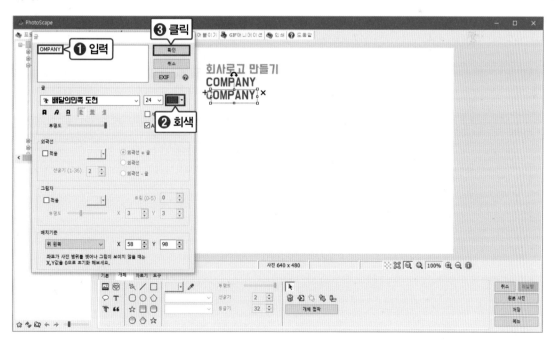

13 로고 이미지를 정해진 크기에 맞게 잘라내겠습니다. ❶ [자르기] 탭을 클릭한 후 펼침 메뉴에서 ❷ [자르기 비율/크기 지정]을 선택합니다.

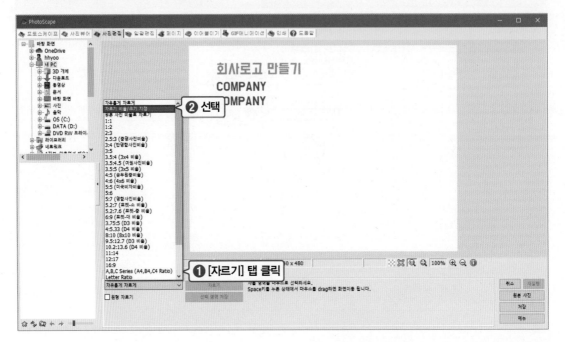

14 [자르기] 대화상자에서 ❶ [크기지정]에 체크합니다. ❷ [가로크기]에 **140**, [세로크기]에 **33**을 입력한 후 ❸ [확인]을 클릭합니다.

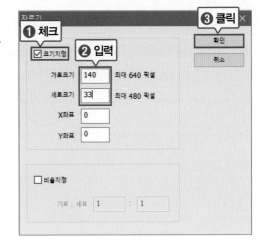

15 ❶ 로고 텍스트의 주변 영역을 드래그한 후 ❷ [선택 영역 저장]을 클릭해 이미지를 저장합니다.

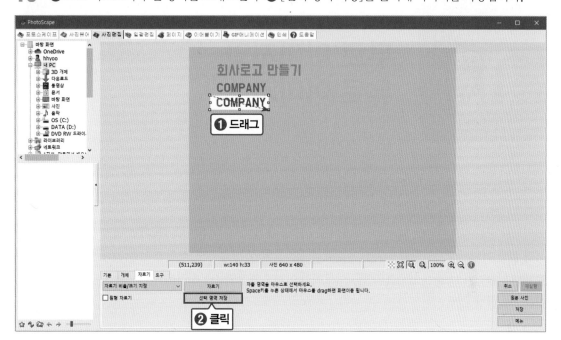

┌─ ⊕ **웹 전문가의**　**멘토링** ─────────────────────────────

이미지를 저장할 때 저장 품질을 최고로 합니다

이미지를 저장할 때 [최고품질]로 저장해야 업로드한 이미지가 흐리게 보이는 일을 방지할 수 있습니다.
특히 JPEG 파일의 경우 품질을 낮출수록 이미지가 쉽게 흐려지므로 반드시 [최고품질]로 저장하는 것이
좋습니다.

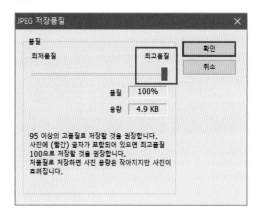

SECTION 03

무료 이미지와 유료 이미지

네이버나 구글에서 간단한 검색만으로 수많은 이미지를 찾을 수 있습니다. 또 화면 캡처 프로그램을 사용하면 어떤 이미지라도 간단하게 자신의 컴퓨터에 저장할 수 있습니다. 하지만 이런 편리함 때문에 생기는 문제도 있습니다. 수많은 블로그와 웹사이트에서 이미지 저작권을 무시하고 무단으로 도용하는 경우가 많다는 것입니다.

가볍게 지나치면 안 되는 이미지 저작권

이미지의 저작권은 매우 중요합니다. 개인적으로 알고 지내는 어떤 사람이 저작권을 전문으로 하는 법률사무소에서 한 통의 전화를 받았습니다. 웹사이트에서 사용한 이미지의 저작권이 침해되었다면서 처음에는 상상 이상의 금액을 요구했고 결국 200만 원 정도로 합의하는 선에서 마무리했습니다. 법을 잘 알았다면 훨씬 더 저렴한 비용으로 합의를 봤을 수도 있겠지만, 법원을 들락날락하며 온갖 신경을 써야 했을 것입니다.

처음부터 이런 일을 방지하는 것이 중요합니다. 네이버나 구글 등 검색 엔진에서 무료 이미지를 검색하면 관련 웹페이지가 셀 수 없이 많이 나타납니다. '무료 이미지이니 다운로드하세요'라는 글과 함께 올린 이미지가 사실은 일종의 사기일 수도 있습니다. 진짜 무료 이미지일 수도 있지만 처음부터 나쁜 목적을 가진 사람들이 유료 이미지를 올려놓고, 다운로드한 사람을 저작권 침해로 고소하기도 합니다. 어느 정도 공신력이 확보된 무료 이미지 웹사이트를 이용하거나 비용을 지불하더라도 유료 이미지를 사용하는 방법이 가장 안전합니다.

추천하는 무료 이미지 웹사이트

무료 이미지 웹사이트 중에서 가장 대표적인 곳은 픽사베이입니다. 픽사베이는 수십만 장의 이미지를 제공하며 이 이미지는 조건에 따라 상업적 용도로 자유롭게 사용할 수 있습니다. 픽사베이를 비롯하여 아래 네 곳의 웹사이트만 사용해도 원하는 이미지를 찾는 데 무리가 없을 것입니다. 물론 무료 이미지보다 더 품질이 좋은 이미지나 따로 원하는 이미지가 있다면 유료 이미지 웹사이트에서 제공하는 이미지를 구매해야 합니다.

무료 이미지 웹사이트	웹사이트 주소
픽사베이(Pixabay)	pixabay.com
언스플래시(Unsplash)	unsplash.com
픽점보(Picjumbo)	picjumbo.com
모그파일(Morguefile)	morguefile.com

▲ 픽사베이

▲ 픽점보

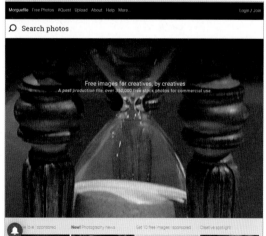

▲ 모그파일

이미지 라이선스는 꼭 확인합니다

앞에서 추천한 무료 이미지 웹사이트는 신뢰할 수 있지만 이미지 라이선스 정책은 언제든지 바뀔 수 있습니다. 따라서 이미지를 다운로드하기 전 해당 이미지의 라이선스 정책이 어떠한지, 상업적으로 이용해도 무방한지 꼭 확인한 다음 사용해야 합니다. 픽사베이의 경우 사용하려는 이미지의 라이선스 정책이 다음과 같이 표시되어 있습니다. 여기서는 해당 이미지를 상업적 용도로 사용할 수 있고 출처를 밝히지 않아도 된다고 명기되어 있습니다. 따라서 이 이미지는 상업적으로 사용해도 무방한 무료 이미지입니다.

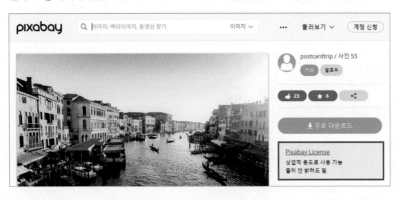

추천하는 유료 이미지 웹사이트

무료로 다운로드할 수 있는 이미지 중 원하는 스타일의 이미지가 없거나 더 좋은 품질의 이미지를 원한다면 유료 이미지 구매를 고려할 수 있습니다. 이미지를 유료로 판매하는 웹사이트는 많지만 그중에서 게티이미지뱅크나 셔터스톡 등 정액 요금제가 있는 웹사이트를 추천합니다. 일반적으로 유료 이미지는 한 컷 (한 장) 단위로 비용을 책정해서 판매하며 한 컷당 많은 비용을 지불해야 합니다. 따라서 일정 기간 동안 이미지를 원하는 만큼 다운로드할 수 있는 정액 요금제를 사용하는 것이 좋습니다.

 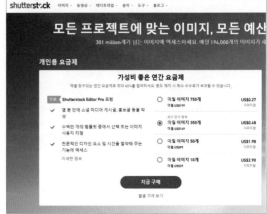

▲ 게티이미지뱅크와 셔터스톡의 요금 정책

SECTION 04

제값 하는 유료 테마 선정하기

이 책에서는 무료 테마를 사용해서 워드프레스의 기본 기능을 학습하고 워드프레스 웹사이트를 구축하는 것을 권장하고 있지만 비용을 지불할 생각이 있다면 유료 테마를 사용하는 것도 좋습니다. 이번에는 유료 테마에 대해 살펴보겠습니다. 테마를 유료로 판매하는 웹사이트는 많지만 그중에서 가장 대표적인 웹사이트는 테마포레스트입니다. 테마포레스트에서 유료 테마를 고르는 방법을 알아보겠습니다.

TIP 신뢰할 수 없는 웹사이트에서 테마를 구매할 때는 신용카드 등 개인 정보가 유출될 수 있으므로, 가능하면 신뢰할 수 있는 웹사이트인 테마포레스트 이용을 권장합니다.

만들면서 배우기 | 🔵 **테마포레스트에서 테마 고르기**

01 테마포레스트 웹사이트(themeforest.net)에 접속합니다. 특별한 경우가 아니라면 유료 테마를 처음 사용하는 사용자는 가장 많이 팔린 테마 위주로 살펴보는 것이 좋습니다. 최다 판매 유료 테마는 주 단위로 집계됩니다. 테마를 확인하기 위해 [WordPress]-[Popular Items]를 클릭합니다.

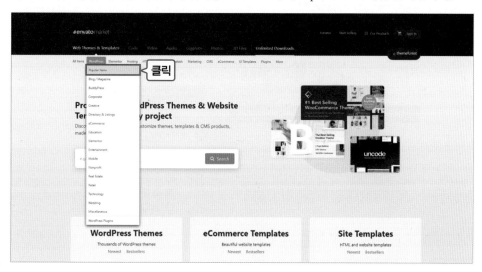

02 가장 많이 판매된 유료 테마가 나타납니다. 판매량 1위는 아바다(Avada) 테마입니다. 테마의 상세 정보를 확인하기 위해 [Avada | Website Builder For WordPress & Wo]를 클릭합니다.

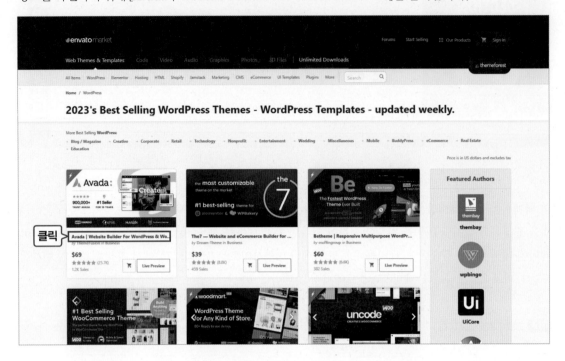

03 테마의 가격 등 상세 정보를 확인할 수 있습니다. 테마의 데모 웹사이트를 미리 확인해보기 위해 [Live Preview]를 클릭합니다.

04 아바다는 다양한 종류의 데모 웹사이트를 제공하고 있습니다. 아바다 테마만으로도 자신이 만들고자 하는 용도의 웹사이트를 충분히 만들 수 있습니다.

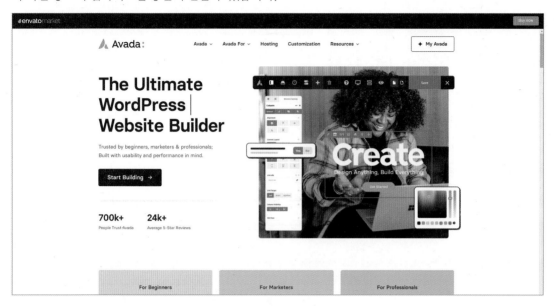

⊕ 웹 전문가의 멘토링

유료 테마의 호환성 여부를 확인합니다

테마 상세 정보 페이지의 호환성 정보 항목에 워드프레스 버전과의 호환, 운영체제와의 호환, 플러그인과의 호환 여부가 표기됩니다. 어떤 버전과 호환되는지 꼼꼼히 확인해보는 것이 좋습니다. 만일에 있을 유료로 구매해놓고도 사용할 수 없는 안타까운 상황이 생기지 않습니다.

본격 리얼 웹사이트 제작 프로젝트

워드프레스의 테마와 플러그인이라는 강력한 도구를 이용하면 블로그, 쇼핑몰 등 목적에 맞는 웹사이트를 손쉽게 구축할 수 있습니다. PART 04에서는 무료 테마와 플러그인을 사용해 블로그 웹진을 만들어봅니다. 나아가 챗GPT로 촉발된 인공지능 시대에, 워드프레스에 인공지능(AI)이 활용될 수 있는 부분에는 어떤 것들이 있는지 살펴봅니다. 마지막으로 워드프레스를 통한 수익화 방법에 대해 알아봅니다. 그럼 이제 실제 웹사이트 제작 프로젝트를 시작해봅니다.

PROJECT 01

강력한 1인 미디어를 위한 블로그 웹진

웹진이란 월드와이드웹(World Wide Web)과 매거진(Magazine)의 합성어로 웹에서 발간되는 잡지를 말합니다. 요즘 웹진은 블로그 형태로 나오는 경우가 많아서 블로그 웹진이라는 용어를 쓰기도 합니다. 웹진은 혼자 운영할 수도 있지만, 여러 명의 웹진 기자단을 두고 팀 블로그 형태로 운영할 수도 있습니다. 여기서는 개인이나 소규모 팀이 사용하는 웹진을 어떻게 만드는지 학습해보겠습니다.

미리 보는 워드프레스 웹사이트

유명 웹진을 패러디한 블로그 웹진을 만들어보면서 실제 인터넷 언론에 적합한 웹사이트의 형태를 이해합니다.

웹사이트의 부가 기능을 직관적으로 표시하는 [홈], [검색], [랜덤 글], [소셜] 아이콘을 배치합니다.

위젯을 이용하여 필요한 콘텐츠 요소를 자유롭게 배치합니다.

더미 데이터를 이용해서 실제 웹진처럼 콘텐츠를 업로드하고 카테고리로 분류합니다.

카테고리별로 각각 색상을 지정하여 콘텐츠 분류를 더욱 분명하게 표시합니다.

SECTION 01

패러디 웹진
ㅎㅎㅅㅅ 만들기

국내의 수많은 블로그 웹진 중 대표적인 웹진인 ㅍㅍㅅㅅ(ppss.kr)의 이름을 패러디해 ㅎㅎㅅㅅ라는 웹진을 제작해보겠습니다. ㅍㅍㅅㅅ는 블로그 형태의 웹진으로 구성이 단순합니다. 무료 테마를 활용하면 ㅍㅍㅅㅅ와 유사한 웹진을 손쉽게 만들 수 있습니다.

▲ ㅍㅍㅅㅅ 웹사이트(ppss.kr)

⊕ 웹 전문가의　멘토링

실습은 실습으로만! 나만의 웹진을 만들어봅니다

ㅍㅍㅅㅅ 웹진을 참고해 ㅎㅎㅅㅅ 웹진을 만드는 이유는 워드프레스로 웹사이트를 제작하는 방법과 기술을 익히기 위함입니다. 만약 실제 웹진을 표절하여 명칭과 구조가 유사한 웹진을 운영한다면 향후 법적으로 문제가 될 수 있으니 주의합니다.

ⓦ ColorMag 테마 설치하기

워드프레스로 웹진을 만들려면 가장 먼저 자신이 제작할 웹진에 적합한 테마를 선정해야 합니다. 여기서는 ColorMag 테마를 사용합니다. ColorMag 테마는 전 세계 7만 명 이상이 설치해서 사용하는 대표적인 웹진 테마입니다. 테마를 설치하면서 본격적으로 웹진 프로젝트를 시작해보겠습니다.

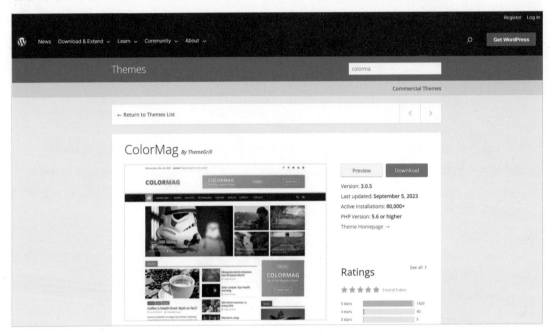

01 [외모]–[테마]에서 [새로운 테마 추가]를 클릭하면 다음과 같은 화면이 나타납니다. ❶ [테마 검색]에 **colormag**를 입력해 [ColorMag] 테마를 검색합니다. ❷ [설치]를 클릭해 테마를 설치한 후 [활성화]를 클릭합니다.

예제 파일 활용 테마와 플러그인/colormag.3.0.5.zip

02 원활한 실습을 위해 Demo 데이터는 사용하지 않겠습니다. Demo 데이터와 플러그인 알림이 나타나면, 다음과 같이 ❶❷ [닫기]를 클릭합니다.

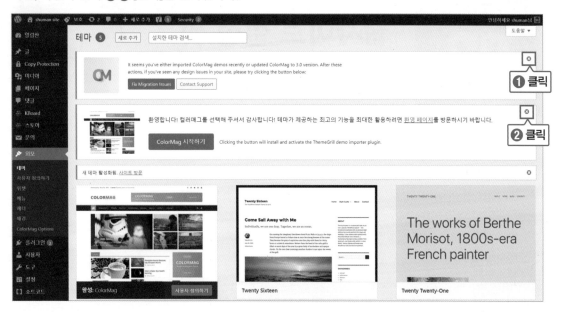

03 Colormag 테마를 적용한 웹사이트 화면을 확인합니다. 이제 이 테마를 활용해서 웹진을 만들어보겠습니다.

SECTION 02

웹사이트 설정 및 메뉴 등록하기

앞에서 구성한 웹사이트의 설정을 웹진에 적합하도록 변경해보겠습니다.

만들면서 배우기 | 🟥 **웹사이트 제목과 태그라인 변경하기**

먼저 웹사이트의 제목을 변경하겠습니다. ❶ 관리자 메뉴에서 [설정]–[일반]을 클릭합니다. ❷ [사이트 제목]에 **ㅎㅎㅅㅅ**을 입력한 후 ❸ [태그라인]에 **사회와 이슈 그리고 사람들**이라고 입력합니다. ❹ [변경사항 저장]을 클릭합니다.

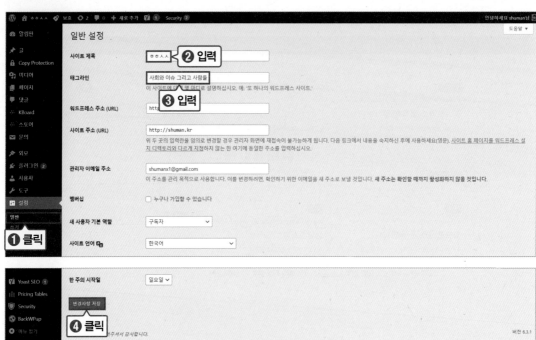

🅦 웹진 카테고리 만들기

ㅎㅎㅅㅅ 웹진의 메뉴로 [HOME], [비즈니스], [시사], [IT], [문화], [특집] 여섯 개를 만들겠습니다. 메뉴 구성에 앞서 웹진 카테고리부터 만들어보겠습니다.

TIP 실습에서는 메뉴의 위상(Depth)을 1단계로 구성합니다.

01 카테고리를 만들기 위해 ❶ 관리자 메뉴에서 [글]-[카테고리]를 클릭합니다. ❷ [이름]에 **비즈니스**를 입력한 후 ❸ [새 카테고리 추가]를 클릭합니다.

02 [시사], [IT], [문화], [특집]도 같은 방법으로 카테고리에 등록합니다. 카테고리 목록에 정상적으로 등록되었는지 확인합니다.

🅦 웹진 메뉴 구성하기

웹진 메뉴를 구성해보겠습니다. [HOME] 메뉴는 사용자 정의 링크를 활용해서 메뉴에 등록하고 앞서 생성한 카테고리도 메뉴에 추가하겠습니다.

01 ❶ 관리자 메뉴에서 [외모]–[메뉴]를 클릭한 후 ❷ [새 메뉴 만들기]를 클릭합니다.

02 ❶ [메뉴 이름]에 **웹진**을 입력한 후 ❷ [메뉴 생성]을 클릭합니다.

03 [웹진] 메뉴가 생성되었습니다. [HOME] 메뉴를 만들기 위해 [사용자 정의 링크]를 클릭합니다.

04 ❶ [URL]에 자신의 웹사이트 도메인 주소를 입력합니다. ❷ [링크 텍스트]에는 **HOME**을 입력한 후 ❸ [메뉴에 추가]를 클릭합니다. 메뉴 구조 영역에 [HOME] 메뉴가 추가됩니다.

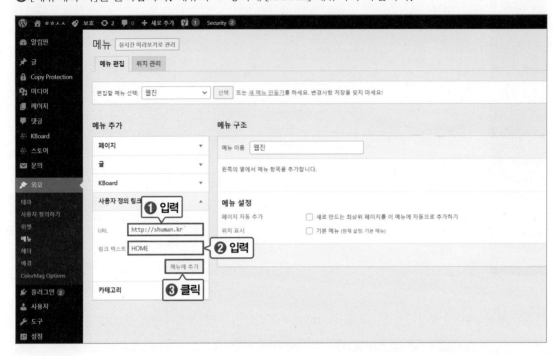

05 ❶ [카테고리]를 클릭합니다. 새로 생성한 카테고리를 추가하기 위해 ❷ [모두 보기] 탭을 클릭합니다. 앞서 생성한 ❸ [IT], [문화], [비즈니스], [시사], [특집]에 체크한 후 ❹ [메뉴에 추가]를 클릭합니다.

06 메뉴가 추가되면 ❶ [비즈니스]와 [시사] 메뉴를 각각 드래그하여 [HOME]과 [IT] 메뉴 사이에 배치합니다. 기본 메뉴를 웹진 메뉴로 변경하기 위해 ❷ [기본 메뉴]에 체크한 후 ❸ [메뉴 저장]을 클릭합니다. 변경된 사항을 확인하기 위해 ❹ Ctrl 을 누른 상태에서 웹사이트 제목을 클릭합니다.

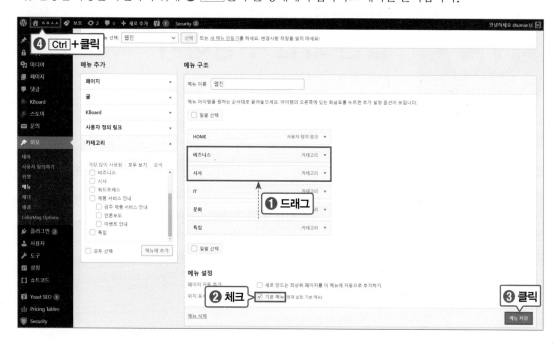

07 웹사이트 제목과 태그라인이 변경되었고, 메뉴가 웹진의 메뉴로 변경되었습니다.

SECTION
03
사용자 정의하기로
웹진 화면 구성하기

워드프레스 테마마다 사용자 정의하기 기능이나 별도의 테마 옵션이 있습니다. 따라서 사용자 정의하기 기능이 얼마나 사용하기에 쉽게 구성되었는지도 테마를 선정하는 데 중요한 요소가 될 수 있습니다. 여기서는 ColorMag 테마의 사용자 정의하기 기능을 활용해서 웹사이트의 디자인을 ㅍㅍㅅㅅ 웹진과 비슷하게 꾸며보겠습니다.

만들면서 배우기 🅦 **헤더 이미지 등록하기**

사용자 정의하기 화면에서 헤더 이미지를 간단히 편집하고 웹사이트 제목 및 태그라인을 제거해보겠습니다. 그런 다음 헤더 이미지에 웹사이트의 첫 페이지 링크를 걸어보겠습니다.

01 관리자 메뉴에서 [외모]-[사용자 정의하기]를 클릭합니다.

02 상단의 웹사이트 제목을 헤더 이미지로 변경하기 위해 ❶❷ [Header & Navigation]-[헤더 미디어]를 클릭합니다.

03 ❶ [새 이미지 추가]를 클릭합니다. ❷ [파일 업로드] 탭을 클릭한 후 ❸ [파일 선택]을 클릭해 예제 파일 **webz-01.png**를 업로드합니다.

[예제 파일] 4부/웹진/webz-01.png

04 ❶ 예제 파일 **webz-01.png**가 선택된 것을 확인하고 ❷ [선택하고 자르기]를 클릭합니다.

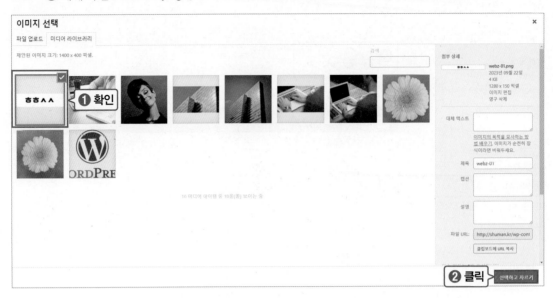

TIP 자신만의 로고나 헤더 이미지를 사용하려면 260쪽에서 학습한 포토스케이프 사용법을 참고합니다.

05 선택 영역을 오른쪽으로 드래그하여 가운데에 배치합니다.

06 ❶ 선택 영역을 양옆으로 드래그해서 영역을 넓힌 후 ❷ [이미지 자르기]를 클릭합니다.

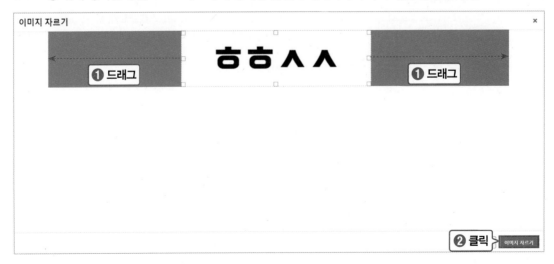

07 편집한 이미지가 헤더 이미지로 적용됩니다. [공개]를 클릭합니다.

08 웹사이트 제목과 태그라인이 남아 있습니다. 웹사이트 제목과 태그라인을 제거하기 위해 ❶❷ [Header & Navigation]-[Site Identity]를 클릭합니다.

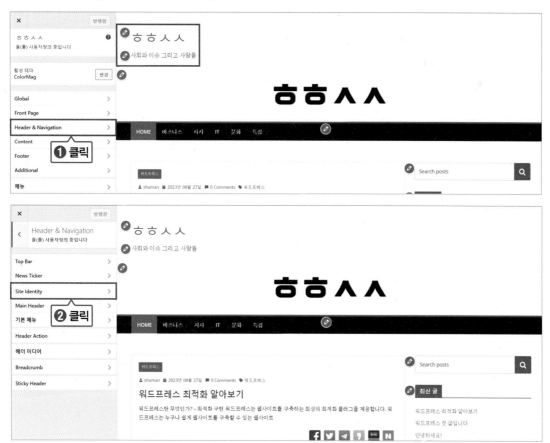

09 ❶❷ [Site Title] 항목과 [Site Tagline] 항목의 [Enable]을 클릭해 비활성화합니다. 웹사이트 제목과 태그라인이 사라집니다. ❸ [공개]를 클릭합니다.

10 헤더 이미지에 링크를 걸기 위해 ❶ [Header & Navigation]−[헤더 미디어]를 클릭합니다. ❷ [Position]에서 [홈페이지를 헤더 이미지 링크로 사용하려면 체크]에 체크합니다. ❸ [공개]를 클릭합니다.

🅦 긴급 뉴스 활성화하고 날짜 표시하기

01 최근 글을 긴급 뉴스로 표시해보겠습니다. ❶❷ [Header & Navigation]–[News Ticker]를 클릭합니다.

02 ❶ [News Ticker] 항목의 [Enable]을 클릭해 활성화하고 ❷ [뒤로 가기]를 클릭합니다. ❸ [Top Bar]를 클릭하고 ❹ [Top Bar] 항목의 [Enable]을 클릭해 활성화합니다. ❺ 다음과 같이 웹사이트 상단에 최근 글이 몇 초 간격을 두고 순서대로 표시됩니다. ❻ [공개]를 클릭합니다.

03 시사를 다루는 웹진이므로 웹사이트 상단에 날짜를 표시하겠습니다. ❶❷ [Header & Navigation] −[Top Bar]를 클릭합니다.

04 ❶ [Data] 항목의 [Enable]을 클릭해 활성화합니다. ❷ 다음과 같이 웹사이트 상단에 날짜가 나타나는 것을 확인할 수 있습니다. ❸ [공개]를 클릭합니다.

ⓦ 메뉴바에 [홈], [검색], [랜덤 글] 아이콘 표시하기

01 여러 가지 아이콘을 웹사이트 메뉴에 추가해보겠습니다. 먼저 [🏠홈] 아이콘을 추가하기 위해 ❶ ❷ [Header & Navigation]-[기본 메뉴]를 클릭합니다.

02 [Home Icon/Logo] 항목에서 ❶ [Home Icon]을 클릭합니다. ❷ 다음과 같이 홈 아이콘이 메뉴에 나타납니다. ❸ [공개]를 클릭합니다.

03 [🔍검색] 아이콘을 추가하기 위해 ❶❷ [Header & Navigation]−[Header Action]을 클릭합니다.

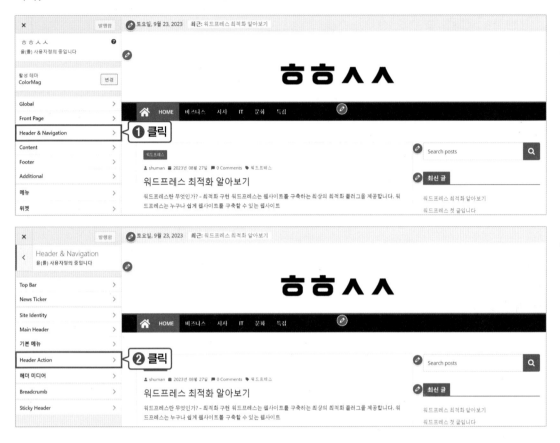

04 ❶ [검색] 항목의 [Enable]을 클릭해 활성화합니다. ❷ 다음과 같이 검색 아이콘이 메뉴에 나타납니다.

05 ❶ [랜덤 글] 항목의 [Enable]을 클릭해 활성화합니다. ❷ 다음과 같이 [🔀 랜덤] 아이콘이 메뉴에 나타납니다. ❸ [공개]를 클릭합니다.

TIP　[랜덤 글]은 웹진에 있는 콘텐츠 중 하나를 무작위로 선별해서 보여주는 편의 기능입니다.

⊕ **웹 전문가의** **Q&A**

Q [검색]으로 무엇을 검색하나요?

A [검색]은 웹사이트의 콘텐츠를 검색하는 기능입니다. ❶ [검색] 아이콘을 클릭하면 검색창이 나타납니다. ❷ 검색창에 **최적화**를 입력하면 웹사이트에서 해당 키워드가 들어간 콘텐츠를 검색하여 표시합니다.

웹사이트 전체 레이아웃 및 색상 변경하기

01 웹사이트 외곽을 상자 형태의 레이아웃으로 변경하고 전체적인 색상을 검정 톤으로 변경해보겠습니다. ❶❷ [Global]–[Container]를 클릭합니다.

02 ❶ [Container] 항목의 [Boxed] 아이콘을 클릭하면 웹사이트 전체 외곽에 회색 여백이 생기면서 상자 형태의 레이아웃으로 변경됩니다. 이제 웹사이트의 주 색상을 변경하기 위해 ❷ [뒤로 가기]를 클릭합니다.

03 웹사이트의 색상 톤을 변경하기 위해 ❶ [Colors]를 클릭합니다. ❷ [Theme Colors] 항목의 [Primary Color]의 [✏️연필] 아이콘을 클릭합니다. ❸ [색상 선택]을 클릭합니다.

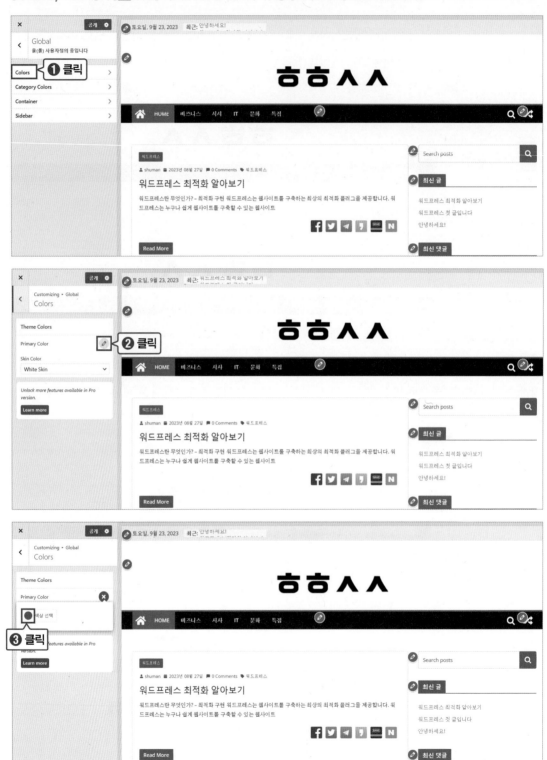

04 색상 코드 입력창에 원하는 색상의 코드를 입력하면 주 색상을 변경할 수 있습니다. ❶ 여기서는 **#232323**을 입력합니다. 웹사이트 색상이 검정 톤으로 변경됩니다. ❷ [공개]를 클릭합니다.

(+) **웹 전문가의** **멘토링**

색상 코드는 정확히 확인합니다

원하는 색상의 색상 코드를 찾을 때는 웹에 공개된 색상 코드표를 참고하거나 포토샵이나 컬러피커(ColorPicker) 등의 프로그램을 사용하는 것이 좋습니다. 모니터의 종류 또는 작업 환경에 따라 겉으로 보기엔 같은 색상처럼 보여도 실제로는 미세하게 차이가 날 수 있기 때문입니다. 포토샵이나 컬러피커 등의 프로그램을 사용하면 화면에 나타나는 색상의 색상 코드를 정확하고 편리하게 찾아서 사용할 수 있습니다.

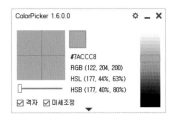

웹사이트에 소셜 아이콘 표시하기

01 SNS 계정이 있다면 웹사이트 상단에 소셜 아이콘을 추가해 연결할 수 있습니다. 사용자 정의하기 메뉴에서 ❶ [Additional]을 클릭하고 하위 메뉴 중 ❷ [소셜 아이콘]을 클릭합니다.

02 페이스북이나 트위터 등 SNS 계정을 등록하는 설정 항목이 나타납니다. 여기서는 페이스북 계정을 등록하겠습니다. ❶ [소셜 아이콘] 항목의 [Enable]을 클릭해 활성화하고 ❷ [새 탭에서 보려면 체크]에 체크합니다. ❸ [Facebook]에 자신의 페이스북 계정 주소를 입력하면 미리보기 화면에 페이스북 아이콘이 생성됩니다. ❹ [공개]를 클릭합니다.

🅦 웹진에 불필요한 사이드바 위젯 정리하기

01 웹진 실습에 불필요한 비즈니스 일정과 캐치프레이즈 위젯은 삭제하겠습니다. 관리자 메뉴에서 [외모]-[사용자 정의하기]를 클릭합니다.

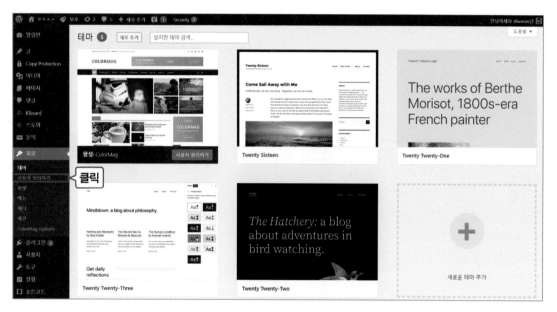

02 사용자 정의하기 화면의 오른쪽 미리보기 화면을 아래로 스크롤합니다. 비즈니스 일정과 캐치프레이즈 위젯이 있는 곳까지 스크롤합니다. ❶[비즈니스 일정]의 연필 모양 아이콘을 클릭합니다. 화면 왼쪽에 [블록 위젯에 오신 것을 환영합니다] 안내문이 나타나면 ❷[알았습니다]를 클릭합니다. ❸ 다음과 같이 ⣿을 클릭하고 ❹[삭제]를 클릭합니다. 사이드바에서 비즈니스 일정 위젯이 삭제됩니다. 같은 방법으로 캐치프레이즈 위젯도 삭제합니다.

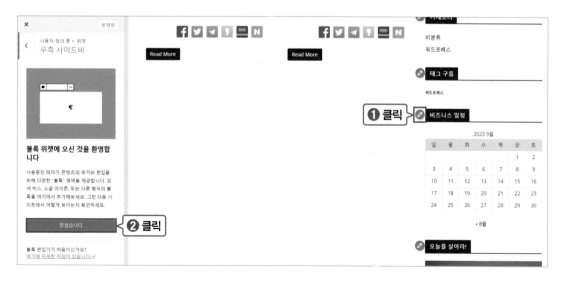

> **TIP** 웹진 실습을 하면서 사이드바의 위젯을 삭제할 때는 이와 같이 [외모]-[사용자 정의하기]의 오른쪽 미리보기 화면을 통해서 삭제합니다. 워드프레스 6.3버전에서는 블록 위젯의 오류로 인해 관리자 화면에서 바로 삭제를 하면 업데이트가 제대로 되지 않는 경우가 있습니다.

03 비즈니스 일정과 캐치프레이즈 위젯을 모두 삭제했으면 [공개]를 클릭합니다.

04 웹사이트 화면으로 이동하면 오른쪽의 사이드바가 웹진에 필요한 위젯으로 정리된 것을 확인할 수 있습니다.

SECTION 04

웹진에 기사 콘텐츠 등록하기

이제 웹진에 콘텐츠를 등록해보겠습니다. 웹진에 등록할 콘텐츠는 저작권 때문에 실제 다른 웹사이트의 기사 내용을 임의로 복사해서 실습할 수 없습니다. 따라서 여기서는 실습용 더미 데이터(Dummy Data)를 입력해서 콘텐츠를 등록하겠습니다.

TIP 더미 데이터란 시험 및 시연을 위해 만든 가상의 무의미한 데이터를 뜻합니다.

만들면서 배우기 | 🚀 새 글쓰기

01 콘텐츠를 등록하기 위해 관리자 메뉴에서 [글]-[새로 추가]를 클릭합니다.

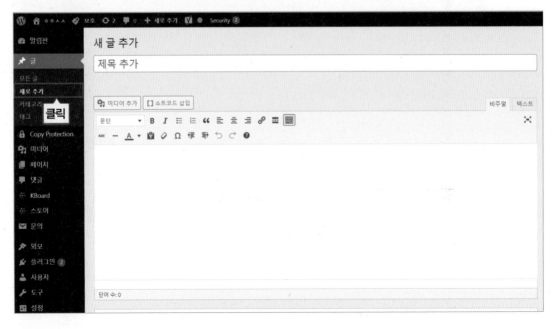

02

❶ 더미 데이터로 콘텐츠를 만들 것이기 때문에 [제목]과 [본문] 영역에 임의의 내용을 입력합니다.
❷ [미디어 추가]를 클릭하고 예제 파일 **webz-02.jpg**를 등록합니다.

예제 파일 4부/웹진/webz-02.jpg

03

❶ [카테고리] 항목에서 [비즈니스]에 체크합니다. ❷ [특성 이미지] 항목에서 [특성 이미지 설정]을
클릭한 후 ❸ 02에서 삽입한 예제 파일 **webz-02.jpg**를 클릭합니다. 콘텐츠를 발행합니다.

TIP 여기서는 제목, 카테고리, 이미지 위주로 작업하고 콘텐츠를 작성할 때 필요한 태그나 기타 정보 및 숏코드(텍스트
코드) 등에 대해서는 다루지 않았습니다. 필요에 따라 190쪽의 예제를 참고해서 작성합니다.

04 등록한 콘텐츠가 어떻게 적용되었는지 확인하기 위해 `Ctrl`을 누른 상태에서 화면 상단의 웹사이트 제목을 클릭하여 웹진 웹사이트에 접속합니다. 다음과 같이 앞서 등록한 콘텐츠가 정상적으로 등록되어 나타납니다. 콘텐츠를 등록할 때 비즈니스로 설정한 카테고리 항목은 글 제목 바로 위에 상자 형태로 표시됩니다.

05 첫 번째 콘텐츠를 등록할 때와 같은 방법으로 다음 화면의 제목 및 카테고리를 참고하여 다른 콘텐츠도 등록합니다. 여기서는 여덟 개의 글을 추가로 작성했습니다.

예제 파일 4부/웹진/webz-03.jpg ～ webz-11.jpg

제목	글쓴이	카테고리	태그		날짜	
성공하는 스타트업의 그럴만한 이유	shuman	비즈니스	—	—	발행함 2023/09/23, 6:51 오후	
아이들이 모국어를 잘알아야 외국어를 잘 익힐수 있다	shuman	문화	—	—	발행함 2023/09/23, 6:50 오후	
디지털노마드로 살아가기	shuman	IT	—	—	발행함 2023/09/23, 6:46 오후	
인공지능이 우리의 상당수 직업을 없앨 것이다	shuman	특집	—	—	발행함 2023/09/23, 6:45 오후	
인간의 존엄성이란 무엇인가?	shuman	시사	—	—	발행함 2023/09/23, 6:43 오후	
페미니스트에 대해서	shuman	시사	—	—	발행함 2023/09/23, 6:42 오후	
공공기관의 성과주의에 대해서	shuman	시사	—	—	발행함 2023/09/23, 6:38 오후	
비즈니스에서 인력관리는 중요하다	shuman	비즈니스	—	—	발행함 2023/09/23, 6:34 오후	
해외 비즈니스에서 지출관리의 중요성	shuman	비즈니스	—	—	발행함 2023/09/23, 6:07 오후	
워드프레스 최적화 알아보기	shuman	워드프레스	워드프레스	—	발행함 2023/08/27, 4:01 오후	

TIP 글 목록 화면에서 ❶ 제목 부분이 좁을 때는 ❷ 오른쪽 상단의 [화면 옵션]을 클릭합니다. ❸ 다음과 같이 체크를 해제하면 컬럼의 공간을 확보할 수 있습니다.

06 이제 웹진에서 사용하지 않는 콘텐츠를 휴지통으로 이동해 삭제해보겠습니다. ❶ 삭제할 콘텐츠에 각각 체크한 후 ❷ [일괄 작업] 펼침 메뉴에서 [휴지통으로 이동]을 선택합니다. ❸ [적용]을 클릭하면 체크한 콘텐츠가 휴지통으로 이동되고 아홉 개의 콘텐츠만 남습니다.

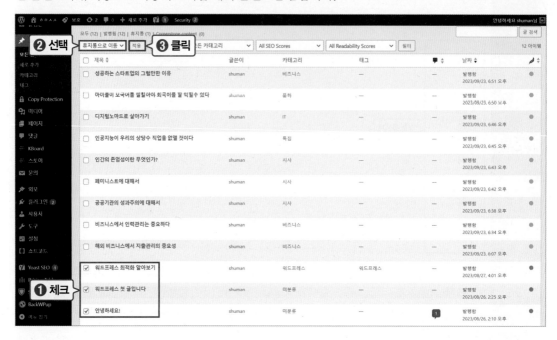

07 웹진 웹사이트에 접속합니다. 등록한 콘텐츠가 모두 정상적으로 표시되는 것을 확인할 수 있습니다. [비즈니스]를 클릭합니다.

08 [비즈니스] 카테고리를 표시한 탭이 나타나고 카테고리에 속한 콘텐츠가 정렬됩니다.

TIP 이처럼 검정 톤으로 무난하게 꾸민 UI(User Interface)로도 깔끔하고 보기 좋은 웹진을 완성할 수 있습니다.

SECTION 05

웹진 추가 기능 사용하기

이제 마지막으로 웹진의 팀블로그 사용법과 슬라이더 위젯 등 추가 기능을 사용해서 웹진을 꾸미는 방법을 알아보겠습니다. 팀블로그란 말 그대로 여러 사람이 팀을 구성해서 블로그를 운영한다는 의미입니다. 웹 진은 팀블로그의 속성을 주로 사용하는 웹사이트 형태이므로 분야별로 전문 기자단을 두고 여러 사람이 함 께 운영하기에 용이한 업무 구조를 지니고 있습니다. 웹진 팀블로그를 이해하기 위해 워드프레스의 사용 자 권한 체계를 알아보겠습니다.

워드프레스의 사용자 권한 체계와 팀블로그의 권한 사용

워드프레스의 사용자 권한 체계는 다음과 같습니다. 표에서 보는 것과 같이 구독자부터 관리자까지 위에 서 아래로 갈수록 사용 권한이 높아집니다.

사용자 권한	권한
구독자(Subscriber)	글을 읽고 댓글을 달 수 있습니다. 자신의 프로필 정보를 수정할 수 있습니다.
기여자(Contributor)	글을 쓸 수는 있으나 발행할 수는 없습니다.
글쓴이(Author)	글을 쓸 수도 있고 발행할 수도 있습니다.
편집자(Editor)	기여자나 글쓴이의 글도 편집할 수 있습니다.
관리자(Administrator)	웹사이트의 모든 권한을 가지고 있습니다.

워드프레스 사용자 권한은 국내에서 사용하는 일반적인 웹사이트나 시스템의 권한 체계와 다릅니다. 당장 사용자 권한 이름만 봐도 언론사의 인원 구성처럼 보입니다. 워드프레스가 블로그에서 출발해서 웹진에 적합한 형태로 계속 발전해왔기 때문입니다.

팀블로그로 웹진을 운영하는 방법은 간단합니다. 웹진 블로그는 한 명이 관리하고 기자단 세 명이 뉴스를 작성하는 형식으로 한 팀을 이루어 운영합니다. 자신은 관리자 권한을 가지고 기자단 세 명에게는 글쓴이나 편집자와 같은 적절한 권한을 부여해서 함께 뉴스를 작성합니다.

기자단에게 글쓴이나 편집자 권한을 부여하려면 ❶ 관리자 메뉴에서 [사용자]-[새로 추가]를 클릭합니다. ❷ 기자단으로 등록할 특정 사용자의 정보를 입력하고 ❸ [역할] 펼침 메뉴를 클릭하면 나타나는 권한 목록에서 [글쓴이]나 [편집자]를 선택합니다. ❹ [새 사용자 추가]를 클릭하면 권한이 부여됩니다.

TIP [역할] 펼침 메뉴에서 보이는 [BackWPup jobs functions]~[SEO Manager] 권한은 BackWPup과 Yoast SEO 플러그인을 설치하면서 생성된 권한으로 워드프레스의 기본 권한 체계가 아닙니다.

만들면서 배우기 🅦 슬라이더 위젯 만들기

슬라이더 위젯은 이미지나 콘텐츠가 한 장씩 넘어가는 슬라이더 기능을 가진 위젯입니다. 웹사이트를 방문한 사람의 눈길을 끌게 하는 데 한몫을 할 수 있으며 실제 운영 시 유용하게 활용할 수 있습니다. 여기서는 특정 카테고리에 속한 글을 슬라이드 형태로 보여주는 위젯을 만들어보겠습니다.

01 관리자 메뉴에서 ❶ [외모]-[사용자 정의하기]를 클릭합니다. ❷ [위젯]-[우측 사이드바]를 클릭하고 블록 위젯을 사용하기 위해서 ❸ [+]를 클릭합니다.

02 ColorMag 테마에서 제공하는 슬라이더 위젯을 사용하겠습니다. ❶ 블록 위젯을 검색하는 입력창에 제작사인 ThemeGrill의 약자인 **tg**를 입력합니다. ❷ [TG:특성 카테고리 슬라이더]를 클릭하고 ❸ 다음과 같이 [최신 글] 위쪽으로 드래그해서 위젯을 배치합니다.

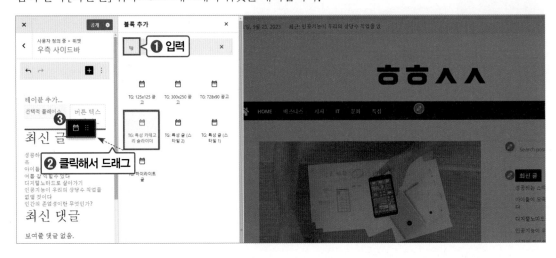

03 TG: 특성 카테고리 슬라이더 위젯에서 슬라이더에 나타날 콘텐츠의 카테고리를 결정할 수 있습니다. 특정 카테고리의 글을 보여주기 위해 ❶ [카테고리에서 글 표시]를 선택합니다. ❷ [카테고리 선택]의 펼침 메뉴를 클릭하고 [비즈니스]를 선택합니다. ❸ [공개]를 클릭합니다.

04 다음과 같이 슬라이더 위젯이 추가되었습니다. 시간이 지나면 앞서 설정한 비즈니스 카테고리의 콘텐츠가 왼쪽으로 움직이면서 글이 교체됩니다.

🅦 추천 글 위젯 만들기

01 이번에는 웹사이트의 오른쪽 사이드바에 추천 글 위젯을 만들어보겠습니다. 앞서 실습했던 슬라이드 위젯과 동일하게 관리자 메뉴에서 [외모]-[사용자 정의하기]를 클릭하고 [사용자 정의하기]에서 [위젯]-[우측 사이드바]를 클릭합니다. 블록 위젯을 사용하기 위해서 [+]를 클릭하고 블록 위젯을 검색하는 입력창에 ❶ **tg**를 입력합니다. ❷ 왼쪽 화면의 스크롤바를 클릭해 맨 아래로 드래그합니다. ❸ [TG: 특성 글 (스타일2)] 위젯을 클릭하고 ❹ 다음과 같이 드래그합니다.

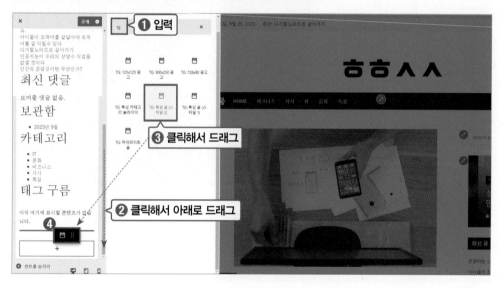

02 TG: 특성 글(스타일2) 위젯의 ❶ [타이틀]에 **RECOMMENDED**를 입력합니다. ❷ [표시할 글 수]에 **1**을 입력하고 ❸ [카테고리에서 글 표시]를 선택합니다. ❹ [카테고리 선택] 펼침 메뉴에서 [특집]을 선택하고 ❺ [공개]를 클릭합니다.

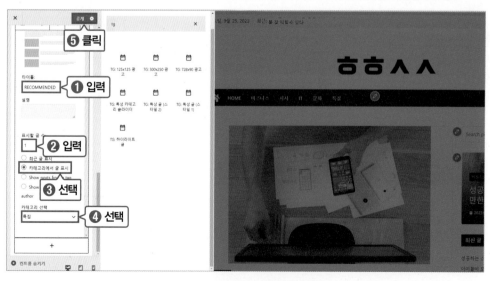

03 다음과 같이 추천 글(RECOMMENDED) 위젯이 추가되었습니다.

TIP [역할] 펼침 메뉴에서 보이는 [BackWPup jobs functions]~[SEO Manager] 권한은 BackWPup과, Yoast SEO 플러그인을 설치하면서 생성된 권한으로 워드프레스의 기본 권한 체계가 아닙니다.

만들면서 배우기 🅦 **카테고리 디자인 색상 변경하기**

01 이번에는 카테고리의 디자인 색상을 변경해보겠습니다. 관리자 메뉴에서 [외모]-[사용자 정의하기]를 클릭합니다. 사용자 정의하기 메뉴에서 [Global]-[Category Colors]를 클릭합니다.

02 다음과 같이 카테고리별 색상을 설정할 수 있습니다. 먼저 비즈니스 카테고리를 연두색으로 설정해 보겠습니다. [비즈니스] 항목의 [색상 선택]을 클릭합니다.

03 색상 팔레트가 나타나면 연두색 부분을 클릭합니다. 미리보기 화면에서 비즈니스 카테고리 표시가 연두색으로 설정됩니다.

04 ❶ [시사] 카테고리는 파랑, ❷ [IT] 카테고리는 빨강, ❸ [문화] 카테고리는 노랑으로 각각 설정한 후 ❹ [공개]를 클릭합니다.

05 ❶ Ctrl 을 누른 상태에서 웹사이트 제목을 클릭하여 웹진 웹사이트로 이동합니다. 다음과 같이 콘텐츠의 카테고리를 나타내는 사각형 아이콘이 설정한 색상으로 변경된 것을 확인할 수 있습니다. ❷ [비즈니스]를 클릭합니다. 비즈니스 카테고리를 표시하는 탭의 색상도 연두색으로 변경되었습니다.

06 상단 메뉴에서 [시사]를 클릭하면 시사 카테고리를 표시하는 탭의 색상도 파랑으로 변경된 것을 확인할 수 있습니다. 나머지 카테고리도 같은 방법으로 변경된 색상을 확인합니다.

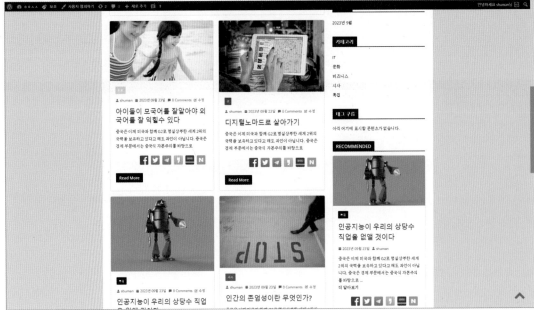

PROJECT 02

워드프레스 AI

챗GPT로 촉발된 인공지능 시대에 워드프레스 역시 AI 기술을 활용하는 사례가 늘고 있습니다. 워드프레스에 인공지능이 활용될 수 있는 부분은 크게 네 가지 정도로 살펴볼 수 있습니다. 콘텐츠 제작과 최적화 부분, 맞춤형 서비스를 제공하는 부분, 고객 응대 부분, 보안과 관련된 부분입니다. 이외에도 번역 등 다른 영역에서도 활용될 수 있지만, 여기에서는 네 가지 큰 줄기에 대해서만 이야기를 해보겠습니다.

미리 보는 워드프레스 웹사이트

인공지능 콘텐츠
생성기인
AI Power를
이용해서 콘텐츠를
자동으로
만들어냅니다.

인공지능 AI
챗봇 기능을
워드프레스 웹사이트에
탑재합니다.

SECTION 01

워드프레스에 인공지능 탑재하기

인공지능과 인간이 겨루었던 세기의 대결, 2016년 3월 인공지능 알파고(AlphaGo)와 이세돌 9단의 바둑 대결을 기억할 것입니다. 인공지능과 사람의 대결에 전 세계 많은 사람들이 관심을 보이며, 바둑을 모르는 이들조차 TV 앞으로 모여들어 역사에 남을 장면을 흥미롭게 지켜보았습니다. 그로부터 6년이 지나는 시점인 2022년 12월에 등장한 챗GPT는 또 한번 인공지능의 진화에 놀라움을 넘어서는 혁명적인 사건이었습니다. 챗GPT는 출시 두 달 만에 1억 명의 사용자를 유치하는 기록을 세웠고, 뉴스에서는 챗GPT의 등장을 스티브 잡스의 아이폰 혁명을 뛰어넘는 사건이라며 수많은 관련 기사를 쏟아냈습니다.

챗GPT는 Chat과 GPT를 합친 말입니다. GPT는 Generative Pre-trained Transformer의 약자로 사전에 학습된 생성형 변환기라고 할 수 있습니다. 즉, Chat GPT는 대화가 가능한 생성형 인공지능으로 이해하면 쉽습니다.

▲ 챗GPT 홈페이지(chatgpt.com)

챗GPT에 질문을 하면 어떤 분야든지 망설임 없이 전문가 수준의 답변을 하고, 이전에 질문했던 내용들을 모두 기억하고 있어 마치 살아 있는 존재와 이야기하는 착각을 불러일으킵니다. 또한, 챗GPT는 어려운 코딩도 해줄 뿐만 아니라 사회적인 문제에 대해서 질문하면 적당한 해결책까지 제시해주니 인공지능이 우리 삶에 깊숙이 들어온 것을 실감할 수 있습니다.

이러한 챗GPT의 기술은 갑자기 등장한 인공지능 기술이 아닙니다. 기존의 인공지능 기술을 일반 대중들이 사용하기에 편리하게 구현한 인공지능 채팅 서비스입니다.

왜 구글은 챗GPT의 등장에 비상소집을 했을까

챗GPT의 등장으로 큰 충격을 받은 기업 중 하나는 전 세계 검색 시장을 석권하고 있는 구글이었습니다. 구글은 광고를 통해서 큰 수익을 창출합니다. 구글이 수익을 얻기 위해서는 사용자가 구글을 통해 검색을 해야 합니다. 구글이나 네이버 검색을 하게 되면 검색을 통해서 도출되는 결과물은 사용자가 원하는 정보도 있지만, 정보를 가장한 광고성 콘텐츠도 많습니다.

챗GPT는 광고도 없고, 사용자가 원하는 답을 전문가 수준에서 바로 말해줍니다. 앞으로는 원하는 정보를 찾기 위해서 구글 검색을 하던 사용자들이 챗GPT에게 달려가는 경우가 많아질 것이고, 이를 예상한 구글은 위기를 느낄 수밖에 없었던 것입니다.

얼마 전 미국 마이애미 대학교 연구진이 챗GPT와 구글을 각각 검색했을 때, 결과가 어떻게 다른지를 95명의 실험 참가자와 함께 실험을 했습니다. 48명은 챗GPT를 사용하고 47명은 구글 검색을 통해 직접 검색을 하는 방식이었습니다. 질문은 총 세 가지로 진공에서의 빛의 속도, 래브라도 리트리버를 훈련하는 방법, 좋은 소셜 미디어 문구를 제안해 달라는 것이었습니다.

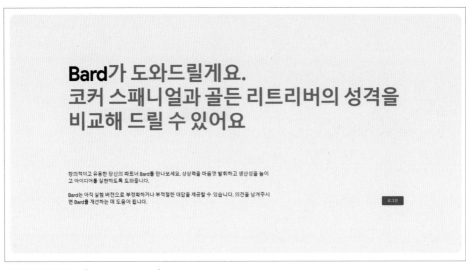

▲ 구글 바드 홈페이지(bard.google.com)

세 가지 질문에 대해서 도출된 답변이 챗GPT가 더 훌륭하다는 결론이었고, 답변 시간 또한 챗GPT가 앞섰습니다. 챗GPT 그룹은 평균 11분이 걸렸고, 구글 검색 그룹은 평균 18분이 걸렸습니다. 위기감을 느낀 구글은 바드(Bard)라는 인공지능을 재빨리 출시했습니다. 하지만 이미 시장 선점을 OpenAI 챗GPT에 빼앗겨버린 바드의 입지는 현재까지는 좁을 수밖에 없습니다.

AI 기술력은 구글이 OpenAI나 마이크로소프트에 뒤지지 않습니다. 여전히 기술력으로 똘똘 뭉친 구글 엔지니어들이 포진해 있습니다. 챗GPT를 구동하는 인공지능의 핵심 개념 또한 구글이 먼저 발표했던 이론입니다.

현재 챗GPT는 2021년 데이터를 활용해서 구동시키고 있는 것에 반해, 구글의 바드는 최신 웹 정보를 반영해주는 것으로 사용자에게 메리트를 제공하고 있습니다. 또한 구글은 마이크로소프트가 OpenAI에 투자한 것과 비슷하게 앤스로픽(Anthropic)이라는 미국의 AI 스타트업에 투자를 하면서 OpenAI와 마이크로소프트의 견고한 진영에 도전장을 내밀고 있는 상황입니다. 앤스로픽이 얼마 전 발표한 클로드2가 앞으로 챗GPT의 아성을 넘볼지는 좀 더 지켜봐야 할 것 같습니다.

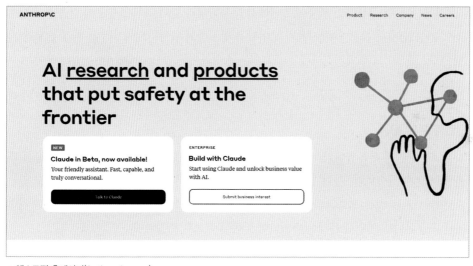

▲ 앤스로픽 홈페이지(Anthropic.com)

워드프레스에 인공지능을 어떻게 활용할 수 있을까

❶ 콘텐츠 제작과 최적화에 활용

첫 번째로 워드프레스에 AI 기술이 활용될 수 있는 사례로 콘텐츠를 제작하고 최적화하는 부분입니다. 워드프레스 사용자가 가장 많은 관심을 가질 만한 것으로는 인공지능의 힘을 빌려 포스팅을 자동으로 하는 기능일 것입니다. 자동 포스팅 기능이 계속 발전한다면 워드프레스에 글을 쓰는 시간을 획기적으로 줄일 수 있습니다. 앞으로는 1% 미만의 노력으로 글을 써내는 자동화 시대도 올 것입니다.

콘텐츠를 작성할 때 이미지를 첨부하려면 대부분은 관련 사이트에서 적합한 이미지를 찾습니다. 하지만 인공지능은 스스로 콘텐츠를 작성하면서, 그에 적합한 이미지를 찾거나 자체적으로 생성해낼 수 있습니다. 이미지의 설명이나 태깅 작업도 자동화합니다. 또한, 작성한 콘텐츠가 최적화(SEO)된 글인지 인공지능으로 검토할 뿐만 아니라 SEO 가이드에 맞게 콘텐츠를 수정할 수도 있습니다.

❷ 개인별 맞춤형 서비스를 제공하는 데 활용

두 번째로 개인별 맞춤형 서비스를 제공하는 데 사용될 수 있습니다. 웹사이트에 접속한 사용자들에게 맞춤형 콘텐츠를 가이드하거나 추천해줄 수 있습니다. 관리자나 경영진에게는 데이터마이닝 기법을 활용한 의사결정에도 요긴하게 사용할 수 있습니다.

과거에는 기업이나 일반적인 개발형 웹사이트에서는 고객 맞춤형 데이터를 얻기 위해 수백~수천만 원이 넘는 비용의 프로그램을 도입하거나 컨설팅을 받아야 했습니다. 워드프레스는 플러그인이란 워드프레스만의 강점을 십분 활용해 인공지능의 힘으로 저렴한 비용에 고객 맞춤형 서비스를 만들어낼 수 있을 것입니다.

인공지능 알고리즘을 활용하면 사용자의 웹사이트 내에서의 움직임과 검색 기록을 활용해 맞춤형 콘텐츠나 데이터의 추천이 가능합니다. 그로 인해 사용자의 이탈을 방지하고 웹사이트에 머무는 시간을 오래 가져갈 수 있습니다. 해당 웹사이트가 매거진이든 블로그이든 쇼핑몰이든 앞으로 활용할 수 있는 분야는 무궁무진합니다.

❸ 고객 응대 관련 부분에 활용

세 번째로, 고객 응대와 관련된 부분입니다. 워드프레스에 인공지능 챗봇을 활용하면 상담원을 고용할 때 발생하는 지출을 절약할 수 있습니다. 사실 인공지능으로 인해서 고객 상담 분야의 인력이 감축되고 있는 것이 현실입니다. 아직까지는 챗봇 프로그램이 고객을 응대할 때 매끄럽지 않은 부분이 있습니다. 하지만 인공지능의 발전 속도를 본다면 이러한 문제는 머지않아 극복될 것으로 보입니다.

챗봇을 활용한 1:1 고객 응대뿐만 아니라 Q/A와 FAQ 부분도 활용할 수 있습니다. 고객이 문의를 하면 문의에 대해서 자동으로 답변을 줄 수 있습니다. 또한, FAQ를 일일이 작성하는 대신 누적되는 데이터를 취합하고 최신 내용까지 반영해 업데이트할 수 있습니다.

❹ 보안을 더욱 견고하게 하는 데 활용

네 번째로 워드프레스의 보안 관련된 부분에 인공지능을 활용하는 것입니다. 워드프레스로 제작된 웹사이트가 워낙 많다 보니 워드프레스 사이트의 보안 취약점을 공격하는 일이 종종 있습니다. 예로, 로그인해서 정보를 빼내거나 웹사이트를 무력화하는 시도 등입니다.

인공지능의 도움을 받으면 보다 정교하게 웹사이트의 보안상 위협을 탐지해내고 자동으로 막아내는 역할을 훌륭히 수행해낼 수 있습니다.

이외에도 워드프레스에 인공지능을 활용할 수 있는 분야들은 많습니다. 하지만 현재까지는 워드프레스에 인공지능을 탑재하기 위한 플러그인들이 많이 개발되어 있지는 않은 상태입니다.

챗GPT의 붐에 편승해 개인적으로 만들어서 비싸게 판매하는 사설 프로그램들은 인터넷에 넘쳐나고 있습니다. 하지만 워드프레스 공식 플러그인에 등록되어서 사용되는 프로그램 수는 생각보다 적습니다. 결국은 워드프레스 플러그인 제작사도 개발 비용에 대비해서 수익을 고려해야 하다 보니 개발에 대한 ROI(Return On Investment)를 생각하지 않을 수 없고, 이는 소규모 플러그인 개발사들의 어려움으로 다가오지 않나 하는 생각도 듭니다. 이 책에서는 워드프레스 공식 사이트에 등재된 정식 플러그인에 대해서만 다룹니다.

다음 섹션에서는 현재까지 많이 이용하는 콘텐츠를 자동 생성해주는 플러그인과 챗봇 기능을 탑재할 수 있는 플러그인 두 가지에 대해서 알아보겠습니다.

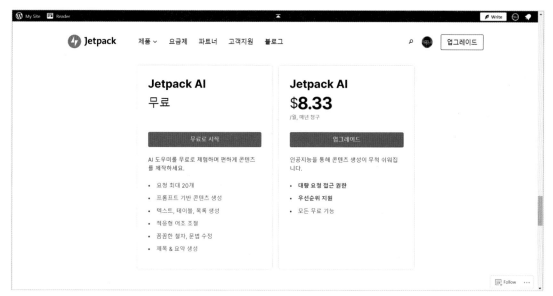

▲ 워드프레스 AI 도구 중 하나인 Jetpack AI의 요금제 종류

SECTION 02

AI를 이용해 자동으로 글 작성하기(AI Power)

마이크로소프트는 OpenAI에 공격적인 투자와 전략을 세워가고 있습니다. 마이크로소프트의 검색 엔진인 Bing은 챗GPT로 무장을 하고 있습니다. 이미 챗GPT의 놀라운 성공 앞에서 검색 엔진 구글의 위상은 흔들렸으며 그 자리를 Bing이 조금씩 점유해가고 있습니다. 마이크로소프트가 독점하고 있다고 해도 과언이 아닌 Office 프로그램 시장에서 워드, 엑셀, 파워포인트 등의 MS Office 365에 Copliot 기능은 사용자가 힘들게 배우지 않아도 원하는 내용을 텍스트나 음성으로 표현하여 손쉽게 결과물을 얻게 할 수 있습니다. Copliot은 OpenAI의 인공지능 기술을 핵심으로 사용하고 있습니다.

이번 시간에는 OpenAI에 가입하고, AI의 도움으로 콘텐츠를 만들어보겠습니다. 워드프레스 AI 플러그인은 OpenAI의 API를 활용해서 기능을 구현하므로 OpenAI에 가입을 하는 과정이 필요합니다.

만들면서 배우기 | ⓦ OpenAI 가입 및 API Keys 상태 확인하기

01 OpenAI 홈페이지(openai.com)에 접속합니다. 왼쪽 상단의 [Log in╱]을 클릭합니다. 본인의 구글 계정으로 회원 가입을 진행합니다.

TIP OpenAI에 가입하면 처음에는 무료 체험으로 API Keys를 50달러 크레딧만큼 무상으로 사용할 수 있습니다. 단, 3개월이 지나면 만료되기 때문에 기간 안에 사용합니다.

02 ❶ 성명과 생년월일을 입력하고 ❷ [Continue]를 클릭합니다.

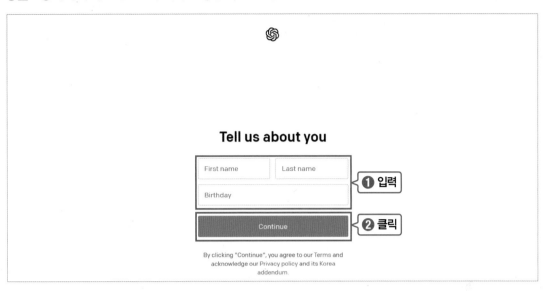

03 회원 가입 시 휴대전화 번호로 인증을 합니다. 휴대전화 번호 하나당 한 개의 계정을 사용할 수 있으므로 API 무료 체험도 한 번만 가능합니다. ❶ 휴대전화 번호를 입력하고 ❷ [Send code]를 클릭합니다.

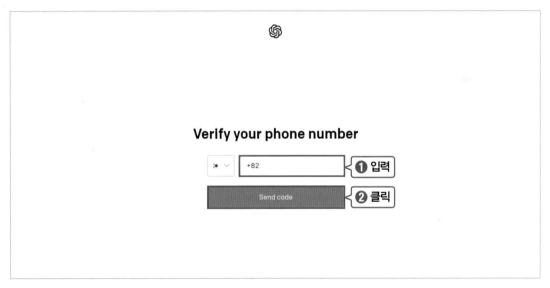

04 ❶ 휴대전화에 인증 번호가 도착하면 화면에 입력합니다. ❷ 인증이 완료되면, 구글 계정으로 로그인합니다.

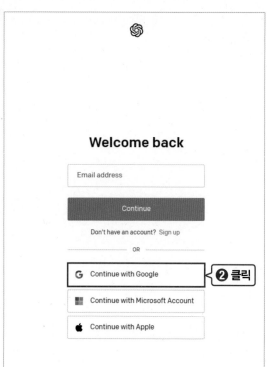

05 OpenAI 홈페이지로 다시 접속합니다. 다음과 같이 ChatGPT와 DALL·E, API를 선택할 수 있는 화면으로 연결됩니다. 우리는 API를 사용할 것이므로 [API]를 선택합니다.

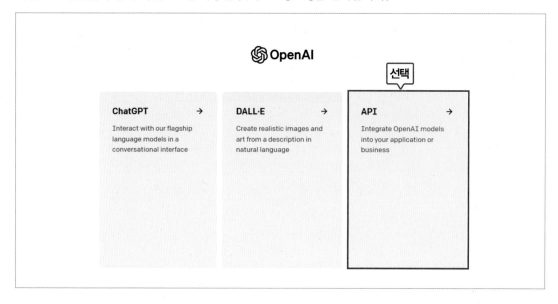

06 OpenAI platform 화면으로 이동하면 ❶ 왼쪽 상단의 [계정명]을 클릭합니다. ❷ [View API keys]를 클릭합니다.

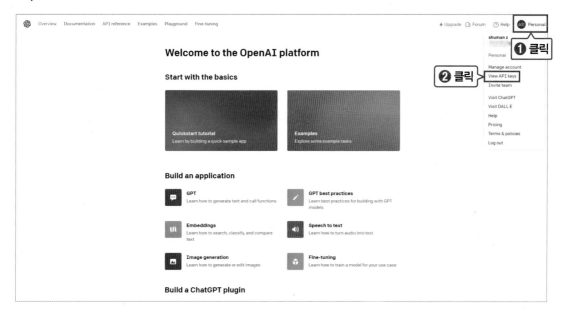

07 API Keys 화면으로 이동하면 Key가 없는 것을 확인할 수 있습니다. 아직 API Key를 생성하지 않았기 때문입니다. Key의 생성은 이어서 진행되는 AI Power 플러그인을 설정하면서 함께 진행하겠습니다.

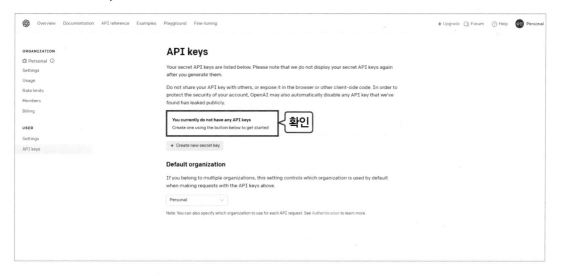

🅦 AI를 활용해 자동으로 글을 작성하기(AI Power)

01 ❶ 관리자 메뉴에서 [플러그인]-[새로 추가]를 클릭합니다. ❷ 검색창에 **ai power**를 입력해 플러그인을 검색합니다. ❸ [AI Power]의 [지금 설치]를 클릭해 플러그인을 설치한 후 활성화합니다.

예제 파일 활용 테마와 플러그인/gpt3-ai-content-generator.1.7.82.zip

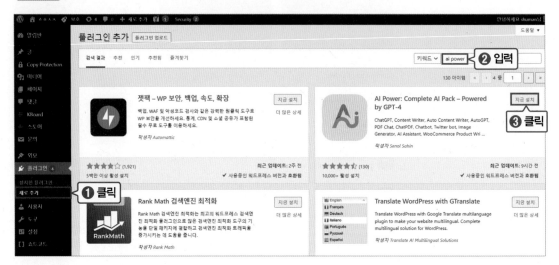

02 AI Power 플러그인의 업데이트 안내 화면이 나타나면 [Allow & Continue]를 클릭해 업데이트를 진행합니다.

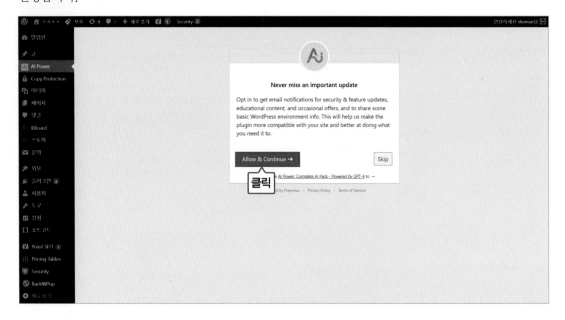

03 플러그인 활성화와 업데이트를 완료하면 다음 화면과 같이 AI Power가 설치된 것을 확인할 수 있습니다. AI Power를 사용하기 위해서는 옵트인 이메일 인증을 해야 합니다. 화면 상단에 표시되는 자신의 이메일 계정을 확인합니다.

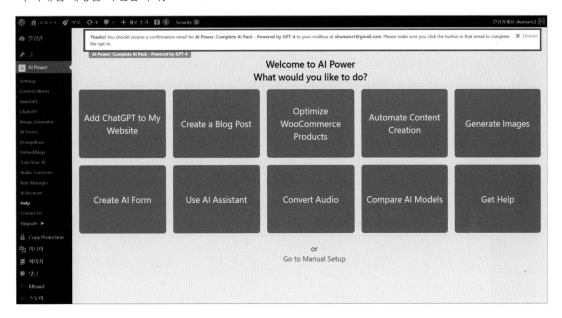

04 자신의 메일함을 열면 다음과 같이 AI Power 인증 메일이 수신된 것을 확인할 수 있습니다. [Confirm your email]을 클릭해 인증을 완료합니다.

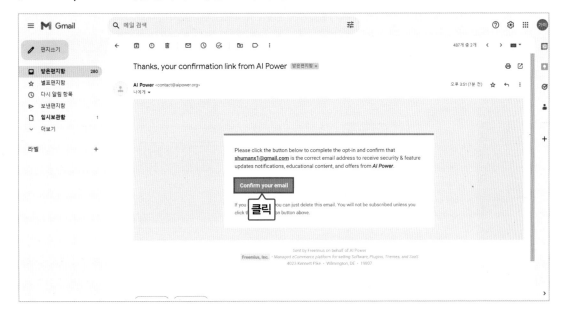

05 인증을 완료하면 관리자 메뉴에서 ❶ **AI Power: Complete AI Pack – Powered by GPT-4 opt-in was successfully completed.**와 같이 인증이 완료되었다는 메시지를 확인할 수 있습니다. AI Power의 설정을 위해 ❷ [AI Power] – [Settings]를 클릭합니다.

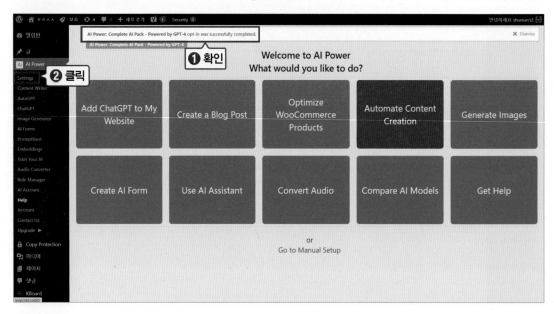

06 Settings 페이지로 이동하면 [AI Engine] 탭에 [Provider] 항목이 ❶ [OpenAI]인지 확인합니다. ❷ [Model] 항목이 [gpt-3.5-turbo-16k]로 선택되었는지 확인합니다. 이제 AI Power 플러그인과 OpenAI의 API Key를 연동할 차례입니다. ❸ [Get Your Api Key]를 클릭합니다.

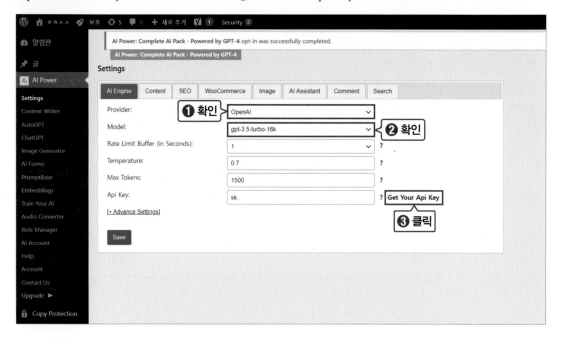

자신에게 적합한 GPT 언어 모델을 선택합니다

GPT의 언어 모델(Language Models)을 ❶ 어느 것으로 선택하는가에 따라 토큰의 가격은 차이가 큽니다. 다음과 같이 ❷ GPT-3.5 Turbo 16K는 Input의 경우 0.003달러이고, GPT-4 Turbo 32K는 0.06 달러로 20배의 가격 차이가 납니다. 2023년 12월 기준으로 가장 비싼 GPT-4 Turbo 모델이 가장 정교한 콘텐츠 결과물을 내놓겠지만, 여러분 스스로가 플러그인을 테스트하면서 결과물과 비용의 적정선을 판단해보길 바랍니다. 그러한 과정을 통해 자신에게 가장 적합한 GPT 모델을 선정할 수 있습니다.

07 API Keys 페이지가 나타납니다. API Key를 생성하기 위해 [Create new secret key]를 클릭합니다.

08 [Create new secret key] 대화상자가 나타나면 [Create secret key]를 클릭해 API Key를 생성합니다.

09 API Key가 생성되었습니다. ❶ 복사 아이콘을 클릭하면 ❷ [API key copied!]라는 Alert 팝업창이 나타납니다. 이때 복사한 Key 값을 반드시 노트나 메모장 등에 복사해서 저장해두어야 합니다. 추후에는 보안상 OpenAI 홈페이지의 API Keys 화면에서 Key 값을 확인할 수 없습니다. 반드시 따로 메모해서 보관합니다. ❸ [Done]을 클릭해 마칩니다.

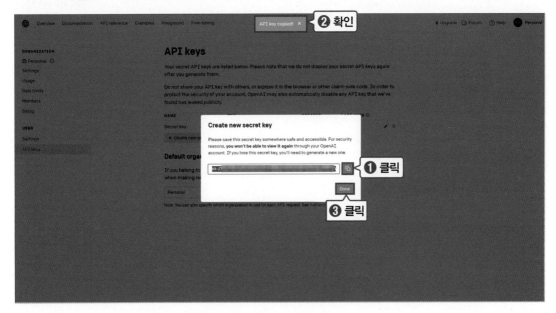

10 다음과 같이 ❶ API Key 값이 생성된 것을 확인할 수 있습니다. ❷ 키 생성일을 잘 확인해두어야 합니다. 무료 체험 기간은 3개월 정도이지만 기간은 언제든지 변동될 수 있으니 확인하고 기간에 맞게 사용합니다.

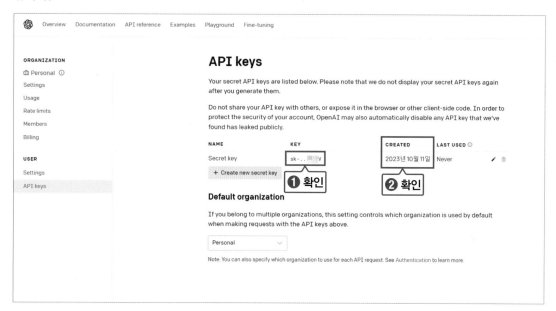

11 이제 복사한 API Key 값을 AI Power 플러그인에 연동하겠습니다. 복사한 Key 값을 ❶ [APi Key]에 붙여 넣습니다. ❷ [Content] 탭을 클릭합니다.

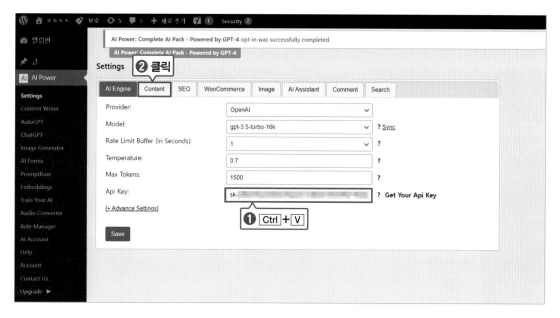

12 [Content] 탭의 ❶ [Language] 항목을 [Korean]으로 선택합니다. [Number of Headings] 항목은 포스팅의 소제목을 몇 개로 만들 것인지를 결정합니다. 소제목을 세 개로 만들 것이므로 ❷ 3을 입력합니다. [Heading Tag] 항목은 헤딩 태그의 크기를 결정하는 곳입니다. ❸ [h1]을 선택하고 [Save]를 클릭해 설정을 저장합니다.

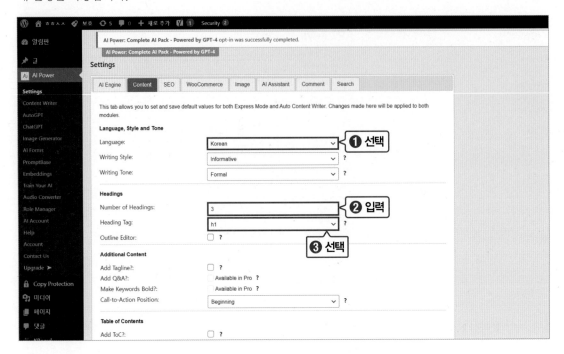

13 OpenAI의 API Key가 AI Power 플러그인과 정상적으로 연동되면 다음과 같이 **Records successfully updated!**라는 메시지를 확인할 수 있습니다.

14 이제 AI Power를 활용해 자동으로 글을 써보겠습니다. 고령화라는 주제는 해당 분야에 어느 정도 전문성이 있어야 쓸 수 있는 글입니다. 관리자 메뉴에서 **❶** [글]–[새로 추가]를 클릭합니다. 새 글 추가 페이지에서 **❷** 제목에 **고령화시대 어떻게 대비해야 하는가?**를 입력합니다.

15 화면을 아래로 스크롤합니다. [GPT-3 AI Content Writer & Generator]까지 스크롤합니다. **❶** [Language] 항목은 [Korean]을 선택하고 **❷** [Title]에는 **고령화시대 어떻게 대비해야 하는가?**를 입력합니다. **❸** [Headings?] 항목은 [1]을 선택하고 [Generate]를 클릭해 콘텐츠 자동 생성을 진행합니다.

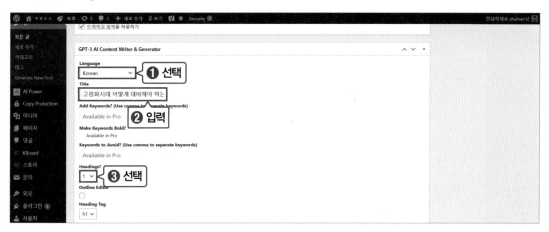

TIP 과거에는 미국 시간으로 사용자가 많은 시간대인 오전 9시~오후 6시경에 OpenAI 시스템이 과부하가 걸려서 결과물을 정상적으로 처리하지 못하는 경우가 많았습니다. 요즘은 특정 시간대와 상관없이 과부하가 걸려서 결과물이 나오지 않는 경우가 종종 있습니다. 이런 사례는 OpenAI의 챗GPT와 API 서비스에서 동일하게 발생하고는 합니다. 며칠 전 OpenAI가 이미지 검색 관련 신규 업데이트를 진행한 날 챗GPT 서비스 자체에 잦은 오류가 발생하기도 하였습니다.

16 콘텐츠 자동 생성이 진행되면 다음과 같이 [Generating content] 팝업창이 나타납니다. 생성이 진행되고 있음을 알려줍니다.

17 AI Power의 콘텐츠 자동 생성이 정상적으로 성공하면 ❶ 다음과 같이 **Finished** 메시지가 나타납니다. 그리고 인공지능에 의해 생성된 콘텐츠가 ❷ [Content] 필드 안에 자동으로 입력됩니다. 인공지능이 고령화에 대한 주제로 2분도 안 되는 시간에 전문성 있는 글을 작성한 것을 확인할 수 있습니다. 이제 이 콘텐츠를 사용하기 위해 ❸ [Save Draft]를 클릭합니다.

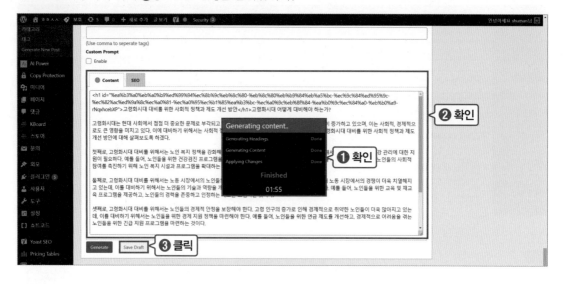

TIP 해당 분야의 전문가가 아니면 이와 같은 내용을 조사하고 이 정도 수준의 글을 작성하는 데 많은 시간이 소요되었을 것입니다. 인공지능은 우리가 하는 일을 쉽게 할 수 있도록 도움을 주고 시간을 절약해주는 도우미 역할을 톡톡히 해냅니다.

18 AI가 자동으로 생성한 콘텐츠가 ❶ 워드프레스 글 편집창에 복사된 것을 확인할 수 있습니다. 이제 콘텐츠를 발행하기 위해 ❷ [공개]를 클릭합니다.

19 콘텐츠가 발행되었습니다. 웹사이트에 적용된 화면을 확인하기 위해 [글 보기]를 클릭합니다.

20 웹사이트 화면을 보면 정상적으로 콘텐츠가 발행된 것을 확인할 수 있습니다.

21 콘텐츠의 품질은 GPT 버전이 높아질수록 더욱 더 정교해지지만 사용하는 크레딧 비용은 많이 발생합니다. AI Power의 플러그인 기능 중에서 옵션을 확인하면 다음과 같이 이미지도 자동으로 만들어주는 생성형 이미지 인공지능인 DALL·E을 활용하거나 Pixaybay의 이미지를 자동으로 사용하는 등의 기능도 활용할 수 있습니다. 이미지 사용은 많은 데이터 패킷이 사용되므로 크레딧 비용도 더 발생한다는 점에 유의합니다.

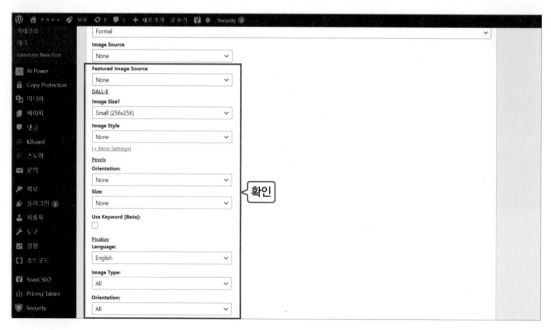

22 ❶ [Headings?] 항목은 [3]을 선택하고 [Generate]를 클릭합니다. ❷ 다음과 같이 더욱 풍성한 콘텐츠 결과를 얻을 수 있습니다.

ⓦ **OpenAI API 화면에서 크레딧 사용량 확인하기**

---

01 OpenAI의 크레딧을 얼마나 사용했는지 확인해보겠습니다. 물론 무료 체험 기간이지만, 크레딧 사용은 비용과 직결되기 때문에 꼼꼼히 확인하는 습관을 가져야 합니다. OpenAI 웹사이트의 API 화면으로 이동합니다. [View API keys]를 클릭합니다.

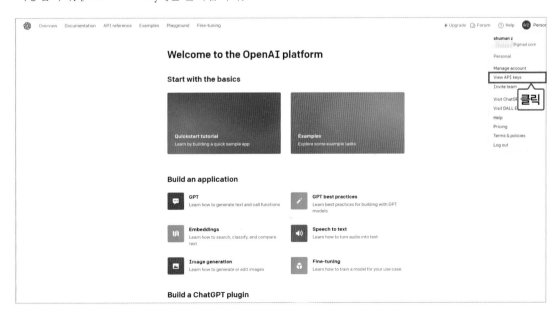

02 왼쪽 메뉴에서 ❶ [Billing]을 클릭하면 ❷ 다음과 같이 무료 체험 기간 안에 4.92달러 크레딧이 남은 것을 확인할 수 있습니다. 크레딧 사용량을 확인하기 위해서 ❸ [View usage]를 클릭합니다.

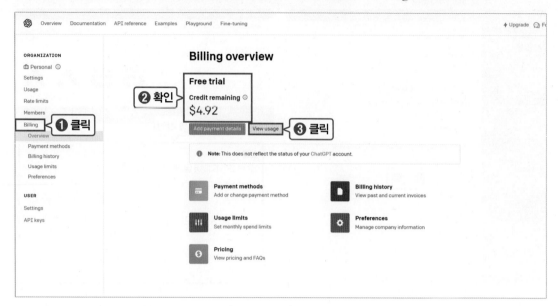

03 ❶ 다음과 같이 무료 체험 크레딧이 전체 5달러 중에서 0.08달러 크레딧이 사용된 것을 확인할 수 있습니다. ❷ 무료 체험 기간 만료일이 2024년 2월 1일인 것을 확인할 수 있습니다. 무료 체험 기간은 3개월이 조금 넘는 것 같습니다. 만료일이 되면 크레딧이 남아도 사용할 수 없으니 만료일 전에 사용합니다. 무료 체험 정책은 OpenAI 정책으로 언제든지 변경될 수 있으니 유의합니다. 무료 기간이 종료되면 신용카드를 등록해서 유료로 사용할 수 있습니다.

SECTION 03

AI ChatBot 플러그인 (AI Engine Chatbot) 설치하기

이번에는 인공지능 챗봇(Chat Bot) 기능을 활용해 자신의 워드프레스 웹사이트에 채팅 기능을 구현해보겠습니다. 이미 많은 기업이나 소규모 쇼핑몰에서도 상담 인력에 대한 비용 지출을 줄이기 위해 챗봇 시스템을 도입하고 있습니다. 워드프레스의 특성상 플러그인을 활용하면 간단하게 자신의 워드프레스 웹사이트에 인공지능 기반의 챗봇 기능을 구현할 수 있습니다.

워드프레스에서 AI 챗봇으로 가장 많이 사용하는 플러그인인 AI Engine를 설치하고 웹사이트에 인공지능 챗봇을 탑재하는 방법에 대해서 알아보겠습니다.

만들면서 배우기 ⓦ AI 챗봇 플러그인 설치하기

01 ❶ 관리자 메뉴에서 [플러그인]-[새로 추가]를 클릭합니다. ❷ 검색창에 **ai engine**을 입력해 플러그인을 검색합니다. ❸ [AI Engine]의 [지금 설치]를 클릭해서 플러그인을 설치한 후 활성화합니다.

예제 파일 활용 테마와 플러그인/ai-engine.1.9.87.zip

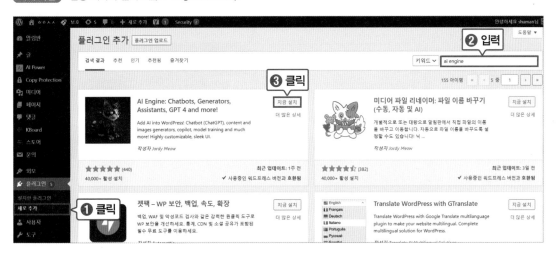

02 ❶ 플러그인이 활성화되면 관리자 메뉴에서 ❷ [Meow Apps]-[AI Engine]을 클릭합니다.

03 AI Engine의 설정을 위한 [대시보드] 탭이 열립니다. [모듈] 항목의 ❶ [챗봇], [생성기], [놀이터], [조력자]에 체크를 확인하고, 체크가 해제되어 있는 부분은 체크합니다. 챗봇 설정을 위해 ❷ [챗봇] 탭을 클릭합니다.

04 [챗봇] 탭의 [기본 설정]을 클릭합니다.

05 [기본 설정]에서 테마를 ❶ [ChatGPT]로 선택하고 ❷ [시각적 설정]을 클릭합니다.

06 시각적 설정은 챗봇의 보이는 부분을 설정하는 곳입니다. 챗봇 상담을 위해 챗봇 아이콘을 클릭하면 처음으로 보이는 메시지가 ❶ 다음과 같습니다. 또한, ❷ [AI 이름]과 [문장 시작]을 설정할 수 있습니다.

07 AI의 첫 안내 멘트를 만들어보겠습니다. ❶ [문장 시작]에 **안녕하세요? 챗봇입니다. 무엇을 도와드릴까요?**를 입력합니다. ❷ 다음과 같이 웹사이트 방문자에게 보이는 메시지를 미리보기 화면으로 확인할 수 있습니다.

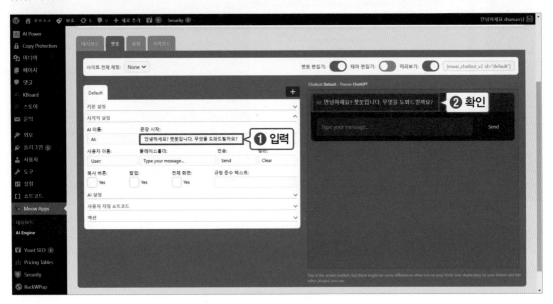

08 이제 챗봇의 아이콘을 설정할 차례입니다. ❶ [팝업]에 체크하면 챗봇 아이콘 모양이 미리보기 화면에 나타납니다. 자신이 원하는 챗봇 아이콘을 선택합니다. 여기서는 ❷ 네 번째 아이콘을 선택하겠습니다. ❸ [전체 화면]에 체크하고 ❹ [팝업 설정]을 클릭합니다.

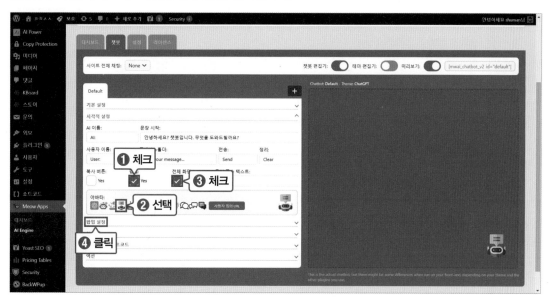

09 팝업 설정은 챗봇의 위치를 설정하는 곳입니다. 일반적으로 웹사이트의 챗봇 위치를 오른쪽 하단에 설정하는 경우가 많습니다. [위치] 항목을 ❶ [Bottom Right]로 선택하고 ❷ [AI 설정]을 클릭합니다.

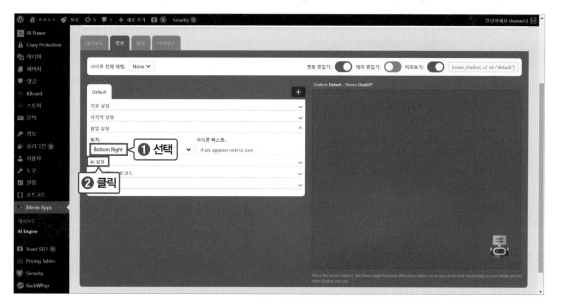

10 AI 설정은 OpenAI 챗GPT의 언어 모델을 선택하는 곳입니다. turbo와 최신 GPT4 등을 선택할 수 있습니다. 최신 언어 모델일수록 API 사용 시 비용이 높아진다고 설명했습니다. 비용 대비 효과가 좋은 [turbo]를 선택합니다. 여기에서 turbo는 GPT 3.5입니다.

11 ❶ [사용자 지정 쇼트코드]를 클릭하면 ❷ [mwai_chatbot_v2]와 같은 숏코드를 확인할 수 있습니다. 이제 챗봇을 사용할 페이지에 이 숏코드를 복사해서 붙여 넣으면 해당 페이지의 오른쪽 아래에 챗봇 아이콘이 나타납니다. ❸ [설정] 탭을 클릭합니다.

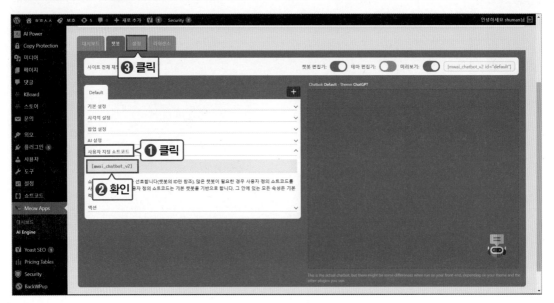

12 화면 상단에서 다음과 같은 메시지를 확인할 수 있습니다. 우리는 이미 OpenAI 계정과 API Key를 생성했고 보관하고 있기 때문에 해당 Key를 복사해서 사용하면 됩니다.

13 복사해두었던 자신의 OpenAI의 API Key를 ❶ [API 키]에 붙여 넣습니다. ❷ [스트리밍]의 허용에 체크하고, ❸ 챗봇의 [토론]과 [구문 하이라이트]의 허용에 체크합니다. 이제 챗봇 숏코드를 복사하기 위해 ❹ [챗봇] 탭을 클릭합니다.

14 원하는 페이지에 챗봇이 보이도록 하기 위해 챗봇 숏코드를 복사해서 붙여 넣습니다. ❶ 챗봇 숏코드를 드래그해서 선택하고 마우스 오른쪽 버튼을 클릭합니다. ❷ [복사]를 선택해서 숏코드를 복사합니다.

> **TIP** 만약 특정 페이지에 챗봇을 보이게 하지 않고, 웹사이트 전체에 챗봇을 보이게 하려면 [사이트 전체 채팅] 옵션을 [Default]로 변경하면 됩니다. 실습에서는 특정 페이지에만 챗봇을 보이게 할 것이므로 [None]으로 둡니다.

15 SECTION 02의 18~19에서 인공지능이 자동으로 콘텐츠를 만들었던 글에 챗봇을 붙여 넣겠습니다. 관리자 메뉴에서 ❶ [글]-[모든 글]을 클릭하고 ❷ [고령화시대 어떻게 대비해야 하는가?]를 클릭합니다.

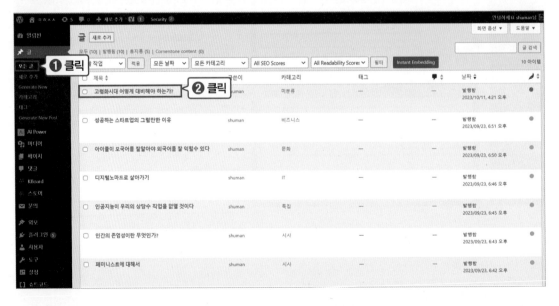

16 본문 편집창을 아래로 스크롤합니다. ❶ 편집창 맨 아래에 복사해두었던 챗봇 숏코드를 붙여 넣습니다. ❷ [업데이트]를 클릭하고 챗봇이 정상적으로 보이는지 확인하기 위해 ❸ Ctrl 을 누른 상태에서 [글보기]를 클릭합니다.

17 웹사이트 화면으로 이동됩니다. 웹사이트 오른쪽 하단에 챗봇 아이콘이 생성된 것을 확인할 수 있습니다. 챗봇에게 궁금한 사항을 1:1로 문의해보겠습니다. 챗봇 아이콘을 클릭합니다.

18 챗봇 아이콘을 클릭하면 ❶ 다음과 같이 챗봇에 설정해두었던 초기 메시지가 나타납니다. 챗봇에게 간단한 질문을 하겠습니다. ❷ 다음과 같이 **고령화 국가들 중에서 대표적 세 나라를 뽑는다면 어떤 나라인지 궁금합니다**를 입력하고 Enter 를 누릅니다.

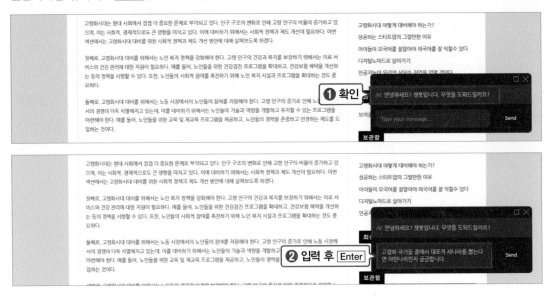

19 AI 챗봇이 대표적인 고령화 국가 세 나라에 대해 답변하는 것을 확인할 수 있습니다. 챗봇에게 답변에 대한 감사의 인사를 하기 위해 다음과 같이 입력합니다. 챗봇은 친절한 멘트로 답변을 마무리합니다.

AI의 발전과 좋은 서비스를 위한 비용 지불

AI 시스템의 발전 속도는 예상보다 빠르게 진행되고 있습니다. 챗봇 역시 워드프레스 웹사이트 내부의 콘텐츠를 스스로 분석하고 학습해서 이질감 없이 해당 콘텐츠 내용에 맞는 채팅을 스스로 하게 될 날이 올 것입니다. 물론 AI의 콘텐츠 분석과 품질에 관여하는 언어 모델에 따라서 API 비용은 다르게 측정될 것입니다. 결국 인공지능은 비용이라는 이슈와 맞물려 갈 것은 자명합니다. 미래는 인공지능에 일정 비용을 지불하고 좋은 서비스를 제공해야 살아남는 시대가 될 것입니다.

20 AI Engine에서 사용한 OpenAI의 API 비용을 별도로 확인할 수 있습니다. 관리자 메뉴에서 ❶ [Meow Apps]-[AI Engine]을 클릭하고 ❷ [대시보드] 탭을 클릭합니다. ❸ [사용 비용] 항목에서 얼마의 토큰과 비용이 사용되었는지 확인합니다.

PROJECT 03

워드프레스와 수익화

워드프레스를 이용한 대표적인 수익화 방법은 애드센스를 통한 광고 수익입니다. 그 외에도 여러 가지 방법으로 수익을 창출할 수 있습니다. 워드프레스는 개인 블로그부터 시작해서 기업의 홍보용 웹사이트나 쇼핑몰 등 다양한 분야와 형태로 존재하는 웹사이트입니다. 수익화 방법 또한 여러 가지가 있습니다. 여기서는 애드센스를 포함해서 워드프레스에서 활용 가능한 여러 가지 수익화 방법에 대해서 알아보겠습니다.

미리 보는 워드프레스 웹사이트

워드프레스 웹사이트에 자동 광고를 탑재합니다.

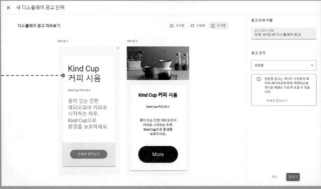

구글 애드센스 광고를 수동으로 배치하는 방법에 대해 학습합니다.

애드센스가 좋아하는 최적화 글 작성 가이드에 대해서 배웁니다.

SECTION 01

워드프레스 수익화의 다양한 방법

구글 애드센스

먼저 구글 애드센스를 활용한 광고를 통한 수익화 방법이 있습니다. 애드센스를 활용한 광고 수익은 사용자가 가장 선호하는 수익화 방법으로 접근하기가 수월합니다. 워드프레스 콘텐츠에 광고를 삽입하면 웹사이트를 방문한 사람들이 광고를 클릭합니다. 광고가 방문자에게 얼마나 많이 노출되었는지에 따라 수익이 발생하는 구조입니다.

▲ 구글 애드센스

과거에는 페이지당 광고의 개수가 제한적이었고, 광고의 형태도 고민하며 선정해야 했습니다. 근래 들어서는 광고의 개수는 제한이 없고, 자동 광고 형식으로 설정해놓으면 구글이 가장 적합한 형태의 광고를 송출합니다. 사용하는 데 무척 편리해졌습니다.

어필리에이트 마케팅(제휴 마케팅)

두 번째로 눈여겨봐야 할 부분은 어필리에이트(Affiliate)라고도 하는 제휴 마케팅입니다. 워드프레스 사이트를 제휴 마케팅 플랫폼으로 활용하는 것으로, 마케팅에 감각이 있는 분들이 활용하면 예상 외의 수익을 거둘 수 있습니다. 현재 국내에서 제휴 마케팅으로 많이 사용하는 것은 쿠팡 파트너스입니다. 쿠팡 파트너스는 쿠팡에서 제공하는 제휴 마케팅 프로그램으로 쿠팡에서 판매 중인 상품을 광고하고, 방문자가 광고를 클릭해 쿠팡에서 구매를 하면, 방문자가 구매한 금액의 일정 비율(약 3~8%)을 수익으로 받을 수 있는 구조입니다.

▲ 쿠팡 파트너스

전문 콘텐츠 유료화

세 번째로는 워드프레스 사이트를 특정 분야에 전문성 있는 웹사이트로 키워 콘텐츠의 일부를 유료화하거나 구독 서비스를 통해서 수익을 창출하는 것입니다. 특정 분야에 전문성이 확보되어야 무료로 워드프레스의 콘텐츠를 보던 방문자가 콘텐츠의 품질에 만족감을 느껴 유료로 결제하게 되는 것입니다. 전문적인 강의나 희소성 있는 정보를 제공한다면 유료화해서 수익을 얻을 수 있습니다.

쇼핑몰 운영

마지막으로 워드프레스 쇼핑몰을 운영하는 것입니다. 제품은 유형의 실물 상품이 될 수도 있지만, 무형의 소프트웨어도 가능합니다. 제품을 판매하여 수익을 창출합니다. 네 가지의 수익화 방법 중에서 일반인이 손쉽게 접근할 수 있는 방법은 첫 번째 애드센스를 통한 광고 수익입니다. 나머지 세 가지는 어느 정도의 전문성이 요구됩니다.

애드센스를 통한 워드프레스 수익화

워드프레스와 애드센스

요즘 인터넷을 조금만 검색해보면 워드프레스와 애드센스로 한 달에 몇 백에서 몇 천만 원을 보장한다는 각종 책자와 광고들을 어렵지 않게 접할 수 있습니다. 심지어 단 몇 번만 수강하는 관련 강의가 수백만 원씩 하는 경우도 있습니다.

전에는 페이스북과 SNS 열풍 때와 마찬가지로 많은 사람들의 관심이 쏠리는 만큼 그 도구를 활용해서 폭리를 취하려는 사람들이 있었습니다. 그리고 마법의 지팡이같이 노하우가 손에만 쥐어지면 자동으로 모든 것이 될 것이라는 착각을 하기도 했습니다. 과거 그 열풍에 휩싸여서 저자의 지인은 강의료로 천만 원을 훌쩍 넘는 거액을 지불했었습니다. 고액의 강의료에 합당한 고급 기술을 배워서 자기 것으로 만들었다면 금액이 아깝지 않겠지만, 그렇지 못한 경우도 상당히 많다는 점에 유의해야 합니다.

모든 일이 그렇듯이 노력 없이 원하는 결과를 얻을 수 없으며, 쉽게 돈으로 주고 사더라도 자신이 공부하지 않고 체화하지 못한다면 오래가지는 못할 것입니다.

이 책에서는 워드프레스의 수익화의 마법에 대해서 이야기하지 않습니다. 애드센스를 이용할 때 필요한 기본적인 사항들과 일반적으로 통용되는 수익화 가이드를 설명하고 워드프레스에 애드센스를 탑재하는 방법에 대해서 안내합니다.

애드센스란 무엇인가

애드센스는 구글이 인터넷이 연결된 컴퓨터, 스마트폰, 태블릿 등의 디지털 기기에서 광고를 하는 일종의 광고 시스템으로 생각하면 됩니다. 즉, 애드센스는 웹사이트 소유자가 광고를 게재하고, 광고 클릭이나 조회를 통해 수익을 얻을 수 있게 해주는 서비스입니다.

구글은 광고를 게재할 수 있는 시스템을 만들어놓고 블로거나 유튜버가 광고를 게시하게 하고, 사용자가 광고를 보거나 구매를 하면 블로거나 유튜버에게 수익을 지급합니다.

좀 더 세부적으로는 구글의 광고 시스템은 애드센스와 과거 애드워즈로 불렸던 구글 애즈(Ads)로 나뉩니다. 우리가 흔히 접하는 애드센스는 광고를 게시하는 블로거, 유튜버가 사용하는 것이라면 광고를 만들고 생성하고 입찰하는 애즈는 광고주가 사용하는 시스템입니다.

구글은 구글 애즈라는 광고주 입찰 시스템을 만들어놓고 광고주에게 광고를 입찰합니다.

▲ 구글의 온라인 광고 플랫폼 구글 애즈(Ads)

구글 애즈는 구글의 광고 서비스로, 광고주에게 키워드 기반의 광고 게재 서비스를 제공합니다. 애즈를 이용하면 광고주는 구글 검색 결과나 다른 웹사이트에 광고를 노출할 수 있습니다. 광고주는 특정 키워드에 대한 광고를 생성하고 키워드에 대한 입찰을 진행하는데, 이때 입찰 가격은 클릭당 비용(CPC) 또는 천회당 비용(CPM)을 기준으로 결정합니다.

사용자가 키워드로 검색하면 애즈는 광고주의 입찰 가격과 광고의 품질 점수를 기반으로 광고의 노출 순서를 결정하게 됩니다. 광고가 만들어지면 구글 애드센스를 통해서 광고 코드 형태로 웹사이트 소유자나 블로거들이 광고를 게재할 수 있습니다. 사용자가 광고를 보거나 광고를 클릭하면 광고주는 구글에 해당 클릭에 대한 비용을 지불하고 구글은 웹사이트 게시자나 블로거에게 수익을 나누게 됩니다. 즉, 애즈는 광고주 중심의 광고 플랫폼이고 애드센스는 웹사이트나 블로그 소유자 중심의 광고 플랫폼입니다. 구글은 두 플랫폼을 통해 광고주와 웹사이트 소유자 사이에서 중개자 역할을 하며 수익을 창출합니다.

웹서핑을 하다 보면 신기하게도 얼마 전에 자신이 검색했던 것과 비슷한 콘텐츠의 광고가 뜨는 경험을 합니다. 애드센스는 웹사이트 사용자가 방문한 블로그의 내용과 인터넷 검색 기록 및 쿠키를 적절히 활용해서 사용자가 광고를 보거나 클릭해서 구매를 유도하기 쉬운 광고를 송출합니다. 만약 웹사이트 방문자가 검색창에 운동화를 검색했다면, 애드센스는 관련된 스포츠 브랜드의 광고를 송출합니다.

인터넷 방문자는 자신이 운동화를 사려고 했기 때문에 스포츠 브랜드의 광고를 클릭할 확률이 높은 것입니다. 구글은 이런 원리를 이용해서 광고주에게 광고비를 받고, 받은 광고비를 광고를 게시한 블로거나 웹사이트 소유자에게 나누는 시스템을 만든 것입니다.

애드센스 수익 보관소 외화통장 개설하기

애드센스를 사용하기 전에 먼저 해야 할 일이 있습니다. 구글 애드센스를 사용해서 광고 수익을 받을 외화통장을 개설하는 것입니다.

외화통장은 자신에게 편리한 주거래 은행 중에서 만들면 됩니다. 근래에는 카카오뱅크에서 외화통장을 개설하는 사람들도 많습니다. 그러나 카카오뱅크에서 개설하기보다 SC 제일은행에서 개설하는 것을 추천합니다. 이유는 수수료 때문입니다. 물론 수수료는 은행별로 변동될 수 있기 때문에 현재 시점에서 설명합니다.

해외에서 외화를 송금받을 때는 수수료가 발생하는데 카카오뱅크의 외화 송금 시 수수료는 2024년 1월 기준 5천 원이고 SC 제일은행의 송금 수수료는 1만 원입니다. 카카오뱅크의 수수료가 저렴하다고 생각할 수도 있지만, 카카오뱅크는 실제로 직접 환거래를 하는 은행이 아니므로 별도의 중개 수수료가 1만 원 정도 발생합니다. 즉, 외화 송금 시 실제로는 총 1만5천 원 정도의 수수료가 발생합니다. SC 제일은행은 환거래를 직접하는 은행이기 때문에 별도의 중개 수수료가 없이 송금 수수료만 1만 원 지불하면 됩니다.

은행별로 송금 수수료와 중개 수수료가 상이하고 언제든지 은행의 정책에 따라서 바뀌기 때문에 자신에게 맞는 은행을 선택합니다.

> **TIP** SC 제일은행에서 외화통장을 개설할 때 과거에는 신분증을 지참하고 은행 지점을 방문해야 했지만, 이제는 편리하게 집에서 스마트폰의 모바일 앱으로 가입이 가능합니다.

📝 모바일로 간편하게 외화통장 만들기

아직 외화통장이 없다면 다음 절차를 통해 모바일로 간편하게 계좌를 개설합니다. 여기에서는 안드로이드 스마트폰 기준으로 설명합니다.

01 스마트폰에서 구글 Play 스토어 어플에 접속합니다. ❶ 검색창에 **sc제일은행**을 입력하고 [sc제일은행 모바일뱅킹] 어플의 ❷ [설치]를 터치해 설치를 진행합니다. 어플을 실행하고 ❸ [상품몰]을 터치합니다. 금융상품에서 ❹ [외환] 아이콘을 터치합니다.

02 외화통장 개설하기 화면에서 ❶ [외화통장 만들기]를 터치합니다. 외화보통예금(입출금)의 상품 내용을 확인한 후 ❷ [신청하기]를 터치합니다. 안내에 따라서 외화통장을 개설합니다.

SECTION 03

애드센스 승인과 웹사이트 사전 준비 사항

애드센스에 들어가기에 앞서서

이제 워드프레스에 애드센스를 탑재해서 수익화를 실현하기 위한 고지에 다가가고 있습니다. 구글 애드센스를 사용하려면 구글 애드센스에 가입하고 승인을 받아야 합니다. '제 사이트에서 애드센스를 사용하고자 하니 승인해주세요.'라고 구글에 요청하는 것을 애드센스에서 가입 프로세스상에서 검토 요청을 한다고 표현합니다.

애드센스 승인을 위한 검토 요청을 하기 전에 먼저 자신이 만든 웹사이트에 준비할 것들이 있습니다. 일종에 애드센스 승인에 합격하기 위한 사전 준비 사항입니다. 자세한 내용은 364쪽 **애드센스 승인을 받기 위해 웹사이트가 갖추어야 할 조건** 부분을 확인합니다.

테스트 콘텐츠를 삭제하고 실제 운영할 사이트 만들기

본격적으로 구글 애드센스를 시작하기 전에 한 가지 중요한 이야기를 하겠습니다. 일반적인 IT 서적처럼 이 책도 실습 위주로 따라 하며 공부하는 방식으로 구성했습니다. 독자 여러분들은 해당 챕터까지 열심히 실습 예제를 따라 하며 차근차근 워드프레스 사이트를 만들었을 것입니다. 그러나 지금까지 실습한 웹사이트의 콘텐츠는 백업을 해두고 과감히 삭제합니다. 그런 다음 실제 운영할 웹사이트 콘텐츠를 새로 만들고 애드센스의 승인 신청인 검토 요청을 적용합니다. 여기서 삭제할 것은 웹사이트를 구성하는 프로그램인 테마, 플러그인이 아니라 콘텐츠입니다. 실습하면서 만들었던 모든 블로그 포스팅과 콘텐츠 내용을 삭제하고, 구글 애드센스를 시작하라는 것입니다.

만약 실습했던 콘텐츠를 삭제하지 않은 상태에서 애드센스 챕터의 실습을 진행한다고 가정해봅니다. 그 과정에서 검토 요청을 하면 구글은 승인 요청한 웹사이트를 면밀히 검토한 후에 '광고 게재가 준비되지 않은 사이트'로 판단하고 애드센스 승인을 하지 않을 것입니다. 간혹 운이 좋아 애드센스 승인이 나더라도 실습 예제인 동일한 콘텐츠나 복사한 콘텐츠로 웹사이트를 채우면 결국 애드센스 정책 위반으로 애드센스 수익이 정지될 것입니다. 그러므로 실제 운영할 웹사이트 콘텐츠가 준비되었을 때, 애드센스 승인 검토 요청을 합니다. 이 부분은 꼭 지켜야 합니다.

▲ 사이트 준비가 제대로 되지 않을 때, 애드센스 승인이 되지 않는 상황

애드센스 승인을 받기 위해 웹사이트가 갖추어야 할 조건

애드센스 승인을 받기 위해서 웹사이트는 몇 가지 조건을 갖춰야 합니다. 아직까지는 애드센스 승인에 대한 정확한 정공법은 없습니다. 구글이 승인에 대한 조건을 세부적으로 공개를 안 하고 있기 때문입니다. 또한 구글은 지속적으로 승인 로직을 변경하고 있습니다.

그렇다면 우리는 애드센스 승인을 받기 위해서 어떻게 준비를 해야 할까요? 웹사이트를 운영하는 사람들마다 사이트의 성격도 다르고 콘텐츠의 내용도 상이하지만 일반적으로 통용되는 방법은 있습니다.

먼저, '구글이 애드센스 승인 과정을 통해서 사이트를 검토하는 이유는 무엇일까?'를 생각하면 답이 나옵니다. 구글은 광고주 플랫폼을 운영하는 회사입니다. 구글이 자신들의 수익원인 소중한 광고가 테스트용 웹사이트나 불법 복제 콘텐츠 사이트나 봇(Bot)이 만들어놓은 사이트에서 송출되기를 원하지 않습니다. 구글은 광고주에게 피해가 가지 않도록 하기 위해서 완성도 있게 만들어진 사이트, 사람들이 선호하는 콘텐츠가 있는 평판 좋은 사이트에서 광고가 노출되기를 희망할 것입니다. 따라서, 다음과 같은 조건을 확인합니다.

❶ 포스팅하는 콘텐츠의 품질

포스팅하는 콘텐츠의 품질입니다. 자신이 만들려고 하는 웹사이트에는 품질 좋은 콘텐츠만 만든다는 생각으로 콘텐츠를 정성껏 제작합니다. 웹사이트를 오랫동안 유지한다는 마음가짐으로 운영해야 합니다.

품질 좋은 콘텐츠를 만들기 위해서는 해당 콘텐츠에 대한 더 많은 사전 조사와 공부, 노력이 필요합니다. 또한 글 자체를 잘 쓰려는 노력이 포함된다면 더욱 좋겠습니다. 사이트 방문자가 글을 읽을 때, 잘 쓰인 글과 주제도 없고 무슨 이야기를 하는지 모르는 글은 큰 차이가 납니다. 웹사이트 방문자가 글을 읽었을 때 읽고 싶지 않은 수준이라면 다시는 방문하지 않을 것입니다. 미래에 AI 기능이 탑재된 검색 엔진들의 수준이 높아질수록 이런 질 낮은 글은 선별해낼 가능성이 많습니다. 지속적으로 품질이 좋은 글을 쓴다는 것은 인내와 끈기가 필요한 일입니다.

❷ 포스팅 내 글자 수와 포스팅 개수 채우기

포스팅 내 글자 수는 공백을 포함해서 적어도 3,000자 이상이 되어야 합니다. 공백을 포함해서 3,000자 이상이라고 한 것은 하나의 포스팅에 해당하는 것입니다. 즉, 글 한 개를 포스팅할 때 공백을 포함해서 3,000자 이상이고 공백을 뺀다면 대략 2,000자 정도가 될 것입니다. 애드센스 승인을 받기 위해서는 이 정도 분량의 글을 매일 포스팅하는 것이 중요합니다.

애드센스 승인 이후에도 지속적으로 이만큼 분량의 글을 쓰는 것을 추천합니다. 만약 어렵다면, 승인 이후에는 공백 포함 기준 절반 정도 이하인 1,000자나 1,500자 이하로 줄여서 꾸준히 포스팅합니다. 힘들다고 포기하는 것보다 이만큼이라도 꾸준히 포스팅하는 것이 낫습니다.

포스팅 개수도 20~40개 정도의 분량은 채우고 나서 애드센스 승인 신청을 합니다. 포스팅 개수를 채운다고 단 며칠 사이에 20~40개를 다 발행하는 것은 결코 추천하지 않습니다. 봇(Bot)이 아니고 사람이 작성하는 정상적인 사이트라면 하루에 한두 개, 많으면 세 개 정도의 포스팅을 꾸준히 하는 것이 좋습니다. 간혹 몇 개 안 되는 포스팅에 완성도 낮은 수준의 글로 승인을 받았다는 이야기를 하는 사람들의 소식을 듣기도 합니다. 긴 시각에서 본다면 추천할 만한 방법은 아닙니다.

❸ 그밖에 챙겨야 할 것들

다른 사람의 콘텐츠를 그대로 복사해서 사용하지 않습니다. 다른 사람이 작성한 블로그 글을 그대로 복사해서 사용하거나 대충 순서만 바꿔서 도용하면 에드센스 승인이 거절되거나 애드센스 승인이 되었다고 해도 추후에 애드센스 정책에 걸려서 경고를 받거나 계정이 정지될 수 있습니다. 이렇게 다른 사람의 블로그를 복사해서 만드는 것을 유사문서라고 부릅니다. 유사문서는 불법 복제이니 절대로 지양합니다.

또한 포스팅 내의 이미지 개수는 2~4개 정도가 적합합니다. 간혹 이미지로 도배된 포스팅이나 이미지는 없고 텍스트만으로 페이지가 채워져 있는 포스팅도 있습니다. 이러한 포스팅은 웹사이트 방문자 입장에서 무척 피로감을 느끼게 됩니다. 물론 그 사실은 구글도 알고 있습니다.

메뉴와 카테고리를 구조화합니다. 구글은 메뉴와 카테고리로 구조화된 웹사이트를 선호합니다. 사실 깔끔하게 구조화되지 않은 웹사이트는 방문자도 좋아하지 않습니다. 방문자가 선호하는 메뉴와 잘 정리된 카테고리의 웹사이트를 구글도 좋아합니다.

구글 서치 콘솔에 자신의 웹사이트를 등록합니다. 웹사이트가 만들어졌다면 그 사실을 검색 사이트에 알려야 합니다. 애드센스는 구글에서 운영하는 것이기 때문에 구글 서치 콘솔에 사이트 등록은 필수입니다. 아직까지 국내에서는 네이버 검색 엔진이 검색계의 큰손이기 때문에 네이버 웹마스터 도구에도 사이트를 등록합니다.

마지막으로 콘텐츠에 대한 이야기입니다. 당연한 이야기지만 폭력, 불법 등 부정적인 콘텐츠를 포함하고 있다면 구글에서 승인을 거절할 확률이 높습니다.

지금까지 일반적으로 통용되는 애드센스의 승인을 받기 위한 사전 준비 사항을 이야기했습니다. 일곱 가지를 준비해놓고 좋은 콘텐츠를 채워간다면 구글은 여러분의 사이트를 승인하지 않을 수가 없을 것입니다.

이제 사전 준비 사항 중 구글의 웹마스터 도구인 서치 콘솔에 사이트를 등록하는 과정에 대해서 설명하겠습니다.

구글의 웹마스터 도구 – 구글 서치 콘솔

나만의 도메인 주소를 가진 웹사이트를 만들고 나면 인터넷 세상에 내가 만든 웹사이트가 전격적으로 오픈됩니다. 웹사이트가 생성되면 구글이나 네이버 검색 엔진은 크롤링 과정을 거쳐 방대한 WWW(월드와이드웹) 인터넷을 뒤져가며 신규 생성이나 변경 삭제된 사이트와 URL 주소 등을 수집합니다. 물론 이 과정에서 자신이 만든 사이트가 검색될 수도 있지만 이제 막 만들어진 웹사이트가 주목을 받는 것은 쉬운 일은 아닙니다. 거대한 인터넷 바닷속에서 내 사이트의 존재를 적극적으로 알려야 합니다. 이때 필요한 도구가 이른바 서치 콘솔입니다.

구글의 웹마스터 도구로 불리는 구글 서치 콘솔(Search Console)은 기본적으로 내가 웹사이트를 만들었다는 것을 공식적으로 구글 검색 엔진에게 알려주는 역할을 합니다. 우리는 사이트 등록이라는 작업을 마친 후 이러한 과정을 거치는데, 이때 웹사이트의 사이트맵과 RSS를 제출하게 됩니다. 또한 구글 서치 콘솔은 구글의 검색 결과에 자신이 만든 콘텐츠와 웹사이트가 노출되도록 돕습니다. 일종의 웹사이트 관리 및 튜닝 도우미로 생각하면 됩니다. 구글 서치 콘솔을 잘 활용하면 검색 엔진의 최적화와 사이트 운영 관리에 도움이 됩니다. 왜냐하면 크롤링과 색인 관련 기능 및 검색어 트래픽을 확인할 수 있는 기능을 제공하기 때문입니다.

구글 서치 콘솔을 사용하기 전에 먼저 해야 할 일이 있습니다. 서치 콘솔에 등록할 자신의 워드프레스 사이트의 사이트맵을 확인하는 것입니다. 그보다 더 앞서 자신의 웹사이트의 용도를 확인해야 합니다. 자신의 웹사이트가 테스트용인지 애드센스를 탑재하고 실제 운영할 웹사이트인지를 먼저 생각해야 합니다. 만약 실제 운영할 도메인을 지닌 웹사이트에 테스트용이나 구조화되지 못한 웹사이트 콘텐츠를 그대로 두고 사이트맵을 구글에게 제출한다면 구글은 해당 사이트에게 좋은 점수를 주지 않을 것입니다. 따라서 실제 운영할 웹사이트라면 구글 서치 콘솔에 사이트맵을 제출하기 전에 먼저 실제 운영할 콘텐츠들로 정비해야 합니다.

사이트맵이란 무엇인가

서치 콘솔에 사이트맵을 제출하기 위해서는 사이트맵이 무엇인지 알아야 합니다. 사이트맵(Site Map)은 말 그대로 웹사이트의 지도를 말합니다. 자신이 만든 웹사이트가 어떤 구조로 구성되어 있는지에 대한 정보가 담겨져 있습니다. 사이트맵은 구글이나 네이버 등 검색 엔진에게 색인할 페이지 목록을 XML 파일로 만들어 제공함으로써 검색 엔진이 크롤링을 쉽게 하도록 도움을 줍니다. 검색 엔진에게 사이트맵이 잘 제공되어야 누군가가 검색했을 때 내가 작성한 페이지가 잘 보일 것입니다.

사이트맵은 일반적으로 워드프레스를 설치하면 자동으로 만들어집니다. 그러나 사람들이 워드프레스에서 많이 사용하는 SEO 관련 플러그인을 설치해도 자동으로 커스터마이징된 사이트맵을 제공합니다. 가령 우리가 실습한 Yoast SEO 플러그인뿐 아니라 Rank Math 플러그인, 젯팩 플러그인이 만든 사이트맵은 워드프레스 기본 사이트맵보다 우선합니다. 따라서, 플러그인에 의해서 사이트맵 URL이 조금씩 변경됩니다.

'자신의 웹사이트 주소' 뒤에 **/sitemap.xml**을 입력하면 자동으로 포워딩(Forwarding)되므로 정확한 주소를 몰라도 바로 확인이 가능합니다. 워드프레스 공식 사이트인 wordpress.org의 사이트맵 https://wordpress.org/sitemap.xml을 확인하면 다음과 같습니다. 웹사이트 내 문구를 보면 **This is an XML Sitemap Index generated by Jetpack**으로, 워드프레스 공식 사이트는 젯팩(Jetpack) 플러그인을 사용해서 사이트맵을 생성한 것을 알 수 있습니다.

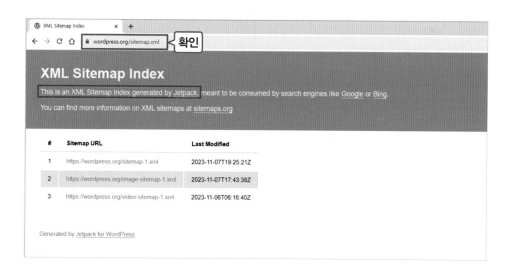

앞서 실습을 하면서 Yoast SEO 플러그인을 설치하였습니다. Yoast SEO 플러그인이 생성한 사이트맵 주소를 확인해보겠습니다.

🅦 워드프레스 사이트맵 주소 확인하기

01 자신이 실제 운영할 워드프레스 사이트의 관리자 메뉴로 이동합니다. ❶ [Yoast SEO]−[Settings]를 클릭하고, Yoast SEO 플러그인 화면이 나타나면 ❷ 화면을 아래로 스크롤합니다.

02 [XML sitemaps] 카드에서 ❶ [Enable Features]의 항목이 활성화되어 있는지 확인합니다. Yoast SEO 플러그인이 생성한 사이트맵을 확인하기 위해 ❷ [View the XML sitemap]을 클릭합니다.

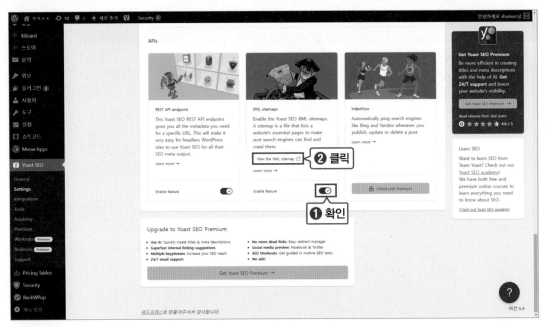

03 XML Sitemap을 확인할 수 있는 화면이 나타납니다. Yoast SEO가 만든 사이트맵의 주소를 확인하면 '자신의 웹사이트 도메인 주소' 뒤에 다음과 같이 /sitemap_index.xml로 사이트맵이 만들어진 것을 확인할 수 있습니다. 사이트맵 주소를 알았으니 구글 서치 콘솔에 제출하면 됩니다.

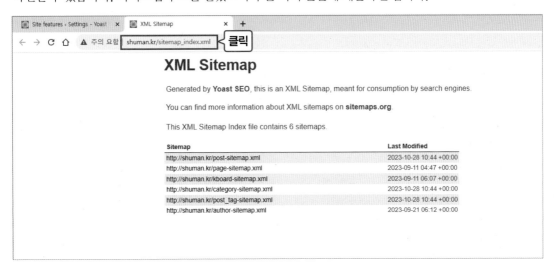

만들면서 배우기 ⓦ 구글 서치 콘솔에 웹사이트 등록하기

01 구글 서치 콘솔에 웹사이트를 등록해보겠습니다. 구글 서치 콘솔 홈페이지(search.google.com/search-console)에 접속합니다. [시작하기]를 클릭하고 서치 콘솔에 구글 계정으로 로그인을 진행합니다. 구글 계정이 없다면 신규로 생성합니다.

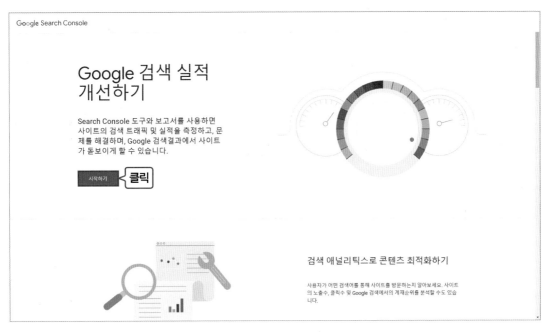

02 구글 서치 콘솔을 시작하려면 먼저 서치 콘솔의 사이트 소유권 확인 과정을 거쳐야 합니다. 방법은 두 가지가 있습니다. 도메인을 활용하는 방법과 URL 접두어를 사용하는 방법입니다. 도메인 방법은 도메인 서비스 업체마다 방법이 조금씩 상이하므로 편리한 방법인 URL 접두어를 사용해서 사이트 소유권을 확인하겠습니다. ❶ [URL 접두어]를 클릭합니다. ❷ 입력창에 웹사이트의 URL 주소를 입력하고 ❸ [계속]을 클릭합니다.

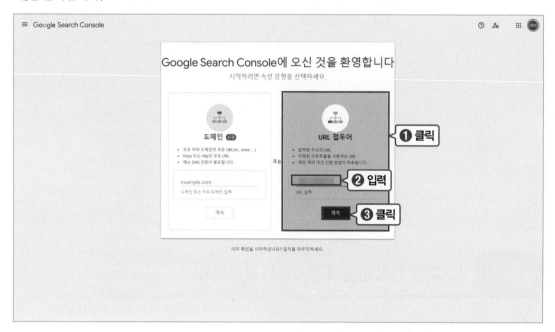

03 인증 확인이 끝나면 [소유권 확인] 팝업창이 나타납니다. HTML 파일을 웹사이트의 서버에 물리적으로 업로드해서 소유권을 인증할 것이므로 다음과 같이 **google ~ .html** 파일을 클릭해 다운로드합니다. 팝업창은 다시 사용해야 하므로 닫지 말고 그대로 둡니다.

04 윈도우 탐색기를 엽니다. 내 컴퓨터의 [다운로드] 폴더 안에 해당 파일이 다운로드된 것을 확인합니다. FTP 프로그램인 파일질라를 실행합니다. 자신의 웹사이트 호스팅 서버의 도큐먼트 루트 폴더에 업로드할 것이기 때문에 ❶ 다음과 같이 파일의 목적지를 [www]로 클릭합니다. ❷ 다운로드한 파일을 선택하고 마우스 오른쪽 버튼을 클릭한 후에 ❸ [업로드]를 선택합니다. 소유권 확인 파일을 서버에 업로드합니다.

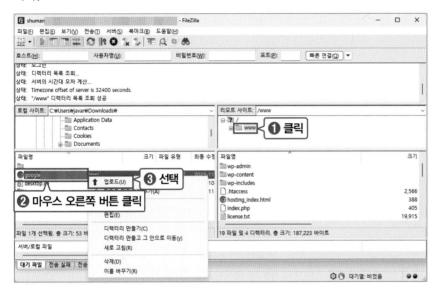

05 다시 [소유권 확인] 팝업창으로 와서 ❶ [확인]을 클릭합니다. 웹사이트의 소유권이 확인되면 [소유권이 자동으로 확인됨]이라는 팝업창이 나타납니다. ❷ [속성으로 이동]을 클릭해 구글 서치 콘솔 화면으로 이동합니다.

06 사이트가 정상적으로 등록되고 나면 다음과 같이 서치 콘솔 화면이 나타납니다. 왼쪽 상단 부분에 자신이 소유권 확인을 한 웹사이트의 주소가 표시됩니다.

만들면서 배우기 · 🦉 구글 서치 콘솔에 사이트맵과 RSS 제출하기

01 이제 구글 서치 콘솔에 웹사이트의 사이트맵과 RSS를 제출하겠습니다. 서치 콘솔의 왼쪽 메뉴에서 ❶ [Sitemaps]를 클릭합니다. ❷ [새 사이트맵 추가] 항목에 다음과 같이 '자신의 웹사이트 주소' 옆에 앞에서 Yoast SEO를 통해서 확인해두었던 **sitemap_index.xml**을 입력합니다. ❸ [제출]을 클릭합니다.

02 사이트맵 제출 중 안내가 끝나면 ❶ [사이트맵이 제출됨]이라는 팝업창이 나타납니다. ❷ [확인]을 클릭합니다.

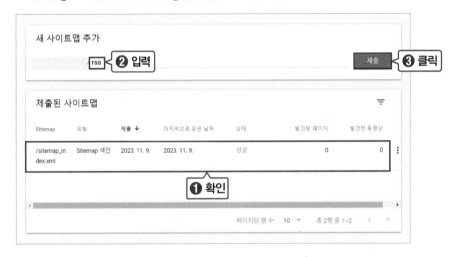

03 사이트맵 제출이 정상적으로 이루어지면 ❶ 사이트맵 제출 내역이 확인되고 상태가 '성공'으로 표시됩니다. 이제 RSS를 제출하겠습니다. 방법은 간단합니다. [새 사이트맵 추가] 항목에 '자신의 웹사이트 주소' 옆에 ❷ rss를 입력합니다. ❸ [제출]을 클릭합니다.

04 RSS와 사이트맵 제출이 모두 완료되면 다음과 같이 두 가지 상태가 모두 '성공'으로 표시됩니다. 이로써 구글 서치 콘솔에 사이트맵과 RSS가 모두 제출되어 등록되었습니다. 따라서, 구글 검색 엔진에게 내 사이트에 대한 정보가 전달되었고, 이제부터는 검색 엔진이 매일 크롤링할 때 내 워드프레스 사이트에 대한 정보를 정확히 수집할 것입니다.

네이버 웹마스터 도구 – 네이버 서치 어드바이저

국내 검색 시장의 가장 높은 점유율은 네이버 검색 엔진입니다. 네이버 검색 엔진에서 웹사이트의 노출이 잘 되도록 네이버 웹마스터 도구에도 사이트맵과 RSS를 제출하는 것이 좋습니다. 네이버 웹마스터 도구의 사이트맵과 RSS 제출 역시 구글 서치 콘솔과 크게 다르지 않습니다.

01 네이버 웹마스터 도구인 네이버 서치 어드바이저(search advisor. naver.com/)에 접속합니다. ❶ [로그인]을 하고 ❷ [웹 마스터 도구] 화면으로 이동합니다.

02 ❶ 사이트 등록 화면에서 자신의 웹사이트를 등록합니다. ❷ [HTML 파일 업로드]를 통해서 소유확인을 진행합니다. 소유 확인이 정상적으로 되면, 다시 네이버 서치 어드바이저로 이동하고 왼쪽의 [요청] 메뉴에서 [사이트맵 제출]과 [RSS 제출]을 순차적으로 진행합니다. 사이트맵과 RSS를 제출하면 네이버 서치 어드바이저 등록 과정이 모두 완료됩니다.

SECTION 04

애드센스 광고 만들고 워드프레스 사이트에 송출하기

앞에서 애드센스 시작을 위한 사이트 사전 준비가 모두 끝났습니다. 이제 본격적으로 애드센스를 시작합니다.

만들면서 배우기 | ⓦ **애드센스 가입하기**

01 애드센스를 사용하려면 가입을 해야 합니다. 구글 애드센스 홈페이지(adsense.google.com/start)에 접속하고 [시작하기]를 클릭합니다.

TIP 애드센스에 가입하기 위해서는 구글 계정이 필요합니다. 구글 계정이 없다면 [계정 만들기]를 클릭하고 계정이 있다면 구글 계정의 이메일을 입력하고 [다음]을 클릭합니다.

02 애드센스 가입을 위한 정보를 입력하는 화면입니다. 여기서는 사용할 웹사이트가 준비되었다는 것을 전제로 진행하겠습니다. ❶ [내 사이트] 항목에 자신의 웹사이트 URL을 입력합니다. ❷ [애드센스를 최대한 활용하기]에는 [예, 맞춤 도움말 및 실적 개선을 위한 제안을 이메일로 받겠습니다]를 선택합니다. 이 부분을 체크하면 추후에 애드센스의 수익이 나지 않을 때, 설정 부분에 문제나 추천 사항이 있을 때 해결 방법과 가이드에 대한 안내를 이메일로 받을 수 있어 유용합니다. [수취인 국가/지역]은 ❸ [대한민국]으로 선택합니다. 애드센스 이용약관을 읽은 후에 ❹ [이용약관을 읽고 수락했습니다]에 체크하고 ❺ [애드센스 사용 시작]을 클릭합니다.

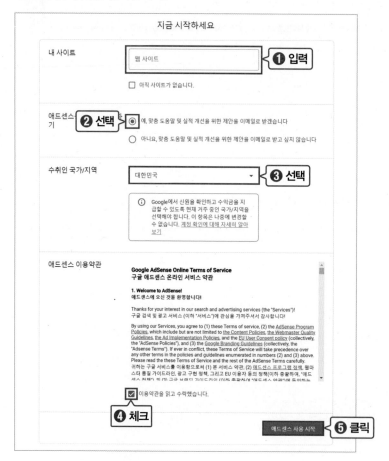

(+) **웹 전문가의** **Q&A**

Q [내 사이트]에 임의로 도메인을 입력해도 되나요?

A [내 사이트]에는 실제 운영하는 웹사이트 도메인 주소를 입력합니다. 추후 애드센스 승인과도 연관이 있습니다. 만약 실제 사용할 도메인을 확정하지 않았다면, 테스트 용도로 아무 URL이나 입력하는 것보다는 [아직 사이트가 없습니다]에 체크하고 다음 단계로 넘어갑니다. 사용할 사이트를 확정하는 것이 가장 중요합니다.

🅦 **애드센스 지급 정보 설정하기**

01 애드센스 가입을 완료하면 다음과 같은 애드센스 초기 화면이 나옵니다. 지급, 광고, 사이트에 대한 애드센스의 초기 설정을 할 수 있습니다. 애드센스 지급을 위한 기초 정보를 먼저 설정하겠습니다. [정보 입력]을 클릭합니다.

02 고객 정보의 [계좌 유형]을 ❶ [개인]으로 선택합니다. ❷ [이름 및 주소] 입력창에 정확한 정보를 입력하고 [제출]을 클릭합니다.

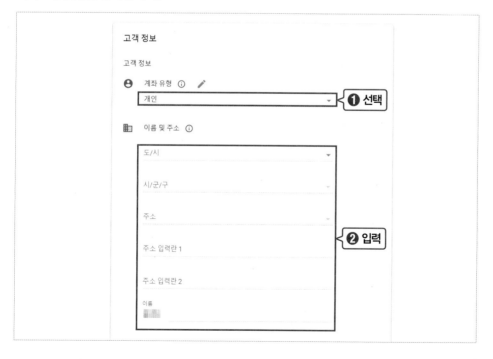

Q 개인 정보인데 꼭 정확한 주소를 입력해야 하나요?

A 그렇습니다. 구글은 애드센스의 누적 수익이 10달러를 넘으면 수익 지급에 대한 승인 코드를 우편물로 보내고 있기 때문입니다. 요즈음 같은 디지털 시대에 구글이 우편물로 승인 코드를 보낸다는 것이 의아할 수도 있습니다. 구글은 사람이 아닌 가짜 봇(Bot)들이 사람인 척하면서 애드센스를 사용해 수익을 가져가 려는 시도를 이중 체크하기 위해서 실제 우편물로 승인 코드를 발송하고 있습니다.

만들면서 배우기   ⓦ 애드센스 광고 설정하기

01 이제 광고를 설정하겠습니다. [탐색]을 클릭합니다.

02 광고 설정 미리보기 화면으로 이동합니다. 구글이 애드센스에 등록된 자신의 웹사이트를 분석해서 광고를 게재하기 적합한 곳을 자동으로 찾게 됩니다.

03 구글 시스템의 자동 분석이 끝나면 ❶ 다음과 같이 자신의 웹사이트의 모바일 화면이 나타납니다. 데스크톱 화면을 보기 위해서 ❷ 데스크톱 아이콘을 클릭합니다.

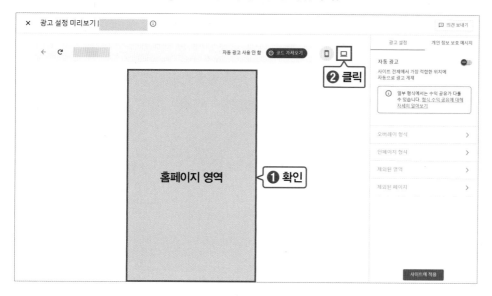

04 모바일 화면이 PC나 노트북에서 볼 수 있는 ❶ 데스크톱 화면으로 변경되는 것을 확인할 수 있습니다. 현재는 애드센스의 자동 광고 설정을 하지 않았기 때문에 ❷ [자동 광고 사용 안 함]으로 표시됩니다. 애드센스의 자동 광고 기능을 사용해서 웹사이트에 광고를 게재하는 것이 편리하기 때문에 ❸ [자동 광고]를 활성화합니다.

05 자동 광고 기능이 활성화되면 웹사이트 화면 안에 **①** 인페이지 광고와 **②** 앵커 광고가 나타나는 것을 확인할 수 있습니다. **③** [인페이지 광고 6개]라고 표시되는 것은 [인페이지 형식]에 설정된 광고 형식에서 총 여섯 개의 광고가 웹사이트 안에 만들어졌다는 것을 의미합니다. 인페이지 형식 광고를 알아보기에 앞서 먼저 오버레이 형식 광고를 알아보겠습니다. **④** [오버레이 형식]을 클릭합니다.

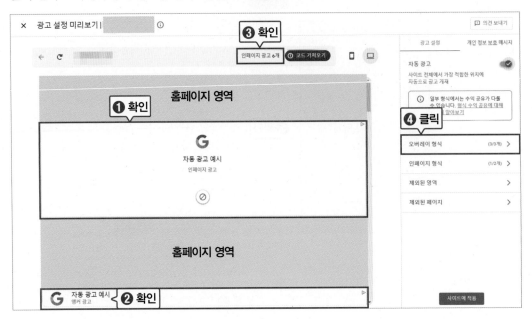

06 오버레이 형식 광고 설정 화면입니다. 앵커 광고, 사이드 레일 광고, 모바일 전면광고를 자동으로 송출해주기 때문에 **①** 모두 체크합니다. **②** [전면 광고 게재 빈도]와 [넓은 화면에 오버레이 광고 게재]는 기본값으로 두고 **③** [뒤로 가기]를 클릭합니다.

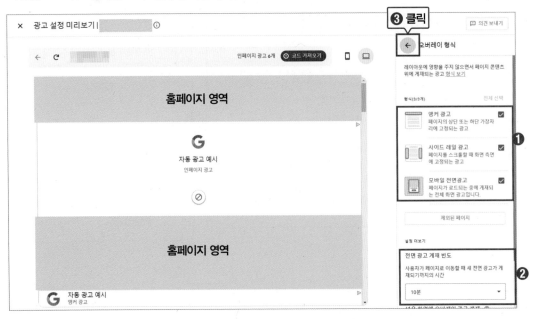

07 이제 인페이지 광고 설정을 확인하겠습니다. [인페이지 형식]을 클릭합니다.

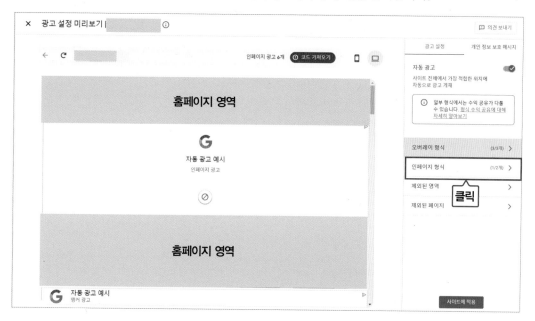

08 인페이지 광고는 웹사이트의 페이지 중간중간에 광고가 들어가는 방식입니다. ❶ [배너 광고]가 기본값으로 체크되어 있으면 ❷ 인페이지 광고가 웹사이트 페이지 안에 자동으로 들어가는 것을 확인할 수 있습니다. ❸ [인페이지 광고 6개]이므로 ❹ 스크롤바를 아래로 드래그하여 총 여섯 개의 인페이지 형식의 배너 광고가 들어가 있는 것을 확인할 수 있습니다. 독자마다 웹사이트가 다르므로 자동으로 송출되는 광고의 개수는 다를 수 있습 니다. ❺ [자동 광고 수]는 기본값으로 두고, [기존 광고 최적화]는 체크합니다. ❻ [뒤로 가기]를 클릭합니다.

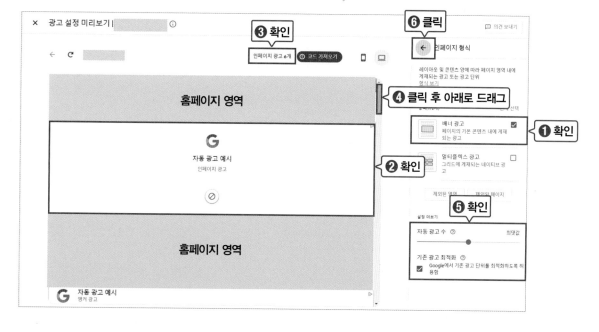

09 설정한 내역을 적용하기 위해서 [사이트에 적용]을 클릭해 마무리합니다. 구글 시스템의 상황에 따라서 실제 적용되는 데 한 시간 이상이 걸릴 수 있으니 참고합니다.

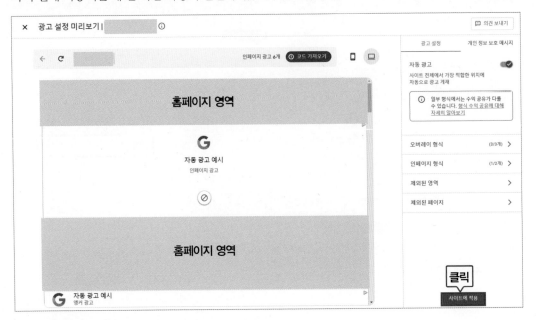

만들면서
배우기

🔵 웹사이트 연결 설정하기

01 이제 웹사이트를 애드센스에 연결할 차례입니다. [시작하기]를 클릭합니다.

02 ❶ [애드센스 코드 스니펫]을 선택하고 ❷ [애드센스 코드]의 텍스트의 [복사하기]를 클릭합니다. 별도의 메모장에 붙여 넣습니다. 마찬가지로 ❸ [Ads.txt 스니펫]을 선택하고 ❹ [복사하기]를 클릭해 메모장에 붙여 넣습니다.

⊕ **웹 전문가의** **Q&A**

Q [내 사이트 연결] 화면에서 [확인]은 언제 클릭하나요?

A 웹사이트를 애드센스에 연결하는 방법에는 세 가지가 있습니다. 애드센스 코드 스니펫, Ads.txt 스니펫, 메타 태그입니다. 첫 번째와 세 번째는 코드와 태그를 〈head〉〈/head〉 태그 안에 붙여 넣는 방법이고, 두 번째는 물리적인 Ads.txt 파일을 서버에 업로드하는 방식입니다. 주의할 사항은 세 가지 방법을 각각 클릭해 코드를 확인해도 되지만, 바로 [확인]을 클릭하면 안 된다는 것입니다. [확인]을 클릭하면 애드센스 승인을 위한 검토 요청으로 진행됩니다. 따라서, 애드센스 코드 스니펫과 Ads.txt 스니펫을 워드프레스 웹사이트에 어떻게 붙여 넣어 사이트를 연결시키는지 방법을 이해한 후에 웹사이트에 적용시키고, 다시 애드센스 [내 사이트 연결] 화면으로 돌아와서 [확인]을 클릭해야 합니다.

TIP 여기에서는 애드센스 코드 스니펫과 Ads.txt 스니펫의 텍스트를 복사해서 별도로 메모장에 보관한 후에 다시 사용하겠습니다.

🅦 워드프레스 웹사이트에 애드센스 코드 스니펫 적용하기

웹사이트에 애드센스 코드를 적용하는 방법 중에서 애드센스 코드 스니펫과 Ads.txt 스니펫 방법에 대해서 알아보겠습니다. 먼저 애드센스 코드 스니펫은 HTML 페이지의 〈head〉〈/head〉 태그 사이에 애드센스 코드를 붙여 넣는 방법입니다.

애드센스 코드 스니펫은 워드프레스 플러그인을 사용해서 적용하고, Ads.txt 스니펫은 플러그인의 도움 없이 직접 물리적으로 파일을 만들어서 서버에 업로드할 것입니다. 물론 워드프레스 플러그인인 Ads.txt Manager를 설치해서 사용하면 간단하게 적용할 수 있습니다. 하지만 파일을 직접 만들어서 업로드하는 것이 어렵지 않고 이 과정이 워드프레스의 메커니즘을 이해하는 측면에서 도움이 됩니다. 플러그인을 설치해서 웹사이트에 부하를 가할 필요가 없다는 것을 학습하기 위해 직접 업로드합니다. 실제 운영할 웹사이트는 독자마다 다르므로 진행 과정만 참고하며 적용은 독자 스스로 하도록 합니다.

01 애드센스 코드 스니펫을 워드프레스 웹사이트에 붙여 넣기 위해서 [Head & Footer Code] 플러그인의 도움을 받을 것입니다. ❶ 자신의 웹사이트 관리자 메뉴에서 [플러그인]-[새로 추가]를 클릭합니다. ❷ 검색창에 **Head & Footer**를 입력하고 플러그인을 검색합니다. ❸ [Head & Footer Code]의 [지금 설치]를 클릭해 플러그인을 설치한 후 활성화합니다.

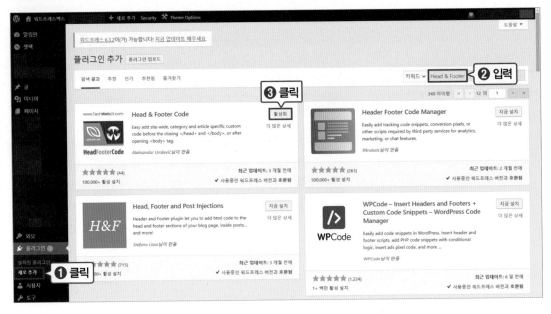

02 관리자 메뉴에서 ❶ [도구]-[Head & Footer Code]를 클릭합니다. ❷ [HEAD Code]에 별도로 복사해두었던 애드센스 코드 스니펫 코드를 붙여 넣습니다. [변경 사항 저장]을 클릭해 저장하면 애드센스 코드가 자동으로 자신의 워드프레스 웹사이트의 〈head〉〈/head〉 태그 사이에 적용됩니다.

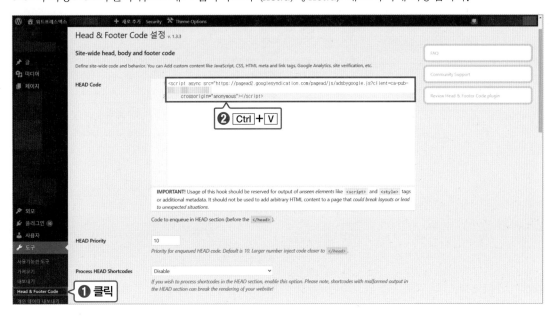

만들면서 배우기   **ⓦ 워드프레스에 Ads.txt 스니펫 적용하기**

---

01 먼저 윈도우 탐색기를 열고 [C 드라이브]에 [temp] 폴더를 생성합니다. 메모장 프로그램을 실행시키고 ❶ [파일]-[다른 이름으로 저장]을 클릭합니다. ❷ 조금 전에 생성한 [temp] 폴더를 클릭합니다. ❸ 파일 이름은 **ads.txt**로 입력하고 ❹ [저장]을 클릭해서 파일을 생성합니다.

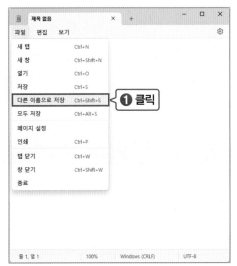
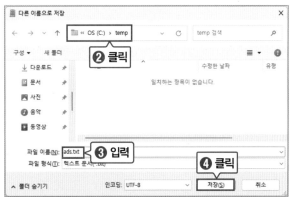

02 앞서 복사해두었던 Ads.txt 스니펫 코드를 메모장에 붙여 넣은 후에 저장합니다. FTP 프로그램인 파일질라를 실행합니다. ❶ [temp] 폴더를 클릭하고 ❷ 호스팅 서버의 도큐먼트 루트 폴더(WWW)를 클릭합니다. ❸ ads.txt 파일을 마우스 오른쪽 버튼으로 클릭한 후 [업로드]를 선택해 파일을 업로드합니다.

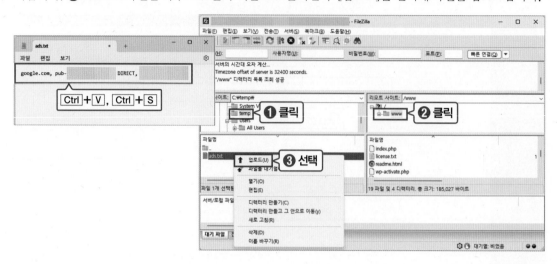

03 ads.txt 파일의 업로드가 완료되면, 다시 애드센스의 내 사이트 연결 화면으로 이동합니다. ❶ [Ads.txt 스니펫]을 선택하고 ❷ [ads.txt 파일을 게시함]에 체크합니다. ❸ [확인]을 클릭하고 [검토 요청]을 클릭해 애드센스 승인 신청을 합니다.

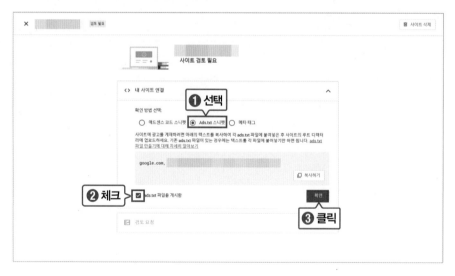

TIP [애드센스 코드 스니펫]으로 사이트를 연결하려면, 애드센스의 [내 사이트 연결] 화면에서 [코드를 삽입했습니다]에 체크하고 [확인]을 클릭합니다. 그런 다음에 [검토 요청]을 진행해도 됩니다. 이미 플러그인으로 애드센스 코드를 웹사이트에 붙여 넣었기 때문입니다.

04 ❶ 이제 모든 절차를 완료했습니다. 애드센스 승인만 기다리면 됩니다. 애드센스 승인이 되는 데는 약 1주 정도이지만 2~4주 정도 소요된다고 생각하고 느긋하게 기다립니다. ❷ 애드샌스 승인이 나면 구글에서 승인 메일을 받습니다. 이제 웹사이트에 광고를 게재할 수 있습니다.

만들면서 배우기 **🇼 워드프레스 웹사이트에 자동 광고 송출하기**

---

01 애드센스 승인이 났고, 자신의 웹사이트에 애드센스 광고 설정을 자동 광고로 설정해두었다면 이미 웹사이트에 광고가 송출될 것입니다. 확인해보겠습니다. ❶ [자동 광고]가 활성화되어 있습니다. ❷ 오른쪽 사이드바를 [태그 구름]까지 아래로 스크롤합니다. 자동 광고가 송출될 것을 미리보기 화면에서 확인할 수 있습니다.

TIP 몇 차례 설명했듯이 해당 화면은 독자마다 모두 다를 것입니다. 해당 화면은 저자의 사이트로 예시를 든 것입니다.

02 이제 워드프레스 웹사이트 화면에 접속해 자동 광고에서 인페이지 광고와 오버레이 광고가 정상적으로 송출되는지 확인해보겠습니다. 웹사이트에 접속합니다. 인페이지 광고는 ❶ 정상적으로 송출되는 것을 확인할 수 있습니다. ❷ 오버레이 광고 중 모바일 전면 광고는 일정 시간 머문 뒤에 다른 화면으로 바뀝니다. 독자마다 웹사이트가 다르므로 자신이 만든 웹사이트에 접속해서 직접 확인합니다.

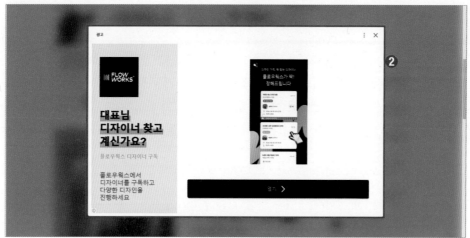

TIP 오버레이 광고는 웹사이트 표면 위에 광고 레이어 층이 하나 더 있어서 그 층에 광고를 송출하는 형식입니다. 가령 스마트폰 화면이 자신의 웹사이트라고 할 때, 액정 보호 필름이 오버레이 층이라면 광고를 오버레이 층에 송출하는 방식으로 이해해도 됩니다. 오버레이 형식 광고에는 세 가지 방식이 있습니다. 앵커 광고는 하단이나 상단에 광고가 뜨는 것을 말합니다. 웹사이트 방문자는 앵커 광고의 왼쪽 상단 탭 부분의 숨기기를 클릭해서 광고를 숨기게 할 수 있습니다. 사이드 레일 광고는 웹사이트의 페이지를 스크롤할 때 측면에 생성되는 광고를 말합니다. 모바일 전면 광고는 방문자가 일정 시간 해당 페이지에 머무르면 화면 전체를 광고로 덮어서 광고의 효과를 극대화하는 광고입니다.

TIP 웹사이트에서 애드센스 광고를 자신이 원하는 위치에 수동으로 배치하고자 한다면, Ad Inserter 플러그인이나 이후에 실습하는 WPQuads 플러그인을 설치해서 활용합니다. 자신이 원하는 위치에 광고를 송출할 수 있습니다.

애드센스 광고 단위 생성 및 수동으로 광고 배치하기

이번에는 애드센스 광고를 수동으로 배치하는 방법에 대해서 알아보겠습니다. 먼저 애드센스의 광고 설정에서 광고 단위를 생성해야 합니다. 우리가 사용할 광고 단위는 현재 가장 많이 사용되고 애드센스에서도 권장하는 디스플레이 광고입니다.

01 애드센스 화면의 왼쪽 메뉴에서 ❶ [광고]를 클릭합니다. ❷ [광고 단위 기준] 탭을 클릭하고 ❸ [디스플레이 광고]를 선택합니다.

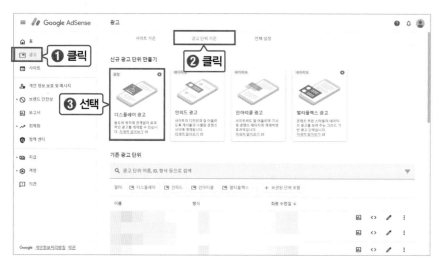

02 디스플레이 광고 중에서 가장 먼저 사각형 광고가 나타납니다. ❶ [수평형]을 클릭해서 수평형 광고를 확인하고 [수직형] 광고를 클릭해서 확인합니다. [사각형], [수평형], [수직형] 광고 중에서 자신이 광고를 하는 위치에 적합한 모양의 광고를 선택하면 됩니다. 이번 실습에서는 웹사이트의 오른쪽 사이드바에 광고를 수동으로 붙일 것이기 때문에 ❷ [수직형] 광고를 선택합니다.

03 수직형 광고는 **①** 수직으로 긴 형태의 광고입니다. **②** [광고 단위 이름]에 **우측 사이드바 디스플레이 광고**라고 입력합니다. **③** [광고 크기]는 [반응형]을 선택하고 **④** [만들기]를 클릭해 광고를 생성합니다.

TIP [광고 크기]를 [고정형]으로 선택하면 광고의 너비와 높이의 크기를 직접 정하는 것이지만, 광고 수가 제한되거나 광고 수익이 줄 수 있다고 구글이 안내하고 있습니다. [반응형]을 선택하는 것이 좋습니다.

04 광고가 만들어지면 **①** 애드센스 광고 코드가 생성됩니다. 해당 애드센스 코드를 웹사이트에 붙여 넣어야 하므로 **②** [복사하기]를 클릭하고 **③** [완료]를 클릭합니다.

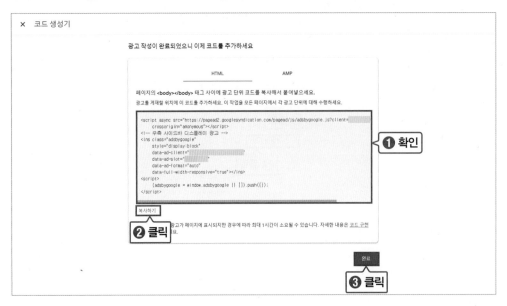

05 애드센스 코드를 웹사이트에 붙여 넣겠습니다. 이때 플러그인의 도움을 받으면 쉽게 작업할 수 있습니다. 여기에서는 워드프레스에 WP Quads 플러그인을 설치해서 애드센스 광고 코드를 웹사이트에 적용했습니다. 관리자 메뉴에서 ❶ [WP QUADS]−[Ad Settings]를 클릭하고 ❷ [WIDGETS AD CODE] 탭을 클릭합니다. ❸ [Ad widget 1]을 클릭합니다.

TIP 운영하는 워드프레스 웹사이트의 설정과 구성은 개인마다 모두 다르기 때문에 해당 웹사이트는 독자의 웹사이트와 동일하지 않습니다. 이런 방식으로 애드센스 광고를 수동으로 배치한다는 것을 이해하고 자신의 워드프레스 웹사이트에 적용해봅니다.

06 [Ad widget 1]의 텍스트 영역이 나타나면 ❶ 복사해두었던 애드센스 광고 코드를 붙여 넣습니다. ❷ [변경 사항 저장]을 클릭합니다.

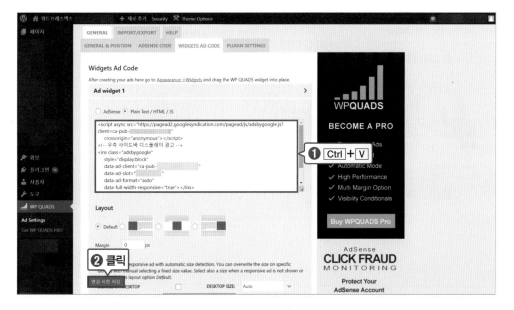

07 관리자 메뉴에서 ❶ [외모]-[위젯]을 클릭해 위젯 화면으로 이동합니다. ❷ [AdsWidget1] 위젯을 다음과 같이 [최근 댓글] 아래로 드래그합니다.

08 이제 웹사이트 화면으로 이동합니다. 수동으로 만든 광고가 정상적으로 송출되는지 확인합니다. 웹사이트 화면을 보니 오른쪽 사이드에 있는 최근 댓글 아래에 수직형 형태의 광고가 정상적으로 송출되는 것을 확인할 수 있습니다.

애드센스 수익을 지급받기 위한 PIN 번호 인증

웹사이트에 광고로 인한 수익이 조금씩 쌓여가면 어느덧 수익을 지급받을 수 있는 시기가 다가옵니다. 구글은 외화 계좌 등록과 지급 인증 과정의 절차를 거친 후에 지급을 진행합니다. 광고 송출이 정상적으로 되고 애드센스 수익이 정해진 확인 기준액(한국에서는 10달러)을 넘으면 구글은 지급 인증을 위해 6자리 고유한 PIN 번호를 우편물로 발송합니다. 구글은 계정 보안을 위해서 수익금을 지급하기 전에 수취인의 실제 거주지로 우편물을 보내서 확인하는 절차를 진행하고 있는 것입니다. 애드센스 광고에 대한 수익을 지급받기 위해서는 애드센스 화면에서 PIN 번호 인증을 해야 하고 은행에서 개설한 외화통장 계좌를 애드센스에 등록해야 합니다.

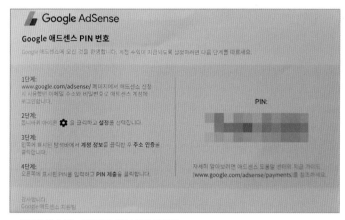

▲ 구글이 발송하는 애드센스 PIN 번호 우편물

우편물이 도착하기까지 일반적으로 2~4주 정도가 소요됩니다. 만약 4주 후에도 PIN 우편물을 받지 못하면 새 PIN 번호를 요청해야 합니다. 구글은 발송했다고 수신하는데 우편물이 도착하지 않았다면 애드센스 계정에 로그인합니다. 메뉴에서 [지급]-[본인 확인]-[PIN 다시 보내기]를 클릭해 재발송을 요청합니다.

🅦 애드센스 PIN 번호 인증하기

PIN 번호 우편물을 받았다면 청구서 수신 주소 확인 인증을 해야 합니다. 애드센스 계정에 로그인하면 다음과 같은 [청구서 수신 주소 확인] 영역이 나타납니다. ❶ [확인]을 클릭합니다. ❷ 우편물의 PIN 번호 6자리를 입력하고 ❸ [제출]을 클릭합니다.

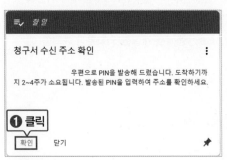
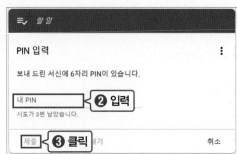

🅦 애드센스 수익 지급 계좌 등록하기

PIN 번호 입력이 끝났다면 수익을 지급받을 외화통장의 계좌를 등록합니다.

01 애드센스 화면의 왼쪽 메뉴에서 ❶ [지급]-[지급 정보]를 클릭합니다. ❷ [지급받을 방법]에서 [결제 수단 관리]를 클릭하고 ❸ [결제 수단 추가]를 클릭합니다.

02 [결제 수단 추가]에서 ❶ [새 은행 송금 세부정보 추가]를 선택합니다. 결제 수단 정보 입력 내용 중에서 ❷ [예금주의 이름]에는 외화통장 개설 시의 영문 이름을 입력합니다. ❸ [은행 이름]과 [SWIFT 은행 식별 코드]는 396쪽의 [국내은행 SWIFT 코드표]를 참고해서 영문으로 입력합니다. ❹ 계좌 번호를 입력하고 [저장]을 클릭해서 지급 계좌 등록을 완료합니다.

TIP 애드센스 수익이 최소 100달러가 넘게 되면 등록한 자신의 외화통장으로 수익이 자동 입금됩니다. 그러나 수익이 늘어감에 따라서 100달러가 넘어갈 때마다 입금 시 수수료가 발생하게 됩니다. 이때는 수수료를 절감하기 위해 월별 지급 기준액을 늘려놓는 것도 하나의 방법입니다. 월별 지급 기준액은 애드센스 화면의 메뉴에서 [지급]-[지급 정보]를 클릭합니다. [설정]-[설정 관리]를 클릭하면 [결제 계정] 항목의 [지급 일정]에서 설정할 수 있습니다. 월별 지급 기준액은 최대 500달러까지 상향할 수 있으니 자신에게 맞게 외화통장으로 입금되는 금액을 조정합니다.

▲ SC 제일은행 실물 외화통장

은행명	영문명	스위프트 코드
IBK 기업은행	INDUSTRIAL BANK OF KOREA	IBKOKRSE
KB 국민은행	KOOKMIN BANK	CZNBKRSE
KDB 산업은행	KOREA DEVELOPMENT BANK	KODBKRSE
NH 농협은행	NONGHYUP BANK	NACFKRSE
SC 제일은행	STANDARD CHARTERED FIRST BANK KOREA	SCBLKRSE
경남은행	KYONGNAM BANK	KYNAKR22
광주은행	KWANGJU BANK	KWABKRSE
농·축협	NATIONAL AGRICULTUREAL UNION	NACFKRSE
대구은행	DAEGU BANK	DAEBKR22
부산은행	BUSAN BANK	PUSBKR2P
수협은행	SUHYUP BANK	NFFCKRSE
신한은행	SHINHAN BANK	SHBKKRSE
외환은행	KOREA EXCHANGE BANK	KOEXKRSE
우리은행	WOORI BANK	HVBKKRSE
우체국	KOREA POST OFFICE	SHBKKRSEKPO
전북은행	JEONBUK BANK	JEONKRSE
제주은행	JEJU BANK	JJBKKR22
카카오뱅크	KAKAOBANK CORP	KAKOKR22
하나은행	HANA BANK	HNBNKRSE

▲ 국내은행 SWIFT 코드표

애드센스 최적화와 구글이 말하는 저품질 관리하기

지금까지 광고를 만들고 웹사이트에 적용하는 방법에 대해서 학습했습니다. 이제는 지속적으로 웹사이트를 꾸려나가기 위해서 애드센스가 좋아하는 최적화된 글을 작성하는 방법과 어떻게 하면 저품질에 걸리지 않고 꾸준히 포스팅을 할 수 있는지 구글이 말하는 저품질의 가이드에 대해서 알아보겠습니다.

적용할 내용과 분량이 많게 느껴지더라도 포기하지 않고 조금씩 적용해간다면 웹사이트의 품질은 구글이 좋아하는 방향으로 계속 업그레이드될 것입니다.

애드센스가 좋아하는 최적화 글 작성 가이드 – ① HTML <H> 태그 작성 가이드

우리는 앞에서 워드프레스 SEO 관련해서 Yoast SEO 플러그인을 설치하고 사용하는 법을 학습했습니다. 워드프레스의 장점은 구조적으로 최적화된 웹사이트를 만들 수 있게 기본적인 골격을 제공하고 있다는 점입니다. 또한 Yoast SEO 플러그인을 사용하면 신호등 표시의 안내에 따라 사용자가 큰 어려움 없이 최적화된 것과 같은 포스팅을 작성할 수 있습니다. 신호등 표시를 참고하면서 포스팅을 최적화에 맞도록 수정해나가는 것입니다.

여기에서 우리가 반드시 짚고 넘어가야 할 내용이 있습니다. HTML 〈H〉 태그에 대한 부분입니다. 포스팅을 작성할 때, 일반적으로 〈H1〉 태그는 포스팅당 한 개를 사용하는 것이 좋으며, 〈H2〉 태그는 두세 개 이상 사용하는 것을 권장합니다. 그런데 워드프레스의 경우에는 제목을 작성하면 자동으로 〈H1〉 태그로 제목이 생성됩니다. 사용자는 굳이 〈H1〉 태그를 신경쓰지 않아도 되고 〈H2〉 태그를 어떻게 사용할지에 대해서만 생각하면 됩니다.

〈H2〉 태그는 글을 쓰면서 단락마다 중요한 내용이 있을 때 소제목인 서브 타이틀로 활용하면 됩니다. 포스팅의 내용과 양이 많다면 〈H2〉 태그의 개수도 자연스럽게 늘어나게 될 것입니다.

워드프레스에서 사용할 때 〈H2〉 태그란 다음 그림과 같이 워드프레스의 [글 편집]에서 [헤딩 2]를 의미합니다. 마찬가지로 [헤딩 3]과 [헤딩 4], [헤딩 5]는 각각 〈H3〉과 〈H4〉, 〈H5〉 태그가 되는 것입니다. 가령, 워드프레스에서 〈H2〉 태그를 사용하고자 한다면, 본문에서 ❶ 서브 타이틀 부분을 클릭하고 ❷ [헤딩 2]를 클릭하면 됩니다. 〈H2〉 태그로 생성되었는지 확인하려면 글을 발행한 뒤에 웹사이트에 들어가서 해당 페이지의 소스 보기를 합니다. ❸ 〈H2〉 태그가 삽입된 것을 확인할 수 있습니다.

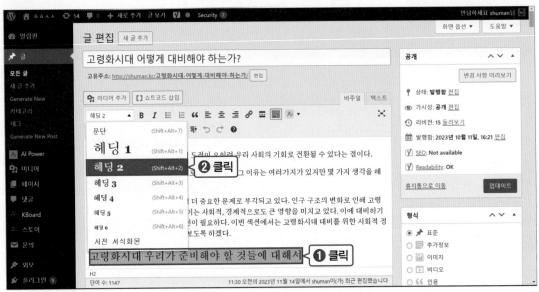

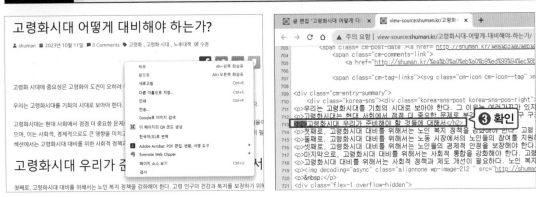

한 가지 더 이야기하면 태그 간의 구조적인 부분도 고려하는 것이 좋습니다. 가령, 순서적으로 〈H3〉 태그는 〈H2〉 태그 하위에 오는 것이 맞으며, 〈H4〉 태그는 〈H3〉 하위에 오는 것이 맞습니다. 일종의 트리 구조인 것입니다. 〈H2〉 하위에 〈H4〉가 온다든지 순서를 생각하지 않고 〈H〉 태그를 남발하는 것은 좋지 않습니다.

대부분의 사람이 정리되고 구조화된 글을 좋아하듯이 점차 AI로 지능화되는 검색 엔진 역시 정리되고 구조화된 글을 좋아할 것은 당연합니다. 만약, 하위 레벨인 〈H3〉, 〈H4〉 등의 태그까지 사용하는 것이 복잡하다면 〈H2〉 태그를 서브 타이틀로 두세 개 이상 사용해서 편하게 글을 작성해도 됩니다.

애드센스가 좋아하는 최적화 글 작성 가이드 – ② 제목의 작성과 키워드 선정

포스팅의 제목은 검색 엔진의 상위 노출과도 관련이 있으므로 제목을 작성할 때는 신중해야 합니다. 제목에서 가장 중요한 것은 포커스 키워드의 여부입니다.

우리는 포스팅을 할 때 주제를 정해서 글을 쓰며 그 글을 대표할 만한 키워드를 생각합니다. 키워드는 내용에서 대표되는 것을 스스로 판단해서 임의로 정하면 편합니다. 그러나 우리의 목적은 단순히 글을 써서 다른 사람들이 볼 수 있도록 웹사이트에 게시하는 것이 아닙니다. 인터넷 온라인상에서 검색 엔진 상위에 노출되어야 하므로 키워드 선정에 신중해야 합니다. 그러기 위해서는 다른 사람들이 인터넷상에서 어떤 키워드로 얼마나 검색을 했는지에 대한 통계 자료를 확인할 필요가 있습니다. 얼마나 많은 사람들이 검색을 했는지에 대한 정보를 알고 있다면 더욱 적합한 키워드를 선정할 수 있습니다.

키워드에 대한 검색과 통계 자료를 확인하기 위해서는 네이버 광고 시스템인 네이버 검색 광고(searchad. naver.com)를 활용합니다. 우리가 광고주 입장에서 키워드를 분석하는 것입니다. 키워드가 광고주에게도 중요한 것은 키워드 자체가 광고비와 직결되어 있기 때문입니다.

우리가 필요한 것은 네이버 검색 광고에서 키워드에 대한 월간 조회수가 얼마나 되는가 하는 것입니다. 가령 대출이나 보험 같은 키워드는 광고성이 짙어서 사용이 꺼려집니다. 하지만 키워드 조회수만 봤을 때 월간 수만 회에서 수십만 회가 넘습니다. 월간 키워드 조회수가 높다는 것은 그만큼 키워드에 대한 경쟁이 치열하고 내가 작성한 포스팅이 검색 상위에 노출되기가 어렵다는 것을 반증합니다.

따라서 초보자라면 월간 검색량이 대략 2,000~20,000건 정도의 키워드를 선정하는 것이 경쟁을 최대한 줄이는 길입니다. 경쟁이 준 만큼 내가 작성한 글이 검색 상위에 노출될 확률이 높아집니다.

포커스 키워드를 정했다면 그 키워드를 제목에 반드시 포함시킵니다. 워드프레스의 경우 Yoast SEO 플러그인의 도움을 받을 수 있으므로 포커스 키프레이즈(Focus KeyPhrase)에 해당 포커스 키워드를 입력합니다.

키워드 선정과 확인을 위해 네이버 검색 광고에 가입하고 사용해볼 것을 추천합니다. 키워드 확인을 위한 네이버 검색 광고는 다음을 참고합니다.

Ⓦ 키워드 선정을 위한 네이버 검색 광고 활용하기

01 ❶ 네이버 검색 광고(searchad.naver.com) 웹사이트에 접속합니다. ❷ [신규가입]을 클릭해 회원 가입을 진행합니다.

02 네이버 검색 광고에 회원 가입을 하였으면 로그인합니다. [광고플랫폼]을 클릭합니다.

03 네이버에서 키워드의 월간 검색량을 확인해볼 것입니다. 광고플랫폼 시스템으로 이동하면 상단 메뉴에서 [도구]-[키워드 도구]를 클릭합니다.

04 키워드 도구 화면에서 앞서 설명했던 '대출' 키워드에 대한 현황을 조사하겠습니다. ❶ [키워드]에 **대출**을 입력하고 ❷ [조회하기]를 클릭합니다. ❸ 다음과 같이 키워드 검색 결과가 나타납니다. ❹ [월간 검색수]를 보면 PC에서 33,600건, 모바일에서 138,400건이 나타납니다. 이것은 사람들이 한달 동안 컴퓨터(PC)와 스마트폰(모바일)을 사용해 네이버 검색에서 '대출'을 입력하고 검색한 월간 검색수 통계입니다. ❺ [연관키워드 조회 결과]가 1,000개인 것을 확인할 수 있습니다. 참고로 연관 키워드 개수가 1,000개 이상이면 큰 의미가 없어 1,000개까지만 보여주고 있습니다.

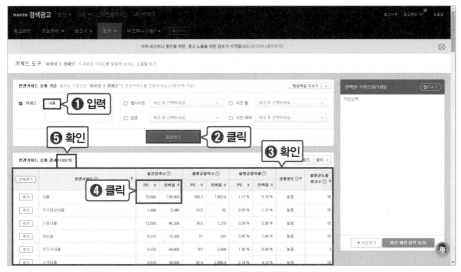

TIP PC와 모바일을 합쳐 총 172,000건이나 한달 간 검색되었다는 것은 경쟁이 무척 치열한 키워드라는 것을 반증합니다. 경쟁이 치열한 키워드는 상위에 노출하는 것이 훨씬 어렵습니다. 따라서, 우리는 대출에 대해서 포스팅할 때 '대출'이라는 키워드를 그대로 사용하면 안 됩니다. 연관 키워드를 찾아서 새롭게 조합된 키워드를 사용해야 합니다.

'대출' 키워드의 사용을 지양합니다

구글 애드센스는 일반적인 정보 제공 웹사이트나 블로그에서 광고가 송출되기를 원합니다. 광고성이 짙은 사이트는 싫어합니다. '대출' 키워드를 함부로 사용할 경우 광고성 사이트로 낙인이 찍힐 수 있습니다. 따라서, 초보자는 네이버 검색 광고에서 연습용으로만 사용하고 실제 사용은 지양합니다.

05 적절한 검색량을 가진 연관 키워드를 찾아보겠습니다. 연관 키워드를 찾기 위해서는 필터 기능을 활용합니다. ❶ [필터]–[필터 만들기]를 클릭합니다. 필터를 사용할 입력 필드가 나타납니다. ❷ 입력 필드에 **정부지원**을 입력하고 ❸ [적용]을 클릭합니다.

06 연관 키워드 조회 결과 '정부지원대출'이 PC가 2,720건, 모바일이 9,570건이 검색된 것을 확인할 수 있습니다. 월간 검색량을 보면 총 12,290건으로 도전해볼 만한 키워드를 찾았습니다. 이렇게 적절한 검색량의 키워드를 찾아서 사용하면 됩니다.

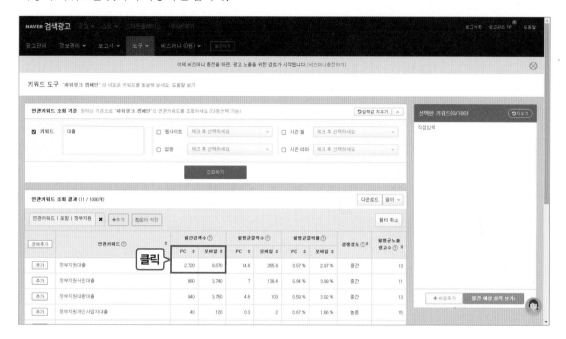

키워드 가격은 구글 애즈의 키워드 플래너에서 확인합니다

월간 조회수를 확인하고 바로 키워드를 선정하지 않습니다. 키워드를 선정하기 전에 해당 키워드에 대한 가격을 확인합니다.

자신이 선정한 키워드가 적절한 월간 검색량을 가지고 있더라도 키워드에 대한 입찰가가 너무 낮다면 광고 수익은 낮을 수밖에 없습니다. 광고주가 지불한 광고비를 구글이 받고 애드센스를 사용해서 광고를 송출한 게시자에게 정책에 따라 지급하기 때문입니다. 따라서, 단가 자체가 낮은 키워드는 수익이 적을 수밖에 없습니다.

키워드에 대한 가격을 확인하기 위해서는 구글 애즈를 활용합니다. 다만, 과거에는 사업자가 아닌 개인도 가입이 가능했지만 근래 들어서는 가입 시점에 결제 정보 확인하는 곳에 사업자 등록 번호를 입력해야 가입이 가능합니다. 간혹 보유한 구글 계정의 특성에 따라서 사업자 등록 과정 없이 가입이 되는 경우도 있습니다. 이렇듯 구글의 가입 절차는 언제든지 변경될 수 있다는 점을 참고합니다.

01 이제 '스마트폰' 키워드의 입찰가는 얼마나 되는지 구글 애즈를 통해서 확인해보겠습니다. 먼저, 구글 애즈(ads.google.com) 홈페이지에 접속합니다. ❶ [지금 시작하기]를 클릭하고 ❷ 구글 계정으로 로그인한 후 가입을 진행합니다.

TIP 구글 애즈 가입을 진행할 때, 여기서는 키워드 가격만 확인할 것이므로 광고를 집행하기 위한 캠페인 생성은 하지 않아도 됩니다. 다음과 같은 팝업창이 나타나면 [캠페인 생성 건너뛰기]를 클릭해서 캠페인은 생성하지 않고 구글 애즈 계정만 생성합니다. 물론 사업자로서 광고도 하려고 하는 분들은 캠페인도 같이 생성하면 됩니다.

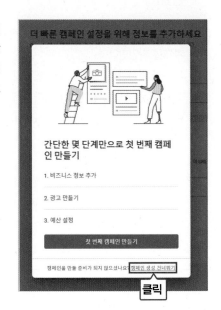

02 정상적으로 가입을 완료하면 다음과 같은 구글 애즈 화면이 나타납니다. 구글 애즈 왼쪽 메뉴에서 ❶ [도구]-[키워드 플래너]를 클릭합니다. ❷ [새 키워드 찾기]를 클릭합니다.

03 새 키워드 찾기 화면이 나타나면 [키워드로 시작] 탭의 입력창에 ❶ **스마트폰**을 입력합니다. ❷ [결과 보기]를 클릭합니다.

04 키워드 검색 결과가 다음과 같이 표시됩니다. ❶ [사용자 제공 키워드]는 '스마트폰'에 대한 결과를 보여주고, ❷ [키워드 아이디어]는 '스마트폰' 키워드와 관련된 여러 가지 연관 키워드를 보여줍니다. [키워드 아이디어]를 살펴보면 전혀 생각지도 못한 황금 키워드를 우연히 발견할 수도 있습니다. ❸ 우리가 확인하고자 했던 '스마트폰' 키워드에 대한 입찰가의 최저와 최고 가격입니다. 최고 가격이 2,516원인 것을 알 수 있습니다. '스마트폰' 키워드는 이 정도 가격이지만, 키워드 조사를 하다 보면 몇 만 원이 훌쩍 넘는 키워드도 어렵지 않게 찾아볼 수 있습니다.

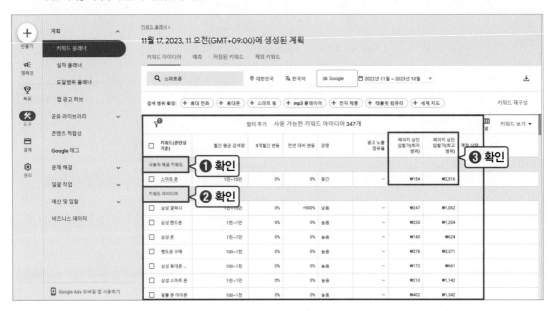

TIP 키워드를 선정할 때, 비슷한 월간 검색량을 지닌 키워드라면 입찰가가 높은 키워드를 선정하는 것이 높은 수익을 올릴 수 있는 지름길입니다. 엑셀의 스프레드시트에 자신만의 키워드를 찾아서 정리해놓으면 그것이 키워드 자산이 되는 것입니다.

애드센스가 좋아하는 최적화 글 작성 가이드 – ③ 글자 수와 이미지, 메타 디스크립션

❶ 글자 수

앞서 애드센스의 승인을 받기 위해서는 일정 분량의 콘텐츠가 필요하다고 했습니다. 승인을 받기 위해서뿐만 아니라 최적화된 사이트가 되기 위해서는 적정 수준의 포스팅 개수가 필요합니다. 즉, 최적화된 사이트가 되기 위해서는 콘텐츠의 양과 질이 어느 수준 이상은 갖춰야 합니다.

글자 수는 최소 1,000~1,500자 정도의 분량을 채워야 합니다. 그런데 일반적으로 어떤 주제에 대해서 상세하게 설명하다 보면 3,000자도 부족할 때가 있습니다. 일단은 1,000~1,500자 정도 꾸준히 쓰는 노력을 하는 것이 좋습니다.

❷ 이미지

이미지의 개수는 글의 양에 따라서 다르겠지만, 최소한 세 개~다섯 개 정도면 적당합니다. 글자 수가 많다면 글을 설명하는 이미지 개수도 늘어나면 됩니다.

위치는 만약 이미지 다섯 개를 해당 포스팅에 함께 작성한다면 한번에 여러 개를 삽입하지 않습니다. 글과 글, 단락과 단락 사이에 끼워 넣는다는 생각으로 적절히 배치합니다. 애드센스 설정에서 자동 광고를 선택하면 구글이 알아서 적정한 위치에 이미지를 배치하여 애드센스 광고를 송출합니다. 과거에 비해 이미지의 위치를 크게 고민하지 않아도 됩니다.

이미지와 관련해서 가장 중요한 것은 이미지의 속성 정보 중 '대체 텍스트' 부분입니다. 대체 텍스트는 HTML 소스상에서 〈ALT〉 태그 부분입니다. 대체 텍스트 부분은 이미지에 대한 설명을 적는 공간입니다. 설명을 글로 적을 때 가능하다면 포커스 키워드를 포함하는 것이 좋습니다. 검색 엔진이 바로 이미지의 대체 텍스트 부분을 들여다보기 때문입니다. 이미지마다 이렇게 상세한 설명이 기술되어 있다면 검색 엔진은 이미지에 대한 설명을 읽어내면서 해당 웹사이트가 잘 정리되고 최적화된 웹사이트라고 인식하게 됩니다.

앞으로는 인공지능의 발달로 대체 텍스트가 없어도 이미지 자체를 읽어내는 기술이 등장할 수도 있습니다.

> **만들면서 배우기** ⓦ **대체 텍스트 설명 작성하기**

대체 텍스트의 내용은 다음과 같이 이미지를 클릭해 세부 정보에서 확인할 수 있습니다.

01 ❶ 대체 텍스트를 입력할 이미지를 클릭합니다. ❷ [✎ 연필] 아이콘을 클릭합니다.

02 이미지 세부정보 화면에서 [대체 텍스트]에 이미지에 대한 정확한 설명을 작성합니다. 만약 자신이 작성하는 포스팅의 포커스 키워드가 '인공지능'이라면 다음과 같이 '인공지능' 키워드를 함께 넣어서 대체 텍스트의 설명을 작성합니다.

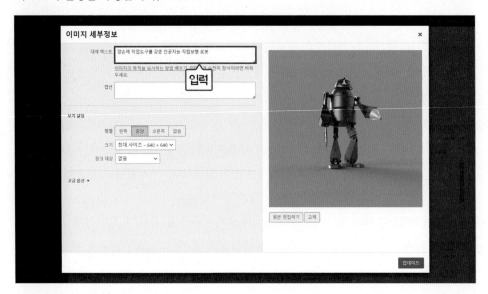

❸ 메타 디스크립션 설정과 키워드

메타 디스크립션(Meta Description) 역시 최적화 요소 중에 빼놓을 수 없습니다. 메타 디스크립션은 구글이나 네이버 검색 엔진에서 그 중요성이 더해지고 있습니다.

메타 디스크립 태그는 검색 엔진 최적화(SEO)에 중요한 요소 중 하나로, 사용자가 검색 결과에서 페이지를 클릭하도록 유도하는 역할을 합니다. 따라서 메타 디스크립션에 포커스 키워드를 넣어서 글을 작성하는 것이 중요합니다. 구글 검색 엔진은 검색 순위에 메타 디스크립션을 사용하지 않지만, 메타 디스크립션 안에 포커스 키워드를 찾아서 검색 결과에 노출을 시킵니다.

가령, 네이버 검색에서 무언가를 검색한 사용자는 검색 후에 나온 SERP(Search Engine Result Page)의 결과 리스트에서 원하는 정보를 얻기 위해 한 가지를 클릭해 다른 페이지로 이동하게 됩니다. 이때, 사용자가 자신이 볼 페이지를 선택하는 기준은 검색 결과를 요약해놓은 정보입니다. 이 정보를 요약해놓은 결과 리스트 중에서 어떤 것을 클릭할지를 결정합니다.

네이버 검색 엔진의 경우 사용자가 검색을 하면 검색 결과 페이지인 SERP는 검색 엔진이 보여줄 페이지의 본문 상단이나 중단의 일부분을 보여줍니다. 즉, 해당 내용을 요약한 결과만 보여주기 때문에 찾는 내용의 정보를 제대로 확인할 수 없습니다. 하지만 이 요약 결과에 나타난 정보가 잘 정리되어 있다면, 검색을 한 사용자는 정리가 잘 되어 있는 결과 리스트를 클릭할 확률이 높을 것입니다. 메타 디스크립션은 검색 엔진에 페이지의 요약 정보를 직접적으로 제공하기 때문에 메타 디스크립션에 페이지에 대한 요약 정보를 잘 정리해두는 것이 중요합니다. 네이버 검색 시에 지식스니펫에 노출될 가능성도 더욱 높아집니다.

지식스니펫이란 무엇인가?

과거와 다르게 사람들의 많은 질문을 챗GPT가 해결해주는 상황에서 구글이나 네이버 등 포털 검색 기반의 서비스들은 심각한 도전에 직면한 것이 사실입니다. 실제로 정보를 얻고자 네이버 검색을 해보면 광고인 파워 링크를 포함해서 인플루언서, VIEW, 지식 iN, 웹사이트, 쇼핑 등 많은 결과 리스트가 나옵니다. 검색 결과 상단에 자신이 원하는 정보가 있다면 좋겠지만, 그렇지 않을 경우에는 수많은 결과 리스트를 일일이 다 찾아서 확인해야 하는 수고가 필요합니다. 이런 사용자의 불편함을 해소하기 위해서 네이버는 '지식스니펫' 기능을 제공하고 있습니다.

지식스니펫이란, AI 기반의 분석 알고리즘을 통해서 수많은 웹 문서에서 사용자가 찾고자 하는 정보에 근접한 텍스트를 자동으로 추출해 제공하는 웹 검색 결과라고 네이버는 정의하고 있습니다. 지식스니펫은 결국 네이버 사용자의 검색 의도를 면밀히 분석해서 사용자가 진짜 원하는 정보나 답변을 바로 찾을 수 있게 박스 형태로 검색 결과를 최상위에 바로 노출시킵니다. 최상위에 노출되기 때문에 사용자들의 클릭 확률은 당연히 높아질 것입니다. 무엇보다도 네이버 지식스니펫에 노출된다는 것은 네이버로부터 나의 웹사이트가 검증된 정보를 제공하고 있다는 것을 인정받는 셈이 됩니다.

과거에는 지식스니펫이 이른바 기업의 공식 사이트를 기반으로 정보를 노출시켰지만, 근래에는 네이버 블로그나 카페, 지식백과, 워드프레스, 티스토리 등에서도 콘텐츠가 잘 정리되어 있다면 노출시키는 방향으로 알고리즘이 되었습니다. 워드프레스에게는 좋은 기회로 작용할 수 있습니다.

물론 메타 디스크립션을 썼다고 해서 지식스니펫에 선정되는 것은 아닙니다. 그렇지만, 네이버의 검색 엔진과 AI 기반의 분석 시스템의 알고리즘이 잘 정리된 요약 정보를 좋아한다는 측면에서 본다면, 메타 디스크립션의 페이지 요약 정보는 긍정적인 요인으로 작용할 것입니다. 우리는 먼저 메타 디스크립션으로 페이지의 요약 정보를 잘 준비한 후, 실제 콘텐츠에서 표나 리스트 목록 등을 사용하여 내용을 깔끔하게 정리하는 습관을 가질 필요가 있습니다.

무엇보다 검색 사용자의 검색 의도를 예상하는 것도 중요합니다. 검색을 하는 사람의 의도를 미리 생각하고 그것에 대한 간략하고 유용한 답변을 콘텐츠에 제공해두는 것입니다. 가령 '~ 하는 법'에 대해서 또는 '~가 뭔가요?'에 대한 내용을 정리할 수 있습니다. 즉, 사용자가 검색할 것을 생각하고 콘텐츠를 정리된 답변 형식으로 작성하는 것입니다.

이렇게 메타 디스크립션을 포함해서 콘텐츠를 신뢰성 있게 잘 정리해놓으면, 네이버 지식스니펫뿐만 아니라 구글의 추천 스니펫에도 선택되어 상단에 노출될 확률이 높아집니다.

메타 디스크립션은 HTML의 〈meta〉 태그 중에서 description 속성에 해당 웹페이지의 요약이나 설명을 제공하기 위해 만들어진 태그입니다.

만약 HTML을 바로 사용한다면, 〈head〉 태그 안에 실제 사용 코드는 다음과 같습니다.

```
<head>
<title>페이지의 제목</title>
<meta name="description" content="이곳에는 웹페이지에 대한 간략한 설명을 작성합니다.
이 설명 은 검색 엔진 결과에 간접적인 영향을 미칩니다.">
</head>
```

TIP 여기서는 Yoast SEO 플러그인의 도움을 받아서 쉽게 작성합니다. 메타 디스크립션을 작성하는 부분에 대해서는 책의 앞부분에 Yoast SEO 플러그인에 대해 학습한 곳을 다시 한번 참고합니다.

애드센스 광고 정책 가이드 – 애드센스 저품질을 피하는 방법

구글은 애드센스 광고 프로그램을 시행하면서 광고 정책에 대해 가이드하고 있습니다. 구글은 허가 없이 정책을 위반한 게시자에 대해서는 언제든지 해당 웹사이트에 광고 게재 중단을 할 수 있고, 애드센스 계정 자체에 대해서도 중지할 수 있다고 강력하게 경고하고 있습니다.

구글은 1인 1계정 원칙을 고수하기 때문에 애드센스 계정이 정지되면 애드센스를 통한 수익의 길이 막히게 됩니다. 구글이 이야기하는 광고 정책을 주의 깊게 살펴볼 필요가 있습니다. 또한, 애드센스의 정책은 언제든지 변경될 수 있습니다. 구글 애드센스 고객센터(support.google.com/adsense)에서 해당 정책을 수시로 확인하는 것이 도움이 됩니다.

애드센스가 저품질에 걸리지 않도록 구글이 말하는 애드센스 광고의 정책에 대해서 14가지로 정리해 알아보겠습니다.

TIP 애드센스 저품질 가이드에 대한 내용은 많습니다. 처음부터 모두 소화하려고 하기보다는 부담 없이 가볍게 읽어보길 권합니다. 그런 다음 시간을 가지고 한 가지씩 적용해보는 것이 좋습니다.

❶ 자신의 광고를 스스로 클릭하지 않기

광고 게시자는 자신의 광고를 스스로 클릭해서는 안 됩니다. 광고의 클릭 수가 수익이 된다는 유혹에 자신의 광고를 클릭하는 사례가 있습니다. 구글은 이러한 부정 클릭을 엄격하게 찾아내서 처리합니다. 실수로라도 자신의 광고는 클릭하지 않도록 주의합니다.

TIP 실수로 어쩌다가 몇 번 클릭할 수도 있습니다. 그렇다고 바로 애드센스 계정이 정지되는 것은 아닙니다. 지속적으로 이러한 부정 행위가 발견되면 계정이 정지될 수 있으니 각별히 유념합니다.

❷ 자동화된 프로그램을 통해 클릭이나 노출 수 조작을 하지 않기

구글은 광고 게시자가 자동화된 프로그램의 도움을 받아서 인위적으로 클릭 수를 부풀리거나 페이지의 광고 노출 수를 부풀리는 것을 엄격히 금지하고 있습니다. 이 역시 애드센스 계정 정지에 해당될 수 있기 때문에 주의합니다.

❸ 다른 사람에게 자신의 광고를 조회하고 클릭하도록 요청하지 않기

광고 게시자가 스스로 광고 클릭 수와 노출 수를 부풀리지 않아도, 다른 사람에게 자신의 광고를 조회하거나 클릭을 요청해서는 안 됩니다. 이메일을 통해 직접적 또는 간접적으로 광고 클릭을 요청하거나 유도하는 행위 역시 주의합니다.

❹ 게시자는 의도하지 않은 광고 클릭을 유도하지 않기

광고 게시자는 다음과 같이 메뉴를 클릭하다가 광고를 클릭하도록 유도해서는 안 됩니다. 또한, 방문자가 메뉴, 탐색 기능, 다운로드 링크 등 사이트의 다른 콘텐츠로 착각할 수 있도록 광고를 만들고 게재해서는 안 됩니다.

링크, 재생 버튼, 다운로드 버튼, 이전/다음 등의 이동 버튼, 게임 창, 동영상 플레이어, 드롭다운 메뉴, 애플리케이션 등의 타이틀이나 이미지 등을 광고 옆에 배치할 때 의도하지 않은 클릭이 발생할 수 있습니다. 이런 의도하지 않은 클릭이 발생한 경우에도 정책에 위반됩니다.

▲ 이전/다음 등 이동 버튼을 광고에 바로 붙여서 클릭을 유도하는 위반 사례

▲ 메뉴, 탐색 기능으로 광고를 클릭하게 하는 위반 사례

❺ 광고 옆에 화살표 모양이나 문구를 배치해 클릭을 유도하지 않기

광고가 게재된 페이지에서 여러 가지 클릭을 유도하는 행위가 있을 수 있습니다. 과거에 많이 적발되었던 사례가 있습니다. 광고 바로 위에 '여기를 클릭해주세요'와 같은 텍스트를 배치하고 화살표 모양의 아이콘을 함께 삽입한 경우입니다. 이와 같이 클릭을 유도하는 문구나 제목은 허용되지 않습니다.

또한, 텍스트 없이 화살표 아이콘 등을 광고 옆에 배치하고 화살표 방향이 광고 쪽으로 향하게 해서 클릭을 유도하는 행위도 해서는 안 됩니다. 광고 옆이나 위에 '아래를 클릭해주세요', '후원자가 되어주세요'라는 등의 문구 역시 유도 행위입니다. 절대 사용하지 않습니다.

▲ 화살표 모양의 아이콘과 함께 클릭을 유도한 위반 사례

❻ 오해의 소지가 있는 문구 아래에 광고를 게재하지 않기

예를 들어 '추천합니다', '유용한 자료'라는 문구를 넣고 그 아래에 광고를 게재하면 구글 광고 정책에 위반됩니다. 따라서, 수동으로 광고를 배치할 때는 광고와 콘텐츠를 너무 딱 붙이지 않도록 주의해야 합니다. 또한, '광고를 클릭해서 공익 활동에 참여하세요', '사이트 운영에 도움이 필요합니다', '후원자가 되어주세요', '광고를 클릭해주세요' 등의 광고 클릭을 유도하는 문구도 사용하지 않도록 합니다.

▲ 오해의 소지가 있는 문구 아래에 광고를 게재한 위반 사례

❼ 광고와 관련된 이미지를 사용하지 않기

광고와 관련된 이미지를 교묘하게 광고와 붙여놓지 말아야 합니다. 구글 정책에 따르면 사이트에 게재된 개별 광고에 특정 이미지를 연관시켜서는 안 됩니다. 그 이유는 이와 같이 광고 옆에 바로 연관 이미지를 붙여 넣으면 해당 이미지가 광고주의 제품 또는 서비스와 직접 관련이 있다는 잘못된 인상을 사용자에게 줄 수 있기 때문입니다. 또한 방문자는 이 이미지를 실제 제품으로 오인할 수 있습니다. 이것 역시 애드센스 정책 위반으로 간주합니다.

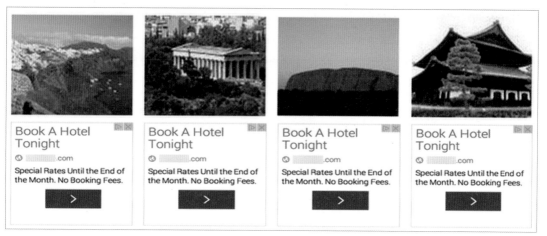

▲ 광고와 이미지를 교묘하게 섞어서 사용한 위반 사례

❽ 콘텐츠를 광고와 비슷하게 만들지 않기

방문자가 콘텐츠와 광고를 구분하지 못하도록 주변 이미지나 환경을 임의로 꾸미는 것은 지양합니다. 광고 주변의 콘텐츠가 광고와 유사하게 보이도록 레이아웃을 설계하는 것도 이에 포함됩니다. 광고 바로 옆에 광고와 유사하거나 동일한 이미지를 복사해서 배치해서도 안 됩니다.

다음 그림을 보면 콘텐츠와 광고가 매우 유사해서 구분이 어렵습니다. ❶과 ❷ 영역이 실제 광고이며 나머지는 광고와 유사하게 만들어놓은 콘텐츠입니다. 이렇게 콘텐츠를 게시하면 정책에 위반되니 주의합니다.

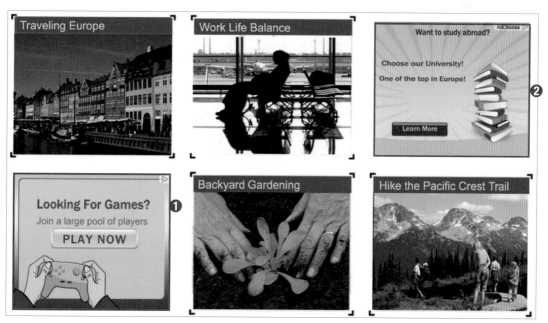

▲ 광고와 비슷하게 만든 콘텐츠 위반 사례

❾ 광고에 대한 보상을 제공하지 않기

지인이나 다른 사람에게 광고 클릭을 요청하고 그에 대한 보상이나 인센티브를 제공한다는 메시지를 주는 경우가 간혹 있습니다. 이 또한 정책 위반에 걸릴 수 있습니다.

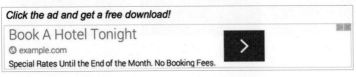

▲보상을 제공하는 위반 사례

❿ 오해의 소지가 있는 광고 라벨은 사용하지 않기

구글은 광고에 '스폰서 링크'나 '광고'의 라벨은 허용합니다. 하지만 '즐겨찾는 사이트'나 '오늘의 인기 상품' 과 같이 유도성이 있는 라벨은 허용하지 않습니다.

⓫ 트래픽 소스를 주의하기

광고 게시자가 '클릭으로 돈 벌기', '광고 보고 돈 벌기'와 같은 프로그램에 참여해서는 안 됩니다. 또한 불특정 다수에게 광고 클릭을 유도하기 위한 메일을 발송한다든가 툴바와 같은 소프트웨어 어플리케이션을 사용한 광고를 게재해서도 안 됩니다.

⓬ 팝업과 이메일, 툴바를 포함한 소프트웨어에 광고를 사용하지 않기

애드센스에 자동 광고가 시작되면서 광고를 게재하는 위치에 대한 부담감이 많이 사라진 것은 사실입니다. 하지만 수동 광고를 사용한다면 구글의 광고 게재 위치 정책에 대해서 꼼꼼히 확인할 필요가 있습니다.

구글은 광고 게시자가 다양한 위치에 광고를 배치해보는 것을 권장한다고 게시하지만 잘못된 게재 위치에 대한 책임은 사용자에게 묻고 있습니다. 특히, 팝업, 이메일, 툴바를 포함한 모든 종류의 소프트웨어 등의 위치에 애드센스 코드를 배치해서는 안 된다고 가이드하고 있습니다.

⓭ 사이트가 작동하는 방식이 정상적이어야 함

웹사이트에서 임의로 사용자 환경 설정을 변경하거나 방문자가 원하지 않는 웹사이트로 리다이렉션하거나 다운로드를 실행해서는 안 됩니다. 또한, 웹사이트가 바이러스나 멀웨어를 포함하고 있거나 방문자가 사이트를 둘러볼 때 팝업을 생성해 방문자를 방해해서는 안 됩니다.

⓮ 콘텐츠 내용에 대한 부분을 확인하기

마지막은 콘텐츠 내용에 대한 부분입니다. 가령, 폭력성을 띠고 있거나 마약, 도박 등 불법적인 콘텐츠를 만들면 광고가 게재되지 않을 수 있습니다.

다른 사람의 콘텐츠를 무단으로 사용하는 저작권 위반 사이트나 이른바 '짝퉁'이라고 말하는 가짜 제품에 대한 소개 및 홍보를 하는 사이트도 광고가 게재되지 않을 수 있습니다. 광고 게재 가능 여부를 떠나서 불법이므로 이런 콘텐츠는 절대 게재하지 않습니다.

지금까지 구글의 애드센스 정책에 대해서 알아보았습니다. 포스팅의 품질을 높이는 일도 중요합니다. 하지만 잘못된 방법이 어떤 것인지 애드센스의 가이드를 꼼꼼히 확인해서 애드센스 저품질에 해당하지 않도록 애드센스 계정이 정지되지 않도록 하는 것이 더 중요합니다.

애드센스 최적화와 저품질에 관련된 내용은 한번에 적용하기는 어려울 수 있습니다. 포스팅을 하면서 조금씩 꾸준히 적용하다 보면 여러분의 웹사이트는 시간이 지나면서 구글이 좋아하는 고품질의 웹사이트로 변화되어 있을 것입니다.